湛庐文化
Cheers Publishing
a mindstyle business
与 思 想 有 关

Stephen Camarata
斯蒂芬·卡马拉塔
THE INTUITIVE PARENT
享誉世界的儿童发展专家 语迟孩子的守护者

专注儿童言语及认知发展研究 30 余年

斯蒂芬·卡马拉塔本科及硕士就读于圣迭戈州立大学，主修言语科学与障碍，毕业后在普渡大学攻读博士，并开始走上儿童言语发展研究的道路。在亚利桑那大学做博士后期间，卡马拉塔一头扎进儿童早期语言发展领域，结合心理学、特殊教育等相关学科，进行了大量综合性实验研究。

漫长的求学经历为他打下了坚实基础。1990 年，卡马拉塔来到范德堡大学工作至今，从助理教授做起，如今是范德堡大学医学院教授及皮博迪教育学院副教授，并在范德堡·比尔·威尔克森中心及约翰·肯尼迪人类发展和教育研究中心承担重大项目的研究工作，对儿童言语发展障碍及其临床治疗方面有精深独到的研究，尤其擅长对由自闭症、唐氏综合征、注意力缺陷多动障碍等各种认知失调引起的言语障碍的临床治疗，是世界知名的儿童语迟治疗专家。

THE INTUITIVE PARENT
不抛弃，不放弃，每个孩子都有未来

在范德堡·比尔·威尔克森中心，每年会有近500名来自全美甚至世界各地患有言语发展障碍的孩子，来此接受早期干预的诊断和治疗。身为中心的著名专家，卡马拉塔以其科学明智的诊断评估和慈善仁爱的治疗方式享有盛名，为无数语迟的孩子和他们的父母带来信心和希望。

他坚信“每个孩子都一定有治疗办法”，强调要把每一个患儿当成独特的个体，努力发现他们的潜力和优势，坚持“每指出孩子的一处不足，至少也要找出他的一处优势”。对待患儿父母，他认为医生应该和父母建立一种平等合作的关系，不应将自己的意见强加给他们，而是以协商的方式共同寻找最佳治疗方向。

在他的治疗和帮助下，无数语迟的孩子走上了正常的发展道路，而治疗的孩子越多，卡马拉塔越是为当今科技和商业发展给养育带来的隐患感到担忧。他深深地感到，大量电子早教产品的出现及其猛烈的营销给父母带来了无尽的焦虑，不仅影响了原本对孩子来说最重要的亲子直觉互动，而且这些产品从科学的角度来看，实际上是孩子言语和认知能力发展的阻碍，很有可能还是导致如今儿童自闭症和多动症发病率飙升的原因。

哈佛大学著名心理学家、语言学家史蒂芬·平克是卡马拉塔的挚友，在一次摄影旅行中，他们就此问题相谈甚欢，平克十分认同卡马拉塔的观点，鼓励他从科学的角度将直觉养育的重要性重新摆到父母面前，帮助他们摆脱焦虑，回归天性。这次交谈成为本书的发端。

实战派的直觉养育专家，成功养育 7 个子女

现实生活中，卡马拉塔与妻子共同养育了 7 个孩子，他们性格各不相同，长大后也在 7 个不同的行业领域崭露头角，但他们无一例外都拥有自信乐观的人格，且是好学求知的终身学习者。

卡马拉塔的小儿子也曾遇到言语发展障碍的困境，3 岁时仍不能开口说话。当时，学校的特殊教育老师判定这孩子有智力障碍和认知失调，建议他让孩子接受特殊教育，而卡马拉塔通过细心观察，觉得孩子乐于探索世界，理解力也没什么问题，应该可以在正常环境下接受教育。于是他跟随了自己的直觉，既没有接受老师的建议，也没有给孩子用药，而是坚持以直觉互动的方式在家中对他进行语言和阅读辅导。上高中时，他儿子的语言能力终于逐渐赶了上来，后来，他的阅读能力非常出色，并成为美国空军的一名空中交通管制员。

如今，卡马拉塔已升级为 3 个宝宝的祖父，他继续践行着直觉养育的方式，以丰富的养育经验为更多孩子带来福音。

直觉养育的力量

放下焦虑，培养未来世界的孩子

The Intuitive Parent

Why the Best Thing for Your Child is You

【美】斯蒂芬·卡马拉塔◎著
（Stephen Camarata）
彭小华◎译

浙江人民出版社
ZHEJIANG PEOPLE'S PUBLISHING HOUSE

父母的直觉蕴含巨大的学习宝藏

中国的爸爸妈妈能读到本书，我感到由衷的喜悦。有关父母如何才能有效支持孩子的发展，现今已有很多激动人心的新发现。每个家长的角色都至关重要，这一点正日益明确！当然，中国的家长不至为此感到吃惊，因为孔子早就对此有过高明的教导。中国的父母通常积极教育孩子，帮助他们形成与古老智慧相吻合的孝心，这种做法本身就蕴藏着独特的好处和智慧，问题在于如何把它们与新的科学教养发现结合起来。

遗憾的是，与美国和欧洲等世界其他各地的父母一样，中国的父母也越来越多地听到这样的说法：基于“脑科学”的电子化教育可以替代父母，充当孩子的主要教育者。但其实相反，“最新的电子化”教育产品破坏了有效的养育，导致孩子在“真实世界”的学习效果不良。例如，有一款婴儿电脑“阅读”产品宣称可以提高孩子的阅读水平，并针对父母做了大量的广告。但销售这套产品的公司被美国政府罚了一大笔钱，因为相关研究并不支持他们的说辞。宝宝们花在看这些教育类 DVD 上的时间以及父母为此支付的金钱都付诸东流，而父母本可以好好利用这些时间以直觉养育的方式给孩子以恰当的教育。

本书以强有力的科学证据支持这一传统的观点：**教育孩子是父母的重要职责，履行这一职责的最佳途径，是由父母根据孩子的独特天资和气质，秉持家庭的价值观和文化期待，为他们提供学习机会**。而且，请务必记住，以日托班或早教中心的某种加速学习进程的做法来取代父母，不一定会带来教育上的好处。

美国的一项大型研究证明，在语言能力方面，由父母亲自带的孩子比上日托班的孩子要强一大截。原因可能是父母比“拿钱做事的人”更愿意用心教孩子，他们从父母那里得到的教育机会比从学校得到的更多，因为一个老师可能要同时照管 5 个、10 个甚至更多的孩子，而与父母相处时，每名成人所带的孩子明显更少。此外，在确保正确回应孩子方面，同老师和保姆相比，父母有更强烈的切身感受。

另一个事实是，任何电脑或产品都不可能正确教育孩子。电脑、平板及其他设备只能被视为与书本相类似的教育工具，而不是什么独特的“魔法”设备，甚至某种程度上还强过父母。商家采用许多噱头和营销策略，让父母认为自己不是好老师。例如，狡猾的商家常常把大脑发育“关键期”的概念作为营销策略，这在一定程度上让父母觉得，自己似乎错失了孩子的某个关键教育阶段。本书证明，就学习敏感性而言，脑科学上所说的关键期并不像商家恐吓的那么短，他们只不过是企图破坏父母的自信心；而且，在给予大脑恰当发育所需的信息方面，父母非常擅于回应孩子。

本书还认识到，父母向孩子传递自身的文化与价值观非常重要。随着外来教育的涌入，文化与价值观很可能会被冲淡甚至消失。例如有证据表明，手势是前语言期的指针，比如用手指指东西，如果你所在的文化不认可用手指指东西，特别是指着别人，那么很重要的是，父母需要决定是鼓励还是阻止孩子的这个行为。然而任何预制的教育类产品都不可能根据本地或家庭文化进行调整。

中文版序　父母的直觉蕴含巨大的学习宝藏

本书的首要目标是帮助父母坚定地承担起婴幼儿和学龄前儿童的养育责任，并且提供了充足的科学依据，证明这是父母最有效的教育方式。其中一章专门谈教育，鼓励家长教孩子充分发挥潜力，当孩子准备好承担某项责任时，要确保学校能最大限度地允许他们学习。既要确保孩子当前的能力与准备学习的东西难度相匹配，也要给他们足够的智力挑战，确保他们维持最佳的学习与成长。要平衡好这两者间的关系。

最后要强调，父母一定不要过度保护孩子，不要剥夺孩子从错误中学习的机会。本书表明，为了获得适当的教育，孩子处于发育中的大脑需要失败，需要有克服失败的机会。坦率地说，本书旨在结合当代科学与父母深入参与的传统智慧，因为现代世界有一种越来越强大的趋势，试图破坏积极、投入的养育方式，否定其独特的好处，“基于脑科学的”教育产品和方案取代了父母对孩子承担的重要职责。我希望读过本书之后，中国的父母能一眼看出并抵制商家的虚假承诺。日常的亲子互动中包含着大量的学习机会，我也希望家长善加利用，借此培养孩子对父母的孝心。

斯蒂芬·卡马拉塔

2017 年 8 月

焦躁的世界，如何做父母

25年来，我在范德堡大学从事儿童发展研究，同时进行自闭症、唐氏综合征与其他发展障碍的临床治疗。我遇见的家长无不希望为自己的孩子提供尽可能好的人生起点，都想把孩子培养成健康、幸福的人，希望孩子成功、独立。过去10来年，我发现，就如何着手此事，父母们的焦虑感与愧疚感明显更强了。似是而非的海量信息，竞争性与经济全球化程度日益加剧，各类书籍、节目、产品、方案、“专家”和App市场方兴未艾，各种设备厂家争相声称为培养最聪明、最健康、最出色的小孩提供必要帮助……这一切使得许多父母不知所措，强烈感觉非得在这项最重要的工作上取得成功不可。

最近，英国的《卫报》发表文章，表达了人们的一个困惑[1][①]：“有史以来，西方人终于摆脱了孩子早夭的威胁，为什么恰恰在这个时候，养育孩子的焦虑如此泛滥？”[2]在《孩子的到来如何改变你的生活》(*All Joy and No Fun*)一书中，畅销书作家珍妮弗·辛尼(Jennifer Senior)谈到孩子如何极大地改变了父母的生活，议及孩子从出生那一刻直到高中毕业，爸爸妈妈们就子女养育所体会

① 本书注释均通过数字上标方式标注。扫描246页二维码即可下载全部注释内容。——编者注

到的没完没了的担忧和困惑。

作为儿童发展专家，我同成百上千的家长交谈过，他们大都为日常育儿方法的短期与长期后果感到担忧。最近，有一位母亲对我说，如果她儿子 3 岁还没学会阅读，就进不了那所竞争激烈的幼儿园，而这又意味着，他就上不了富有学术吸引力的磁校。这个可怜的小家伙当时才 18 个月大！另一位父亲则坚持认为，他刚开始蹒跚学步的女儿不该浪费时间玩积木，因为这时她的大脑处于发育状态，正是与词汇学习“相联结”的关键时期，同时，他让妻子赶紧用闪卡教女儿识字，而不是陪她玩耍，因为尽早利用“神经可塑性”的“关键期”关系重大。这对夫妇错误地认为必须抓紧这一两年的时间帮助女儿完成大脑构造，以适应终身学习，不然这个机会一旦错失，孩子将注定一辈子智力平庸。

这种焦虑严重妨碍了父母与孩子享受活在当下的快乐，而且，由于备感压力，他们要求孩子加快发展进程，并细致入微地指导孩子的学习，某种程度上，这其实破坏了孩子智商与情商的健康发展，并损伤了孩子的自信心。

我非常同情这些关爱孩子的父母，他们尽职尽责、焦虑不安。近些年来，这个世界的确让人感到看不清方向。身为父母，他们希望尽其所能给孩子提供一切有利条件。一个庞大的产业正在利用他们对孩子的爱，以及由此而产生的恐惧与希望，去“吸引眼球”，甚至贩卖父母们根本不需要的东西。过量信息与没完没了的营销遮蔽了这个事实：将孩子培养得聪明、自信、充满好奇心、有才华，并且成年后仍然如此，只需要专注于发挥个人天然的父母直觉就够了。大量的科学文献支持这一结论，同时，基于以此原则养育了 3 个女儿、4 个儿子的经验，我个人深以为然。但现在有太多的父母对自己、对大自然赐予的天赋丧失了信心。

本书就是想告诉父母们，他们本来就拥有“最先进”的技术，足以“联结”孩子的大脑，培养他们对探索和学习的终身热爱；我也想告诉他们，以我所谓的直觉式养育（intuitive parenting）这样一个自然的过程，就可以给孩子最好的帮助，使他们在学校和成年生活中成长、成才。

THE INTUITIVE PARENT 直觉养育的奥秘

何为直觉式养育？简而言之，就是强调关注孩子、享受当下，对孩子正在做的任何事情都做出最自然的反应。

这种养育风格能使你一心一意成为孩子的学习伙伴，而不是工头或者居高临下的老师；当你在某个时刻突然想到应该教孩子这样那样的知识，而因此恐慌不安时，它能帮助你抵御这种情绪。当今世界，父母在子女养育过程中充满了各种杂念、担忧、负疚与焦虑，直觉式的养育方式能帮助你消除这些影响，帮助你与此时的婴儿、未来的幼儿以及每个成长时期的孩子一起活在当下。这种养育方式应用于青少年的效果也很好！

通过直觉式的反应和行动，你将成为孩子最好的老师和家长。随着孩子从婴儿成长为幼儿，进而成长为学龄前儿童，他会自然而然、持续不断地让你知道他当前的知识水平与下一步需要学习的内容，以及为帮助他们学习并引导他们的头脑发育，你需要提供哪些恰当的资讯。直觉型家长的主要任务是关注孩子，然后做出正常的回应。所幸的是，这种直觉式的养育方式可以天衣无缝地融入到孩子的日常照料之中。喂食、换尿布、就寝、唤醒、洗浴以及与孩子静静相处的时候，都是孩子处于发育与可塑状态下的大脑极为强大的学习机会。当你进行以上任何一项日常事务，并跟随婴幼儿的发展需要顺势而为，就是在做有益于他大脑发育的事情。

我希望唤起父母对直觉式养育力量的强烈认识，帮助他们抵御能力不足感，防止这种感觉被自诩为专家的人以及号称能加速“大脑发育”的教育产品生产商所利用。此外，在竞争激烈、同伴压力驱动的文化背景下养育孩子，父母们感到压力巨大，我希望本书有助于减轻他们的压力。在子女抚养与训练大脑解决问题方面，这种压力产生了不良后果，还常常剥夺父母，尤其是母亲本该享有的与孩子互动的乐趣。

孩子，以及整个人类，都有一个最为突出的特点，那就是在个性、气质与学习风格方面，人与人之间千差万别。因此，怎么可能有哪一本育儿书可以为所有父母和孩子提供正确的建议呢？只要对目前的养育指导类书籍做一个粗略的调查，就足以说明这个问题。有些书提倡“自由放任”的养育方式，相信并希望凡是孩子们需要学习的知识，大自然会自动教给他们，这基本上就是让孩子野蛮生长；另一个极端则是劝诫父母对孩子进行微观管理，细致程度甚至超出了精力最旺盛的“直升机妈妈”的想象。事实上，并没有某种适合所有人的养育方式，正如并不存在一模一样的孩子。

且慢！难道这本书不是在倡导一种特定的养育方式吗？其实，直觉式养育并不是某种适合所有人的方法，也不是某种单一维度的方法。只要符合孩子的特质，且在家长的正常反应范围内，就可以而且应该实施直觉式养育的基本原则，这些原则包括：关注孩子，做出直觉、自然的反应。的确，直觉式养育的根本原则是遵从孩子的引导并予以回应，这种做法会自然协调你个人的养育风格与孩子的性情、当前知识水平及大脑发育的阶段。你可以探寻孩子与你本人的学习“最佳结合点”。“自由放养型”父母、“虎妈”以及这两种极端类型之间的所有父母，都可以在个人养育风格与舒适程度允许的范围内，轻松施行直觉式养育的基本原则。

每一位有多个子女的家长都能理解，不，是都能体验到这样一个基本事实：没有两个一模一样的孩子。我养育了 7 个子女，我的体会是，有些孩子比较谨慎，有些比较大胆；有些内敛，有些则外向、合群。虽然他们都热爱学习，怀有强烈的好奇心，但每个人的学习方式与个人优势、劣势从来都不一样。他们的另一个共同之处是，都有强大的积极自我形象和良好的幽默感，对自身能力高度自信。这些积极的特质无疑直接遗传自他们的母亲，她得充分具备这两种特质，才能做他们的妈妈与我的妻子！

我们的孩子有些比较独立，喜欢自主学习，另一些则喜欢群体式学习，需要相对频繁的反馈；有的孩子主动性强，有的则需要我们提供激励与监督，以此支持他的发展与学习。在成长过程中，孩子们都具有生动的想象力，但有的孩子比其他孩子想象力更丰富。简而言之，我们不仅需要根据每个孩子的成长特点调整养育方式，还需要对每个孩子的性格、学习风格和需求足够敏感。

可以肯定，养育，尤其是直觉式养育，的确有某些共同因素可以惠及所有孩子，无论他们的个人特质是什么。应该培养每一个孩子具有独立性、适应能力、创造力、自信心以及思考能力。虽然针对每个孩子培养这些能力的方式大相径庭，但这些共同因素可以轻松适应你个性化的风格，使你保持在一个舒适水平上。“虎妈”[3]永远变不成“自由放养型”妈妈[4]，反过来也一样。然而最终，这两种妈妈的希望是相同的，都希望孩子具备上述基本特质。考虑到孩子与父母的种种差异，有哪些养育元素能够被所有人欣然接受？更重要的是，有哪些因素能培养孩子，利用大脑可塑性促进大脑发育，同时也能满足每个孩子的需求，并使这些轻松融入父母们各自的养育风格？

人类的才能具有惊人的多样性，这是人类大脑灵活性与适应性的直接反应。正如没有两片相同的雪花，也没有两个一样的大脑。[5]好消息是，大脑这个非凡的器官天生就做好了准备，能够在提供各种学习机会的多种环境下，得到有效发育。

爸爸妈妈们，喘口气，放慢速度，体会婴儿、幼儿、学龄前孩子的成长体验所带来的单纯的愉悦和乐趣吧。这样一来，你将为孩子的在校期、青春期及更长远的未来奠定基础。只要有机会，你的小宝贝就将学到你传授的知识，还会学到其他更多的知识，而你与孩子也将形成持续一生的积极关系。作为家长，你面临的挑战是过滤掉种种无稽之谈，集中精力对孩子的需求做出自然、自信、慈爱、直觉的反应。相信大自然，相信你的直觉。你的育儿箴言应当是：做自然而然的事，专心培养并加强孩子天然的好奇心，以及解决问题的能力。

你已经具备正确培养和教导孩子的全部条件，可以保证孩子终身学习所需的神经系统得到最佳发育，那就是爱、关怀、常识与积极的世界观。在照顾、培养婴儿的过程中，在与成长中的孩子进行自然互动时，其他一切都会自然而然地发生，不需要什么特殊的工具、软件或者 App。

让我来说说直觉式养育发挥作用的原因与方式吧。

THE INTUITIVE PARENT 直觉养育的基本原则

- ☑ 直觉型家长致力于培养自信、聪明、情绪健康的孩子。
- ☑ 直觉型家长明白，孩子天生好奇，而且可以变得非常聪慧，作为家长，自己的目标是培养并鼓励孩子的这些特质。
- ☑ 直觉型家长态度积极、自信，遵从内在的“养育声音”。
- ☑ 直觉型家长知道，并不存在适合所有孩子的养育方式。即便生长在同一个家庭，每个孩子也有不同的性格与需求；直觉型家长既坚持自己的价值观，也对每个孩子做出个性化的反应。
- ☑ 直觉型家长有耐心，明白自己有 18 年甚至更长的时间可以引导孩子发展，因此能够抵御焦虑和压力，不会揠苗助长，不会在孩子做好准备之前，硬往孩子头脑里塞“知识”。

☑ 直觉型家长懂得，自己是在为一个终将成熟的大脑建立基础，拒绝欺骗自己与孩子的各种“一夜暴富”计划。孩子的大脑会变得理性、善于解决问题，这些特质能够让他们适应未来遇到的任何知识与挑战。

☑ 直觉型家长是孩子发展的引领者，同时也是他们的伙伴。

☑ 直觉型家长懂得根据孩子的兴趣和展现出的苗头施教，培养孩子内在的好奇心和对学习的热爱。

☑ 直觉型家长知道，为了学习，发育中的孩子和他的大脑需要尝试与犯错。

☑ 直觉型家长理解，自己必须帮助孩子找到调节情绪与克服困难的办法，以此培养孩子的自我意识。

☑ 直觉型家长喜欢孩子并为他感到骄傲，无论孩子有怎样的性格与学习方式，都与孩子保持积极、乐观的交流。孩子很早就明白父母关心、在意他们，在他们需要的时候会伸出援手，同时也舍得放权，让他们自己想办法解决问题。

THE INTUITIVE PARENT 测一测你的直觉养育天赋有多少？

1.孩子刚上幼儿园，语言表达能力跟其他孩子相比有些滞后，你觉得以下哪些方法在帮他开发语言能力方面有效？

A. 给他讲睡前故事，一边讲一边提问题，最好跟他一起编故事

B. 多跟他说话，在起床、穿衣、洗漱、吃饭等日常琐事中，不断地跟他交流

C. 多用闪卡和各种早教视频教他识字认词，增大词汇量

D. 生活中多拍照片，没事儿的时候拿出来跟孩子一起回忆发生过的事情，让他复述

2.逛商场时，孩子看中一个玩具非要买，大哭大闹赖着不走，你该怎么办？

A. 强行将他带离商场，等他自己停止哭闹，然后给他一些爱的安慰

B. 先试着跟他讲道理，实在不听就买给他，但要警告他下不为例

C. 严厉制止他哭闹，不听就转身离开，让他自己追上来

D. 跟他谈条件，比如，如果买了这个玩具，就要帮忙做一次家务

3.周二晚上10：30，才上小学二年级的孩子还有大堆作业没有完成，这些题目对他来说太难了，孩子困得摇头晃脑，你觉得该怎么做好？

A. 坚持让他自己做完，学校严格要求是好事，小的时候多吃苦长大才能成才

B. 努力给他讲解难题，陪他一起完成作业

C. 让他自己决定是坚持做完作业还是上床睡觉，明天自己跟老师解释，自己的事情要自己做

D. 让他独立完成能力范围内的作业，难度明显太大的你来帮他做，明天去跟老师沟通，请老师调整作业量和题目难度

4.周末，孩子参加学校的一场篮球赛，全家人都去给他加油鼓劲，结果比赛输了。赛后，你打算跟他说些什么？

A. 比赛重在友谊，输赢不重要

B. 已经打得很棒了，这场比赛你一共拿了20分呢

C. 这次输得可真惨，有几次上篮要是进了就好了

D. 看来你的篮球水平还有待提高，应该好好总结一下这次比赛的教训

5.孩子对空调室外机的噪声异常敏感，一开空调，就歇斯底里地哭闹。炎炎夏日，不让开空调，该怎么办？

A. 孩子可能有心理问题，应该带他去看医生

B. 忍一忍，不开空调了

C. 把空调室外机的噪声录下来，在他做开心的事情，比如打游戏时，先小声播放，然后逐渐加大音量，让他慢慢适应

D. 该开就开，不能太迁就他，适应了就好了

你是直觉养育型的爸妈吗？

扫码获取“湛庐阅读”APP，
搜索“直觉养育的力量”，
查看测试题答案。

THE INTUITIVE PARENT 目录

训练孩子记住“事实”只能强化他们大脑中支持死记硬背式学习的区域与神经通路，而培养终身学习者则要采用直觉交互式的学习方法，才能加强大脑中支持推理能力的、更为广泛的区域与神经通路。

为了促进自信、韧性、毅力的发展，父母必须给孩子机会，让他自然形成这些素质。失败并非灾难，而是学习的机会。挫折不会给孩子造成永久性的情绪伤害，而是健康发展过程中必不可少的一环。

THE INTUITIVE PARENT

01

相信直觉，对孩子来说，最好的就是你自己

WHY
THE BEST
THING
FOR YOUR CHILD IS YOU

购买汽车、电脑之类比较复杂的商品时，你会得到一本操作指南。当然，你还可以购买一份详细的技术手册，了解汽车发动机的每个部件如何工作，电脑主板如何配置等，但随机配送的指南一般只会教你如何方便、有效地操作机器。

婴儿这个“机器”比汽车、电脑不知复杂多少倍，可当他到来的时候，却没有附带操作指南。没人教你如何方便、有效地养育他，没人给你详细介绍其大脑的复杂构造，更没人告诉你，在他从幼儿、学龄前儿童到小学生、初中生，再到高中生、大学生甚至研究生，直至他独立成人的整个过程中，该如何帮助他做好应对每一个阶段的准备。

婴儿自带天然操作指南

根据动物的标准，至少与其他物种比起来，人类的童年时期最为漫长，对父母养育的需求也最多。[1]阿米巴虫之类的单细胞生物根本不需要什么养育，它们的“家长”一身兼任父母两种角色，只负责分裂，之后“婴儿”就踏上了自己的生命旅程。[2]许多物种，包括短吻鳄、鱼和蜘蛛，都会保护自己的卵和巢穴，但在子代孵化之后，并不负养育之责。它们的“婴儿”是自身的缩小版，不需要父母引导便直接进入了达尔文所谓的“适者生存”世界。

在子女独立之前，哺乳动物都会为它们提供或多或少的养育。所有哺乳动物都会照料后代，有些在孩子断奶之后仍然继续提供照料。比起其他物种，人类等灵长类动物照顾孩子的时间要长很多。老鼠等啮齿类动物在孩子断奶后，就让它们自寻生路，这通常只需要几周。[3]犬科动物如狐狸、土狼和狼的“婴儿”出生第一年随母亲生活，学习捕食技术。[4]鲸哺育子女的时间也接近一年。[5]幼狮随母亲生活两年，小北极熊随母亲生活两年半。[6]鲸、狼和狮子在断奶甚至学会猎食之后，仍然和大家庭生活在一起。

人类和其他灵长类动物对后代的养育投资比其他物种要大得多。黑猩猩养育子女的时间将近 10 年，人类则往往长达 20 年。[7]当然，人类的养育从来不会真正“结束”，只是，如果我们以子女能够独立生活为准，那现代人类社会对子女的养育时间大约是 20 年。为人父母，有时你可能不免会羡慕昆虫、鱼、爬行动物和其他物种，因为它们基本不负责养育后代，因而也就无所谓操作指南，更不需要做任何决定。可以推想，不会有什么昆虫觉得自己不是称职的父母，并为此感到难过、愧疚，也不会因为担心孩子的未来而寝食难安！

对身处日益复杂的现代世界的人类而言，子女的养育问题要困难得多。父母常常要面对很多艰难的抉择与严重的信息过剩。互联网上充斥着各种各样相互冲突的“专家”建议，而这些专家往往是自诩的，他们唯一的“资格证书”不过是一台电脑和无线网络，也许还别有用心。所幸，医学科学、神经心理学、脑部成像及其他领域取得的巨大进步，提供了很多真正的新数据、新资讯，可以帮助我们了解婴儿如何成长、大脑如何学习以及他们如何在社会中健康茁壮地发展。但是，这些新发现有什么意义？是否具有确定性、重要性？我们应该如何使用？围绕这些问题，也有各种各样的解释。

更糟糕的是，还有蓬勃发展的儿童教育产业。这些产业提供了名目繁多的产品，个个都宣称可以正确“联结”孩子的大脑，帮他们做好准备，以便长大后在迅速变化的世界飞黄腾达；还可以让他们善于使用现代技术，能够胜任多重任务，获得超越近邻及别国同龄人的竞争优势。

父母们的头脑里并没有丰富广泛的儿童养育实践数据库，又怎么可能知道该如何做？

THE INTUITIVE PARENT 直觉养育的奥秘

大自然提供了独特的养育指南，它为父母和婴儿提供了一份 DNA 图谱，以及一个具有可塑性的大脑，因此，他们天然就懂得如何进行互动，这些互动方式能确保父母在孩子最需要的时候，为他们提供必要的教导。[8]

孩子天生具备一种不可思议的能力，可以从父母那里获得恰当且富有教益的反馈，而父母对孩子需求的正常回应，以及他们对由孩子引起的社会交往的反应，则满足了他们大脑发育的全部需要。更重要的是，**这种反馈循环能有效训练孩子的大脑学习解决问题与推理，这些能力对孩子的未来非常重要。**不同于电子化的学习或者闪卡教学，这种学习发生在自然的社交背景下，因此可以在学校或与其他人交往的社会环境中轻松应用。而且，除了智力上的好处，人际交往能力对孩子的在校生活与成年生活都大有裨益。

这种互动自然发生，无处不在，因此，我们很容易忽视大自然隐含的指导手册是多么的有力而神奇。好的父母不必是具有发展心理学博士学位的儿童发展专家，实际上，如果家长细致入微地操控孩子的大脑发育和学习，刻意教给孩子知识，那结果一定是痛苦的失败。更糟糕的是，这样的家长甚至可能无意中破坏了正常的过程，这种正常过程本可以保证孩子的大脑发育得灵巧、聪明，如果在孩子没做好学习某种知识的准备之前对他强行灌输，则尤其可能出现这种破坏性的后果。

THE INTUITIVE PARENT 直觉养育的奥秘

> 早在婴幼儿时期，孩子的大脑就偏向于通过与环境的自然互动进行学习。解决问题的能力是从不断的尝试、犯错与外界输入中得来的，孩子能从成功与失败的经验中发展出更为复杂的问题解决方法，并在事情未按预期发展时学会调节情绪、咬牙坚持。

玩积木、探究物品、了解父母说话时的不同声音，还有发育中的心智正在吸收整合的成千上万个信息……花在这些事情上的时间足够实现上述目标了。[9]大量的科学文献指出，在塑造孩子大脑、发展作为解决问题基础的推理能力方面，直观的游戏作用很大。我本人及其他许多科学家的研究表明，基于游戏的互动式学习构成了语言发展、推理及社交能力的重要基础。不仅如此，在帮助孩子建立理解科学、数学及阅读学习的基础方面，直观游戏也发挥着关键作用。

你只需积极回应孩子的需求

几年前，我经历了人生中一件最精彩的事：随着漂亮外孙女的出生，我当上了外公。

从旁观看大女儿凯蒂和女婿布伦特养育他们的宝贝女儿尼娜，我感到喜不自禁，无论任何时候见到他们，我都感到满心喜悦。

THE INTUITIVE PARENT
尼娜的快乐

几年前的一天，他们来我家玩，我碰巧看到了下面这一幕：凯蒂坐在起居室的摇椅上，轻轻晃动着摇椅，当时3个月大的尼娜刚吃完母乳“晚餐”，发出满足的“哦哦”声，这声音引起了妈妈的注意。凯蒂立刻把孩子抱起来，将头转向她，跟她面对面。凯蒂笑着用快乐、高亢、歌唱般的声音对她的宝宝说：“哦，你太乖了！这会儿你的小肚子吃饱了，心里好高兴是不是？妈妈觉得你是最可爱的小宝贝！”尼娜看着妈妈的脸，报以笑颜。这一笑让凯蒂更加开心，引发她更多欣喜的“絮叨”，进而小尼娜又发出了一连串欢快的“伊哩哇啦”。母女俩就这样你来我往了10多分钟。看着母亲和婴儿间展现出那种发现彼此的纯粹快乐，真是妙不可言。

8个月后，尼娜快满1岁了。她还不会走路，但是爬得很快，见什么拿什么。她爸爸布伦特正在跟她玩一个叫作“掀，砰！”的游戏。他把四五个泡沫塑料块垒成一座小塔，口念“掀，砰！”，屋子另一边的尼娜抬头看看爸爸，笑逐颜开，随即把目光转向他堆的积木，然后以最快的速度爬过去，手一扬，把积木掀垮了。这显然很好玩儿，布伦特、尼娜，还有爷爷同时哈哈大笑起来，然后布伦特又把积木垒了起来，继续这个游戏。父亲和孩子一起玩，两个人都乐不可支。还有什么比这一幕更美好呢？这个看似寻常的活动为父女之间的重要联系打下了基础，[10]也教给了尼娜因果关系，同时，她还学到了什么是幽默。

一年以后，尼娜有了小妹妹。像大多数同龄的孩子一样，尼娜还说不清一些词语。她妹妹叫格温（Gwen），尼娜尽了最大的努力，勉强把妹妹叫作“gong-gong”。妈妈、爸爸、外公、外婆都忍俊不禁，马上跟着她把小格温叫作“gong-gong”。

布伦特和尼娜有一番对话是这样的。

尼娜：“gong-gong 吃吃。”

布伦特：“对，格温在吃饭！你也在吃饭。”

尼娜：“gong-gong 觉觉。”

布伦特：“是的，格温睡觉了。我读书给你听，然后你也去睡觉。”

尼娜抓起一个毛绒动物玩具和一本书，一头钻进了爸爸怀里。

这一幕看似普通，可实际上家长与孩子间的这种交流具有强大的力量。尼娜由此学习“格温”的发音，同时也学到了新的词汇和语法，并为终身热爱阅读和学习奠定了基础。更大的好处是，尼娜与爸爸妈妈建立了强烈的积极情感联系，当她在成长过程中遇到不可避免的挑战时，这种情感将给她力量和支持。

以上列举了几个直觉式养育的简单实例。**直觉式养育只需要父母在孩子采取行动后，对他做出自然的回应，这就是脑科学家与行为科学家所称的“反馈回路”（feedback loop）。**其实，孩子的行为引起父母的回应，父母的回应又引起孩子另一个也许不同的反应，进而又引起父母的再一次回应，如此等等。对孩子的发育来说，双亲或者任何一位照料者与孩子之间来来回回的互动包含着大量的“教育内容”，其重要意义丝毫不亚于任何其他活动。

THE INTUITIVE PARENT 直觉养育的科学

WHY THE BEST THING FOR YOUR CHILD IS YOU

30 多年前，心理学家阿诺德 · 塞默罗夫（Arnold Sameroff）介绍了这个亲子反馈回路包含的主要科学元素，及其对孩子发育的重要价值。[11] 塞默罗夫从技术的角度把这一亲子反馈回路称为儿童发育的“交互模式”。他的兴趣点在于，父母的回应如何培养孩子积极的社会性发展。之后数年，不同领域的科学家从语言发展、数学、解决问题到绘画、阅读、音乐演奏及其他方面发育的角度，都认识到交互发展模式的力量。在之前的半个世纪里，一个又一个研究表明，父母对孩子的行动做出直觉式的反应，能构成最强有力的积极学习体验。[12]

科学研究继续证明着直觉式养育及交互式学习的重要意义。例如，2014 年 10 月 16 日《纽约时报》科学版称：“研究发现，语言能力取决于词汇的质量而非数量。”从事典型与非典型儿童发展研究的学者早就知道，仅把一大堆单词、字母、数字之类的东西抛向孩子发育中的大脑，根本无济于事。《纽约时报》那篇文章的主要作者、天普大学（Temple University）的凯茜·赫什 - 帕塞克（Kathy Hirsh-Pasek）博士如此总结她的研究结果：

THE INTUITIVE PARENT 直觉养育的奥秘

不是说把大量单词丢给孩子就行了，而是需要围绕日常情景和实物进行流畅对话，例如，假装一起在喝早餐奶，或者把香蕉当电话用。这才是构成语言的东西。[13]

当然，亲子互动的重要性并不只在于语言发展，也不仅限于儿童发育阶段。

打下正确的基础很重要，建立孩子成长与大脑发育的基础也很重要。你与孩子建立的关系会开花结果，这有助于你们共同度过艰难的在校期，以及令人生畏的、更加动荡且充满冒险与磨难的青春期。这些问题，直觉型父母可以应付自如，并且像我一样，不仅能享受孩子的童年时期，也能真正享受他们成长与成熟的每一个阶段，包括青春期。

早教产品的功用

有几重因素同时给直觉交互式学习蒙上了阴影，而促进了技术和人为强化的学习方案的发展。这种学习方案被当作促进发育以及与大脑联结的捷径兜售给父母。常识和直觉式养育受到诋毁，甚至遭到直接的打击。

怎么会这样？首先，父母的工作时间延长了，生活也变得日益复杂，陪伴孩子的时间似乎减少了。[14]皮尤研究中心（Pew Research Center）一项新近的研究发现："大约50%的在职父母觉得难以兼顾工作和家庭生活，56%的在职母亲和50%的在职父亲觉得难以平衡这两项职责。"[15]报告还指出，父母，尤其是母亲，为没有足够的时间陪伴孩子而感到愧疚。简而言之，他们轻而易举地成了狡猾的市场营销策略的牺牲品，并在那些说服家长购买教育产品以"弥补缺损时间"的营销说辞面前，土崩瓦解。

另一个破坏直觉式养育的因素是，学校和学前班竞争越来越激烈，要求孩子学习的知识量一年超过一年。更糟糕的是，孩子们还得积累这些知识以参加考试，而考试的年龄也越来越小。[16]难怪父母们都错误地认为自己得分秒必争，充分利用与孩子在一起的时间，人为促进他们的学习和大脑发育，而轻松、直觉式的养育方式已经"过时"，那只会使孩子遭受失败的厄运。

作为父母，我们是否采取了对婴幼儿及学龄前孩子最好的教养方略？

DVD、教育玩具、电脑软件及其他产品利用并放大了我们的愧疚感和焦虑感，声称他们的产品能促进、强化孩子的学习，使他们的学习效果最大化。

《福布斯》杂志最近报道，几年之内，以 0 ～ 4 岁儿童为消费对象的《小爱因斯坦》（*Baby Einstein*）视频、DVD 和多媒体产品的年销售额就从 100 万美元增长到上千万美元，传言说其品牌价值超过 4 亿美元。[17] 据报道，另一个产品《你的宝宝能阅读》（*Your Baby Can Read*）在兴盛的高峰期，总销售金额超过 1.85 亿美元。[18] 实际上，这些产品都孤立地强调了某一项特殊能力，要求孩子不遗余力地反复练习。《你的宝宝能阅读》的目标能力是字母记忆和认识简单的单词。这和鹦鹉学舌是一回事。你当然可以用 DVD 和闪卡诱导孩子认识并死记硬背字母、单词，但这是以回避他们真正需要的实际知识为代价的，他们并不明白这些单词在真实世界的意义，既不会把单词组合成传递思想的句子，也没有真正学会阅读。这个产品更准确的名字应该是《你的宝宝会鹦鹉学舌》！

这些产品宣称能超越直觉式养育，它们往往打着“脑科学”和婴儿学习方式新发现的旗号。[19] 它们的吸引力不可小觑，商家采用的营销方式也确实厉害。商家预设了这样一个前提：我女儿凯蒂有时间陪孩子叽里呱啦地说笑、做那些自然而然的事，不如帮她做好应对未来学校要求的准备工作，让她的大脑为未来的学习“做好准备”。现代技术和脑科学肯定比大自然和爸妈的直觉强得多！

THE INTUITIVE PARENT 直觉养育的科学

实际上，成百上千项关于儿童发育与大脑发育的研究证明，大自然和爸爸妈妈的表现极为出色。假如让孩子看《天才宝贝》《小爱因斯坦》《聪明宝贝》的 DVD，[20] 给他们播放古典音乐 CD，或者让他们参与最新平板电脑技术制作的《铁道线》《宝宝闪卡》《字母发音

ABC》，以这些节目取代强有力的自然学习机会，那么，孩子就失去了自然的基础，没有机会充分发展解决真实问题所需要的多方面智能。[21]一项对比DVD与自然学习的研究得出了一个最为重要的结论："与自然学习的孩子相比，观看DVD节目长达一个月的孩子并没有掌握更多的词汇。"效果最好的学习发生在没有视频的条件下，由父母在日常活动中教给孩子目标单词。

有趣的是，当研究人员询问父母孩子学到了什么时，"喜欢DVD的父母倾向于高估孩子的学习效果"。[22]这是一个有力的发现，说明家长认为"基于科学"的DVD教学效果优于自然发生的学习，这部分地解释了为什么这些产品得到了一些家长与研究结论不符的积极评价。

《你的宝宝能阅读》这一产品的消亡恰恰说明了直觉式养育的好处，以及看似能促进学习的这类产品的坏处。这类产品不过是华而不实的机械模仿而已。这个产品当时市场攻势很猛，宣称是一个教学包，能帮助孩子建立良好的阅读学习起点，它的全套内容包括闪卡、书和DVD，售价约200美元，广告声称可以教2岁左右的孩子阅读，帮助孩子获得在未来取得学业成功的关键能力。

所有人为促进发育的产品与方案都宣称自己的效果"太好了"，能"迅速见效"，结果往往不尽如人意，这个产品也不例外，它并没有兑现承诺，于是有些家长向美国联邦贸易委员会（Federal Trade Commission，简称FTC）投诉，指责商家使用误导性说辞销售产品。[23]FTC报告说："诉状指称被告并没有充分可靠的证据证明使用《你的宝宝能阅读》的孩子学会了阅读。"2014年8月22日，FTC在研究了诉状之后宣布，"《你的宝宝能阅读》的发明人罗伯特·蒂策（Robert Titzer）及他的婴儿学习有限公司与原告达成和解，承认《你的宝宝能阅读》的效果宣传没有依据，其科学研究证明有效的说法不实"，[24]并禁止其在未来的营销中继续使用"你的宝宝能阅读"的说辞。

但是，尽管 FTC 对这个特定的产品采取了行动，市面上还是有很多以不知情的父母为营销对象的产品，它们跟《你的宝宝能阅读》高度相似，但并没有纳入 FTC 的打击行动中。即使是这个案子的被告，也还在继续打广告，销售名为《你的宝宝能学习》《你的宝宝能发现》等教育产品。[25]

尽管 FTC 已经就《你的宝宝能阅读》做出了审查结论，但关于这个产品如何之好的说辞与推荐语仍然不绝于耳，广告里的母亲介绍她的宝宝如何学会了阅读，后来在学校又是如何的成功。有些孩子发育中的大脑可能因人为的诱导，鹦鹉学舌似的学会了读一些字母，认识了一些单词，但不一定真的理解单词的含义。我们只能推测，最终这些孩子未来在学校的表现未必出色，因为到时候，阅读理解和思考能力可远比单纯的复述字母和记背单词要重要得多。[26]

真实的情况是，在孩子的教育上，直觉式养育远比 DVD 好：一项关于基于媒体的学习对婴幼儿的影响研究揭示，“儿童对实际生活经验的理解超过对视频的理解，从实际生活经验中学到的知识也超过从视频中学到的知识”。而且有研究表明，孩子在出生的前几年，看电视可能导致认知能力发育不良。简而言之，这种说法，即借助媒介的学习速度与效果超过与环境和父母的直觉、真实的互动，与科学研究结论截然相反。[27]

以人为切分学习过程的方式来教育孩子，根本就是缘木求鱼。自然环境提供了各种学习机缘，孩子一旦需要学习什么知识，他的大脑便能一下子“捕捉”到相关信息。

例如，想想小孩子是怎么学说话的。[28] 家长不可能有意识地直接教导，《天才宝贝》节目也不可能教给孩子方方面面的语言知识。[29] 言语和语言发展包括理解和识别一门语言的语音，学习用特定的词汇和语法规则形成并理解句子，了解社会互动的微妙，以及人类在这种情况下如何使用言语和语言进行思想的传递与交流等。这些因素在任何一门语言里的具体细节，地球上没几个人说得清楚，几乎也没有哪个家长深入掌握了特定语言成分的知识。然而，除极少数例外，差不多每个人都学会了使用一种母语说话和交流，在许多社会，还不止一种。[30] 没有循序渐进的教导，这怎么可能呢？

THE INTUITIVE PARENT 直觉养育的科学

WHY THE BEST THING FOR YOUR CHILD IS YOU

说话牵涉到大脑的多个神经中枢，这些神经中枢必须正确地连接和协调才能生成言语和语言。运动中枢驱动嘴唇、舌头及口腔中产生语音的其他结构，推理中枢生成思想，并将其转化为有意义的词语、将词语组织成连贯的句子，再告诉嘴巴如何说出这些句子。而且，人们还得理解别人说的话，所以大脑还必须协调听觉中枢与负责解释含义、将语音翻译成有意义的思想的区域。一句话，语言和言语的生成是极其复杂的“全脑”过程，不可能将其分解为单个成分予以明确教导。的确，孩子从日常交流中获得了充分的语言“材料”，他们发育中的大脑天生会从中提取下一步需要的元素。[31]

孩子一出生，就做好了接受言语和语言信息的准备，并经由接收来自父母的自然输入学会说话。也就是说，**孩子从父母那里得到的反应以及从周围其他人那里听到的信息，自然而然会引导他的学习与神经发育**。史蒂芬·平克在其杰作《语言本能》① 及《单词与规则》(*Words and Rules*) 中，详细描述了这个过程。正如平克所说，发展过程中极少有“正式的”语言教导。实际上，大多数孩子在上学几年之后才开始正式学习基本的语法规则，然而，他们照样在上学之前

①《语言本能》(*The Language Instinct*) 是当代语言学大师、认知心理学家史蒂芬·平克（Steven Pinker）的革命性著作，他以深厚的语言学、认知神经学和进化心理学功底，成功地证明了语言能力是人类的本能。本书中文简体字版已由湛庐文化策划、浙江人民出版社出版。——编者注

就很好地学会了说话。

THE INTUITIVE PARENT 直觉养育的奥秘

自然而然的语言输入足以让孩子的大脑“启动”语言学习过程。而且，语言学习有一个较长的窗口期，父母无须精确计划对孩子进行语言输入的时间。

大脑发育的很多其他方面也是由发育过程中广泛存在的自然反应激发的。这意味着，当前许多家长的焦虑纯属无中生有，也意味着，在极短的“关键期”内训练孩子的大脑优化发育，如果做得不够，就觉得有愧于孩子的感觉根本没有根据。商家鼓励家长购买的那些“强化学习”的工具纯属浪费时间、浪费金钱。不仅如此，绕开自然过程、人为促进学习的企图还很可能适得其反，产生意想不到的后果，因为这些做法削弱甚至替代了有益的亲子互动，而亲子互动才是早期学习的真正基础，是激活大脑的源泉。

商家在向父母推销教育产品时，几乎都会明确承诺，或者至少是暗示：某种有限、特定的技能在一定程度上能“开发”孩子的潜能。例如，早就存在这样的神话：弹奏古典音乐有助于提高智商。

2004 年上映的电影《超人总动员》曾拿这个说法开涮，影片里，佐治亚州州长泽尔·米勒提议，为了“刺激大脑发育”，给该州所有婴儿的母亲提供古典音乐的磁带或光碟。《纽约时报》报道此事时，引用了多伦多大学心理学教授桑德拉·特雷赫（Sandra Trehub）的观察：“并没有可以得出这一明确结论的根据。如果我们真以为吞一粒药片、买一张唱片或某本书，就可以拥有某种经验，或者进入哈佛、普林斯顿，那就是一种幻觉。”听古典音乐可以培养孩子欣赏古典音乐的能力，但这不会提高孩子的总体智商水平。

许多研究证明，孩子会学到我们教给他们的东西。给幼儿看字母可以训练他们的大脑认识字母，但不能教会他们阅读，也不能教会他们理解阅读的内容；给他们看数字可以教他们的大脑认识数字，但不会使他们成为数学天才。相反，如果你希望孩子学会阅读，那就必须教他们阅读才行，不仅要让他们看字母、学发音，还要让他们明白书上的字母在现实生活中的意义。既要让孩子能拼读、解码，即认识书面单词中的字母，还要教他们理解单词的意义。阅读理解还需利用推理能力吸引孩子的注意力。发音教学很重要，这有助于他们正确地读出单词，但是这无助于他们理解所读的东西。

数学也是一样。仅仅认识数字是不够的，他们还需要了解数字代表的概念。新近开发的“大脑游戏”话里话外保证能全面提高孩子的智商水平。但是，数独游戏只能教孩子玩同类的数字游戏，并不能让他们学会代数、微积分、三角函数，也不会产生福尔摩斯、爱因斯坦那样的思维能力，这一点，对大人也是一样。

目前市场上正在流行一款电脑游戏，教人跟随特别的节奏拍手、跺脚，类似节拍器。制造商称，该产品可以提升孩子的时间把握能力和节奏感，这话可信。但他们还声称可以提高孩子的注意力、平衡感、记忆力、语言能力及整体运动能力，并改善注意力缺陷多动障碍（ADHD）的症状。脑科学和学习科学的研究告诉我们，拍手、跺脚训练可以教人学会拍手、跺脚，仅此而已。要说开启未开发的智能和提高智商，说得好听，但它的确无助于实现这个目标，也没有可靠证据证明它可以改善注意力缺陷多动障碍、自闭症及其他临床症状。[32]

这款电脑游戏的商家宣称，拍手、跺脚训练可以提高运动技能。我们不妨把这个说法与“大人教什么孩子就学什么”的思想结合起来做一番详细的考察。当然，这项训练有助于提高与拍手、跺脚直接联系的运动技能，但是，除了只在乎拍手、跺脚能力的人以外，谁还会在乎这些能力呢？大家购买这款电脑游戏的目的当然是想提高孩子其他更实用的运动技能。

比如，我喜欢打篮球，但技艺不精。如果我想提高球技，那我是跟着一款电脑游戏的节奏学习拍手、跺脚好呢，还是把宝贵的时间用来练习投篮和运球好呢？是不是精通拍手、跺脚的电脑游戏以后，我就能成为灌篮高手呢？当然不会！高尔夫、跑步、棒球、排球、游泳以及你叫得出名字的任何运动，情况莫不如此。提高这些运动水平的途径是练习直接影响场上表现的运动技能。常识告诉我们，并非所有时间感、节奏感发展良好的人都很聪明，如舞蹈演员和专业运动员，而获得诺贝尔奖的天才们并不一定舞技高超，也不一定是运动健将。

对于那些声称可以迅速提高孩子智商，神奇地激发大脑潜能的产品，父母应该抱有同样的怀疑态度。世上无捷径。《天才宝宝》DVD 只会给孩子看图片，教孩子念图片名称，看了这个 DVD，孩子也只能做到在看见这些图片时，能叫得出图片名称，仅此而已。这个 DVD 节目不会把孩子教成小爱因斯坦，也不会教出未来的大爱因斯坦。这里要特别提醒，家长要搞清楚孩子看这些 DVD 究竟能体会到什么。也就是说，他们究竟能从中学到什么，这些东西究竟能训练他们的头脑做什么。

直觉式养育 VS. 规划式养育

每一天，全世界的父母和他们的孩子都在进行轻松的互动，所以我们很容易忽视直觉式养育的意义及其纯粹的教育力量。抱起婴儿，对着他们柔声细语，冲他们微笑，这些行为是父母对婴儿的回应，出自直觉与本能，因此，我们不会后退一步想想，在以恰当的方式发展孩子心智、培养他们身心和情绪健康方面，这些活动具有多么重要的意义。从孩子呱呱坠地到进入学校，这些神奇的时刻在孩子的生活中无数次发生，不仅对婴儿的情绪发育至关重要，也是在为训练他们发育中的大脑做好准备，以进行终身思考、学习和社会交往。

由于以这种方式养育孩子不需要什么“特殊的”东西，无须特殊的器具、技术或者高学位，因而，尽管凯蒂和布伦特在尼娜和格温生命的恰当时刻，针对孩子的需求为她们提供了正确的教导，但我担心，他们以及像他们那样的父母并没有充分认识到，自己做得是多么的优秀。

如果让我这样一个研究儿童学习途径的儿童发展专家为外孙女尼娜和格温设计最佳的早期教育方案，那么，我就推荐我女儿和女婿已经实施的方法。实际上，如果我试图设计“加快”小尼娜学习进程的方案，教给像凯蒂那样的年轻妈妈采用“预先计划”的特殊强化步骤，往小尼娜正在发育的大脑中灌输知识，那么，我倒很可能是在破坏直觉的过程，而这个过程对于开发她成长中的心智必不可少。

为了阐明我的观点，让我来假扮一下足球解说员，通过即时回放，分解以上发生在我家里的直觉式养育案例。

从第一个例子开始吧。凯蒂抱着小尼娜，坐在摇椅上说话。看看她们的相对体位，凯蒂怀抱孩子，同时摇晃着椅子。凯蒂的手支撑着尼娜的头，尼娜的脸朝上，但并没有直视着妈妈。下一个关键事件是尼娜发出了“哦哦”声。这是小婴儿对当下状态的本能反应：喝饱了母乳，尿布干爽，她觉得温暖舒适，妈妈把她抱在怀里，以舒缓的节奏轻轻摇晃着她。还有什么比这更舒服的状态呢？尼娜自然地发出了表示满足的声音。她的声音触发了母女之间一系列的互动行为。

下一个事件是凯蒂对这些满足的声音做出了回应。她双手抱起尼娜，把她的身体往上举，这样，她们以不到半米的距离对视着。也许凯蒂自己都不知道，这是婴儿双眼聚焦于物体的最佳距离。[33] 然后，凯蒂笑逐颜开，用欢快、歌唱般的声音对尼娜说话。人们不太知道，婴儿的耳朵特别适应母亲说话的频率。凯蒂语调夸张，尼娜因此注意到她言语的特殊听觉特点。这为尼娜的言语感知打下了基础，帮助她的大脑注意到母亲言语的特点，包括语音、词语和语调。而且，凯蒂以歌唱般的声音说出词语，这让尼娜发育中的大脑适应了妈妈使用的英语语言特征，对生长在美国的她来说，英语是她的母语。如果我的外孙女生在泰国，并与妈妈进行同样的互动，那么，由于妈妈讲泰语，她的小脑袋自然就会接收泰语的特征，泰语比英语的音调更丰富。研究婴儿感知发育的科学家得出了如下结论：

> 18～20周大的婴儿意识到，以视觉方式呈现的声音与听觉信息之间存在联系，这种意识对于察觉这两者间的关系至关重要。
>
> 在实验中，有些婴儿会模仿听到的声音。觉察听觉与视觉联系的能力以及模仿声音的能力，这些都反映了婴儿对听和说之间关系的理解。[34]说包括发音动作，即在母亲说话的时候，看她的嘴发出声音。

该研究以通俗易懂的语言阐明了凯蒂的行为是在教尼娜英语音素，即语音，也说明了耳朵在听这些音素时的感觉，以及发音的方法。她们之间的互动也是在为阅读打基础，因为小尼娜学到了未来拼读学习时将用到的语音。这多棒啊！她难道不是一位了不起的母亲吗？所有这么做的爸爸妈妈都很了不起！可这又有谁知道呢？

即时回放中的下一个事件是尼娜对凯蒂报以微笑。这激活了尼娜新的大脑回路。她大脑里的听觉中枢无意识地注意到妈妈言语中的歌唱感，从而被激活，除此以外，小尼娜的视觉中枢也被激活了。而且，她的大脑自动协调了视觉输入与情绪调节中枢，也就是说，小尼娜最初因为满足而产生了反射发声，这种发声又与她和妈妈之间的积极互动联系了起来。实际上，小尼娜的内在幸福感传递给了妈妈，而妈妈的反应又把自己的幸福感回传给了她。微笑是人类和其他灵长类动物表达这种幸福感的视觉信号。[35]

当然，小尼娜的脸还不是很协调，她笑的样子有点像在做怪相。但因为凯蒂也本能地夸张了自己的笑容，这帮助小尼娜留意了笑的主要特征，她学习到如何调节小脸蛋的神经运动，并复现这些特征。[36]其实，凯蒂是在训练尼娜将视觉皮层与发育中的大脑运动中枢相联通并进行同步，同时也与听觉信息和那一瞬间的情绪相互整合。这种交流与互动给双方都带来了满足感，所以她们会不断重复这个过程。这是最能长时间吸引小婴儿注意力的一项活动。[37] 简单来说，凯蒂的直觉行为正好是尼娜学习与大脑发育的舒适点。更令人惊讶的是，尼娜也不经意地刺激了妈妈的大脑，使其看见她的面部表情并予以回应。

THE INTUITIVE PARENT 直觉养育的科学

不久前，《儿科学》（*Pediatrics*）发表了一篇文章，题为“微笑有什么含义？母亲的大脑对婴儿面部表情的反应”，作者的结论是，“初为人母的妈妈一看见婴儿的脸，其大脑的网络便广泛地活跃起来，情感和认知学习因此相整合，导致运动和行为输出……无论婴儿是哭还是笑，理解母亲如何对婴儿做出独特的反应，可能是理解母婴依恋神经基础的第一步。”[38] 换句话说，小尼娜的微笑激活了凯蒂大脑里的特殊回路，导致她跟随婴儿的引导。这牵涉到母亲大脑里负责愉悦与奖励的神经传导通道及特殊化学物质的分泌。谁能想到，这样一个自然、直觉的互动行为，竟有如此强大的力量。

接下来，想象一下我怀着极度的傲慢，认为用一张 DVD 或者平板电脑的 App 就能替代凯蒂及大自然的力量来“强化”尼娜的学习。我录下欢笑声、歌唱般的说话声，然后把 DVD 放给尼娜看，同时在她的摇篮里放上一台监视器。我甚至可以让凯蒂等到尼娜发出“哦哦”声后再播放 DVD。科学不是说，笑容和歌唱般的声音可以触发婴儿大脑活动吗？[39] 我可以人为增加尼娜听到这些言语信号的频率，把母婴之间 10 分钟的直觉式养育情节变成长达 1 小时的 DVD 或者 App 轰炸。

我可以用动画和音乐编辑软件人为加强 DVD 的视觉和听觉特征，使它们更加突出。我还可以教凯蒂使用电脑和 DVD，人为重复她先前凭直觉采取的步骤。但是，由于我把互动行为分解为单个步骤来让她学习、辨识并做出反应，结果她很可能无法做得像自然反应那么好，那么轻松自如。这种对自然互动的“改善”会使整个过程变得更好吗？可惜，用 DVD 和电脑技术人为强化这一过程，并不能触动父母大脑中回应婴儿面部表情的特殊回路。[40]

THE INTUITIVE PARENT 直觉养育的奥秘

电子技术并不能亦步亦趋地以直觉的方式灵活回应孩子随时变化的动作和表情，也不能直觉地复制妈妈的反应。类似尝试的风险在于丢掉了关键因素，潜在地破坏了大脑发育和母婴之间的社会性关系。

经过科学设计的 DVD 缺少灵活性，无法对小尼娜做出随时随地的个性化回应，此外，即便强化了某些视觉和听觉特征，也仍然要通过二维而不是三维的播放系统进行播放，而神经科学家早就知道，大脑处理二维与三维信息的方式是很不一样的。[41] 即便最好的三维动画与虚拟现实视频也不具备真实世界的质感和细微差别，而这些差别都逃不过发育中的大脑的注意。还有，把婴儿抱起来，对着自己的脸，这个自然的过程会因此而遭到破坏，彻底丧失母亲自然强化的视觉关注。而且，母亲的微笑是为回应婴儿学习微笑的努力，而 DVD 的计时与婴儿的努力不会同步，如此等等。

凯蒂和尼娜互动的首要因素乃是婴儿自己的行为，即她的“哦哦”声，这也是尼娜未来大脑发育的一个关键，这又引发了妈妈的反应，即把她抱起来靠近自己的脸，展颜欢笑，并以歌唱般的声音对她说话。这一活动给母婴双方都带来了积极情绪，同时也帮助尼娜采取下一个推动她向成人大脑进发的“初级步伐”，实现人类大脑的神奇使命。这个互动模式在尼娜上幼儿园之前会重复上百万遍。[42]

这其中的美妙之处在于，婴儿的引导能直接告诉父母她懂得什么，以及下一步准备学习什么。尼娜以她的“哦哦”声无意识地告诉凯蒂，她发育中的大脑已经开始准备学习微笑、处理英语语言的特点，以及整合大脑中的视觉、运动、听觉和情绪中枢。这就是全脑体验！

别忙着赶潮流，“科学进步”有局限

近年来，科学研究在儿童发育、神经心理学与学习科学领域取得了很大进步，作为科学家，我为之雀跃。但是，研究发现是一回事，将其用于开发旨在“科学促进”自然养育过程的产品或技术时，则要警惕潜在的陷阱。过去，围绕母乳喂养和婴儿配方奶粉发生的争议就是一个很好的警醒，它告诉我们，一旦选错了方向，会有什么后果。

THE INTUITIVE PARENT

母乳好还是奶粉好

今天听起来可能令人难以置信，但在我的孩子们小的时候，现代技术和食品科学的拥戴者们都在忙着说服爸爸妈妈们：科学家发明了比母乳更好的婴儿配方奶粉，在很多方面，包括孩子的身体发育和“大脑发育”，天然的母乳根本比不上配方奶粉，因为其中添加了各种维生素和营养成分，“技术先进”“设计科学”。

结果，母乳喂养一时被嫌弃，只有贫穷、弱势、买不起这种“超级食品”的母亲，才用母乳方式哺育婴儿。几乎每个人都知道母乳赶不上机器制造的奶粉。

WHY THE BEST THING FOR YOUR CHILD IS YOU

> 现在大家都知道了，母乳的营养丝毫不亚于最好的婴儿配方奶粉，甚至比奶粉更好。2008 年，《城市健康杂志》(*Journal of Urban Health*) 的一篇文章认为：“母乳是婴儿营养的黄金标准，是婴儿出生后前 6 个月内唯一需要的食品……在满足婴儿的营养需求方面，配方奶粉存在不足，不及母乳。”[43]
>
> WHY THE BEST THING FOR YOUR CHILD IS YOU

举这个例子的本意并非责怪那些给孩子喝婴儿奶粉的人，也无意暗示不给孩子喝母乳就是在伤害孩子。婴儿配方奶粉是很好的发明，对有些父母来说是极好的选择，成长中的婴儿完全可以食用。但是，它并不像宣传的那样比母乳更好。同等条件下，母乳在某些方面甚至比它更有优势。那些遵从本能、顺其自然为孩子提供营养的母亲，就像人类历史上一直这么做的妇女一样，并不在任何方面落后于时代，也并未将她们的宝贝孩子及其发育中的大脑置于不利地位。

直觉式养育也是如此：你本就具备婴儿需要的一切，只需释放天然的能力就好。涉及给孩子吃什么以及如何开发他的大脑，在做决策的时候，不要忘了把商家营销策略的影响纳入考虑范围。没有哪家公司有动力帮助你进行直觉养育，实际上刚好相反。配方奶粉广告的目的是让母亲相信奶粉比母乳好，为此，他们的策略之一就是让母亲们产生焦虑感，让她们怀疑自然、直觉的东西是不是对孩子最好，比如母乳喂养。这些公司不能从母乳喂养中获取利润，只有买配方奶粉的人才能让他们财源滚滚。

同样，很多商家宣称自己的产品能“更好地养育孩子”“令孩子更聪明”，他们与受雇的营销人员一起，竭力让父母们相信需要给孩子购买这些产品，相信在“培养婴儿的大脑”方面，与依靠自己相比，这些产品速度更快、更有效率。父母要是采取正常、自然、直觉的行动，商家就挣不到钱，所以他们要让父母相信自己不如技术聪明，以此助长他们的焦虑感，这样商家才能获利。

事实上，所有的成年人，包括祖父母、保姆、幼儿园及学前班老师，尤其是父母，只要对孩子发出的信号给予本能、直觉的反应，就可以在恰当的时间为他们提供恰当的学习机会，保证孩子在婴幼儿时期和学龄前阶段的大脑得到最好的发展。就像对待日常“老式”的母乳喂养一样，我们很容易忽略这些细小的学习机会所具有的强大力量，而成为营销策略的牺牲品，殊不知，商家正是利用了父母的不安全感，以及没有为强化孩子的发育而采取全部措施之类的担心。倾听你的宝宝，屏蔽广告的无稽之谈吧。

直觉型父母 VS. 技术型父母

本章对用 DVD、平板电脑和电子视频等技术取代直觉式养育的方式提出了警示，读到这里，你可能认为直觉式养育与技术水火不容。其实完全不是这么回事。多少个世纪以来，人类一直在发明并使用技术，技术发展的步伐也越来越快。在养育孩子的过程中，完全拒绝技术实在愚不可及。前面关于技术的告诫，核心在于说明，以技术取代父母的办法不可取，例如，有些父母指望用《你的宝宝能阅读》等教育产品教孩子阅读，而不是鼓励和促进他们自然的语言能力发展，等到孩子的大脑需要时，再教他阅读。

直觉型父母也会适时地把技术融入与孩子的日常交流中。注意，是融入与孩子的日常交流。直觉型父母不会让孩子长时间独自玩平板电脑或者其他技术产品，而是跟孩子一起玩耍、互动。可以偶尔让孩子单独玩会儿电脑，无须为此感到愧疚。毕竟，父母有时很忙，必须离开孩子。只是这个时间不宜太长，也不应该每天如此。

很多专家建议，在孩子 2 岁甚至 3 岁之前，要严格限制二维技术的使用。这个建议具有合理性，因为过早接触技术可能会影响孩子与父母的自然联系，妨碍他们对父母信息输入的关注。

THE INTUITIVE PARENT 直觉养育的科学

WHY THE BEST THING FOR YOUR CHILD IS YOU

关于印刻（imprinting）的科学文献对此有所说明。100 多年前，生物学家道格拉斯·斯普拉丁（Douglas Spalding）发现，小鸡一出壳就会模仿周围动物的动作。他把这个现象称为印刻。对小鸡来说，只要它出壳后首先遇到的是其他的鸡，那就万事大吉。可是，如果小鸡模仿的是另外一种动物，情况会怎么样呢？科学家康拉德·洛伦茨（Konrad Lorenz）研究发现，印刻比原来以为的影响要强大得多。他以小鹅为实验对象证明，小鹅一旦以他本人为模仿对象，就会学到很类似人的行为，而且，这些错误印刻的鹅更关注的是他，而不是其生物意义上的父母。

我的妻兄在圣迭戈动物园工作。他在树上发现了一些蛋，并把它们带给了他的小妹妹，也就是我的妻子。她兴致勃勃地孵化这些蛋，破壳而出的有小鸭子、小孔雀和小鸡。一切都很好，直到有些小鸡开始模仿比它们早几天出壳的小鸭子。它们模仿小鸭子摇摇摆摆走路的样子还好，但是像小鸭子那样游泳就不那么好了。我妻子每次讲起那些可怜的小鸡，都难掩眼中的一抹悲伤。

关键在于，你希望孩子模仿人类，尤其是父母，而不是平板电脑、智能手机、电脑、电视、DVD 播放器及其他技术。在印刻完成之后，孩子大脑中的各种神经连接会建立妥当，并经由与父母的互动，形成强大的情感联结。在这之后，便可以使用技术。

THE INTUITIVE PARENT 直觉养育的奥秘

在孩子的大脑能够理解和适应三维真实世界的信息，从而理解长时记忆中与真实世界的经验相对应的二维信息时，便可以让他们逐步接触技术。可以在孩子度过幼儿阶段后进行，父母也要积极地与他互动。

作为成年人，我们都可以借助平板电脑、电视、电脑、智能手机等技术手段获取有益的信息，孩子也是如此。直觉型父母应确保孩子恰当、有效地使用技术，但不可以把这些技术当作代理父母、代理老师或者“智慧生成工具”。

你的直觉会让你成为最好的家长

直觉养育旅程的第一步，是关注你独一无二的孩子。当然，这是自然而然的，出于本能、毫不困难，很多父母本来就做得很好。只是父母们很容易相信，由于自己不是儿童发展方面的专家，不知道自己在做什么，因此需要购买预先设计好的教育产品。不需要！你也无须从本就紧张的安排中专门挤时间上“直觉养育”课程。直觉式养育的美就在于，你和孩子在一起的每时每刻都是潜在的教学时间。直觉式养育已经天衣无缝地融入孩子需要的日常照料之中。无论何时何地，只要在做其中任何一件事，并遵从婴儿的发育引导，你就是在做对孩子的大脑发育有益的事。**对于孩子正在发育中的心理来说，喂食、换尿布、上床时间、起床时间、默默待在一起的时间都是极其强大的学习机会。**

直觉式反应将使你成为最好的家长、最好的老师。在婴儿期、幼儿期以及学龄前这些不同的成长阶段，孩子会自然、持续地让我们知道他们当下的知识水平、下一步需要学习的内容以及需要父母提供哪些正确的资讯以帮助他们学习、训练他们的大脑。在整个过程中，你和孩子会获得一份额外的奖励，那就是无尽的乐趣。

THE INTUITIVE PARENT
直觉养育要点回顾

☑ 直觉式养育意味着关注并给予孩子自然的回应。

☑ 做好思想准备：你会遭到市场营销策略和“养育类”产品广告无穷无尽的狂轰滥炸，破坏你对直觉式养育的信心。压力虽来自好心，但受到误导的家长们相信自己为孩子购买的产品优于直觉式养育。其实，陪孩子玩儿、跟孩子说话，这些事情比任何最新的《天才宝宝》教育产品都更有效。

☑ 直觉式养育能使你给予孩子个性化的教育，你的“教程”刚好符合孩子每个发育阶段的学习需要，同时也能培养孩子的社交能力和积极的自我感。毕竟，孩子会觉得你对他和他正在做的事情是真的感兴趣。

☑ 直觉式养育把技术完美地融入了儿童的世界，作为孩子接触信息、交流与娱乐的工具。但是，电子技术并不能代替直觉式养育，也不是促进大脑发育的恰当手段。应该等孩子完成了对人的模仿阶段，差不多 2 岁甚至 3 岁以后，再让他接触电子技术，而不要盲目使用，以免浪费孩子的大好时光。同时，电子技术的使用仅限于你目光所及之处以及与孩子互动之时。不要让 Netflix、Facebook、Twitter 与收发短信耽误你回应孩子的机会。

☑ 与书籍一样，在儿童发育早期，电子技术只能作为亲子互动的促进因素与起点，而不可以是孩子一个人的活动。

☑ 与母乳一样，直觉式养育并不以其自然、易得就等而下之。直觉式养育自然地提供给孩子的，正是孩子欲求于你的。操作指南内置于你和孩子的大脑，以及你自身的 DNA 之中。

THE INTUITIVE PARENT

02

塑造孩子的大脑，你有 20 年

WHY
THE BEST
THING
FOR YOUR CHILD IS YOU

科学家研究人脑的历史已有两千多年了。古希腊哲学家柏拉图推想，人的思考能力源自大脑。[1]2世纪，罗马医生、科学家盖伦（Galen）关于大脑结构特征的很多发现都经受住了时间的检验，现代人的大脑与盖伦的描述基本吻合。从神经解剖学与大脑回路的角度来讲，你、我与有史以来的人类具有相同的大脑结构。

此前的几个世纪里，我们的大脑在工作方式与整体学习能力上都没什么变化，与柏拉图、盖伦的研究基本相同，也跟他们思考大脑结构时的大脑是一样的，但对于大脑的组织方式及其处于学习状态时的内部情况，我们的认识却发生了很大的变化。在过去的几十年里，脑科学领域的研究人员在这些方面取得了巨大的进步。

但人脑是一个极其复杂的器官，未知的东西还很多，还有许多研究需要做，还有许多发现有待完成。脑科学固有的复杂性及其令人迷惑的特性可能导致人们误会、曲解或将研究发现过于简单化，包括那些销售产品，并宣称产品的价值已得到“科学证明”的商家。家长都希望孩子得到最新、最好的学习机会，而那些广告都声称自己的产品是根据神经科学研究的最新发现开发的，家长很难不受蛊惑。我想借本章介绍一些科学研究发现，谈谈家长应该如何处理有关资讯，也希望借此培养家长适度的怀疑精神，不要轻信商家和他人。他们的产品和做法明明破坏着直觉式养育，却还宣称“有科学基础”，可以“激活大脑”。

当好爸妈，不得不知道点脑科学知识

20 世纪 70 年代末 80 年代初，我担任助教，帮助导师指导脑科学的研究生。那时，科学家的研究主要针对大脑结构、连接大脑各部分的各种神经，以及这个神奇器官的整体布局。[2] 今天说起来难以置信，但当时我们了解大脑工作方式的途径，主要是依靠观察和报告因事故或中风而使大脑受伤的病人。医生和研究人员采用这种研究方式已有上百年了。[3]

THE INTUITIVE PARENT 直觉养育的科学

1864 年，保罗 · 布洛卡（Paul Broca）医生的两个病人因脑部受伤，丧失了说话能力，他因此发现了大脑的言语中枢。[4] 布洛卡的发现经受住了时间的考验，直到今天仍然是广为接受的脑科学原则。这实在是令人称奇。自从有了布洛卡的发现，病人去世之后，医生就通过直接检查大脑的表面来了解受伤区。

X 射线技术极大地提高了脑伤定位的准确性，而且在病人尚在人世时，就可以对其进行了解。但 X 射线无法帮助医生和科学家了解大脑的运行方式，只能揭示脑伤的位置。借助观察与神经心理学测试，研究者可以合理推断受伤区域的功能。但是以今天的标准来看，整个过程还相当粗糙，也产生了一些深刻的误解。其中一种误解认为，大脑发育主要是先天决定的，先天的基因比后天的养育更重要。所幸，现在我们已经明白，在激活婴儿的大脑方面，父母及周围其他来源的输入发挥着关键作用。[5]

从我当助教的时代至今，科学、医学与技术的进步极大地提高了我们对大脑工作方式的认识。不久前，英国广播公司播出了题为“神经科学发现的黄金时代”的新闻，骄傲地宣称：“由于影像技术、遗传学、脑化学及计算机领域的发展，我们对大脑的内在运行及精神病变获得了新的洞察。”[6]对这种说法，谁会有异议呢？“成像”，也就是拍下大脑运行时的图片的技术，在了解神经系统如何采集与处理信息、受伤后如何自愈方面，带来了革命性的进步。

家长们自然希望能利用这些发现帮助孩子更有效地学习。然而，神经科学乃至我们研究大脑的方法本身，即分离神经回路，并把它们一一分类，都还存在很大的局限。即便我们研究大脑的方法确凿无疑，在将其转化为旨在强化儿童大脑激活功能的教育产品时，这些科学发现也有缺失，甚至纯属误解。脑科学的研究重点在于设计聪明的实验，分离一个个神经回路，揭示大脑的各部分是如何工作的。但永远不要忘记，大脑是一个整体运行的器官，激活大脑的目的不仅是要在实验条件下成立，更是要让大脑在真实而复杂的世界有效运行。作为家长，你的目的是训练孩子的大脑对现实生活进行思考，而神经科学的最新发现是基于科学家在实验室里分离微小的神经回路这一目的狭小的行为，对你可能没什么用。

例如，针对大脑视觉中枢认识字母的研究表明，视觉中枢内部有专门的区域，看字母的时间和方式会影响这些区域的发育。[7]有科学家想研究这些认识字母的区域究竟如何工作，他们设计并实施了非常精细的实验，意欲系统地分离认识字母时所使用的特殊系统和神经回路。近期的一项研究考察借助计算机进行认识字母的练习效果，练习强度较大。研究发现，“进行眼睛练习的人对目标字母的反应更准确”，结论说，“眼睛练习对强化与注意力有关任务的认知表现，以及通过短期训练强化记忆有效果”。这并不奇怪，因为大脑会学习你教给它的任何东西。在这项研究中，就是通过“眼睛练习”认识字母。

但是，当有人过度概括这个相对狭隘的发现，说这种认识字母的眼睛练习可以提高阅读能力，或者提高实验环境之外的其他技能时，问题就出现了。其他研究证明，在阅读与理解词义，以及理解字母所组成的句子方面，由父母读给孩子听，对孩子的全脑发育来说，效果要好得多。亲子互动时积极的情绪氛围强化了字母认识，字母的意思也恰当地处于朗读的词汇语境中，短语也体现在真实的故事中。

THE INTUITIVE PARENT 直觉养育的奥秘

在儿童早期阅读时，漂亮的插图和简单而引人入胜的故事有助于激活孩子大脑的多个区域，而不只是激活那些认识字母的神经回路，而且，与爸爸妈妈一起阅读，也加强了彼此的情感联结。

我的孩子们小的时候，我边给他们朗读，边表演，现在，我也给孙子孙女们朗读、表演，这些情景给我留下了非常美好的回忆。真的，现在我给孙子孙女们朗读并表演令人难忘的《金发姑娘与三头熊》时，他们就如 30 年前他们的爸爸妈妈们一样兴致盎然。

你宁愿采取哪种方式？你觉得孩子更喜欢哪种方式？是盯着电脑屏幕做识字练习，还是跟父母一起读一个饶有趣味的故事？哪个活动真的是在训练全脑，让孩子不仅能识字，还能理解字义，同时享受整个阅读过程？

科学家早就知道，进行“对话式”阅读时，家长通过提问以及让孩子回忆和复述故事细节，积极抓住孩子的注意力，能够有效引导他们日后具有更高水平的阅读理解能力和语言发展水平。[8] 纽约州立大学石溪分校教授格罗弗 · 怀特赫斯特（Grover Whitehurst）与同事发现：“我们的研究与其他人的工作说明，学龄前儿童从绘本阅读中得到的语言收获与给他们读书的方式有关。在阅读过程中，成人采用唤起孩子注意力的方法，比如针对图画和故事向孩子发问，鼓励孩子和成人一起叙述故事，使孩子有机会积极参与阅读过程，这种方式的收获要超过单纯的成人读、孩子听的方式。”简而言之，交互式的直觉方式更适合孩子的大脑学习语言和阅读。单纯地读书给孩子听，亲子之间不互动，积极效果便差很多。训练孩子识字的“目光追踪”方式远离了交互式过程，不符合孩子及其发育中的大脑的真正需要。

婴儿的大脑里有什么？

大脑由名叫神经元的细胞构成，结构独特、有趣。人体其他部位的细胞大都貌似平底锅里的鸡蛋，而脑细胞及其他神经细胞却状若鱿鱼，只不过首尾两头都有触须。[9] 也就是说，神经细胞的“头”有着名为树突的须状细胞结构，内有神经细胞核，还有名叫轴突的长“尾巴”，轴突末端是更细小的触须，叫轴突末梢。轴突外围包裹着髓磷脂。[10] 细胞“头”的部分呈灰色，因此获得了一个颇具创意的名字，叫作“灰质”，包裹在髓磷脂中的尾巴是浅黄色的，称作“白质”。大脑的图片显示为呈灰色的细胞体区域及呈白色的轴突群。如图 2-1 所示。

神经细胞能彼此沟通。它们通过一个细胞向下一个细胞传递神经冲动，以此实现沟通。神经元首尾相连，白质就像电缆，灰质区域由白质连接。电信号从头部向尾部传递，经过轴突尾部和链条上的下一个神经细胞触须，传递给“电缆”上的下一个细胞。神经元之间的小空间叫作突触，为了实现信息的直接传输，大脑依靠特殊的化学物质即神经递质，改变信息在突触空间中“跳跃”所需的电量。使用这些不同的神经递质，可以对信息进行优先处理，也可以改变信息。

大脑结构极其复杂：虽然所有神经元都是神经细胞，具有相同的基本成分，但是神经元亚类共有 200 多个，根据工作职责的差异各不相同，如控制肌肉、解读视觉图像、存储记忆等，而且关于神经元，还有大量知识有待了解，几乎每年都有新的亚类被发现。[11] 父母的一项任务就是保证孩子不同的神经元都处于大脑的恰当位置，学会各司其职并协同工作。新生儿有上千亿个神经元需要在高中毕业之前各就各位。[12] 脑科学家还发现，根据环境信息的输入，脑细胞会移动，并在细胞之间构建新的轴突连接，对你的宝贝而言，环境即指你、你的家庭与家庭生活。听起来很吓人吧？不过别惊慌，大自然已经为这个过程的展开备好了舞台，你只要顺应直觉，就会获得很多帮助。谢天谢地，成功的直觉型父母无须先得是神经科学家！

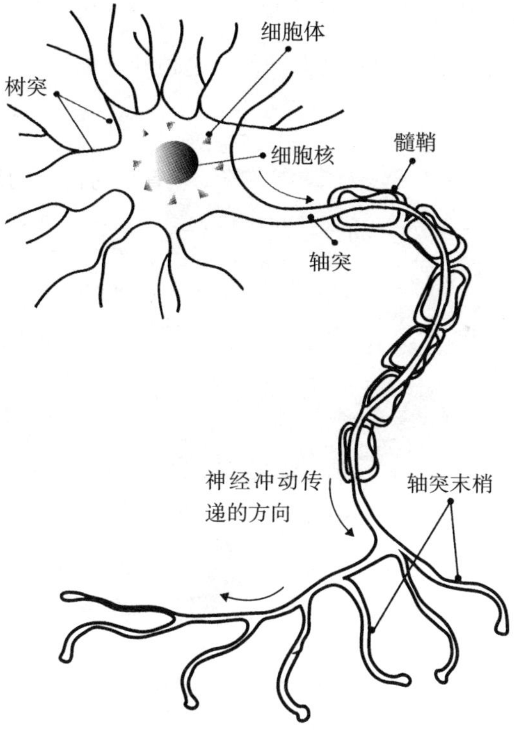

图 2-1　神经元

婴幼儿的大脑解剖结构与成人基本相同，但是与身体的其他部分一样，他们的大脑处于发育过程中，并且正在发生着深刻的变化。像成人一样，婴儿也有脚趾和手指，但还没有长成最终的形态，协调性也没有达到发育成熟后的水平。从更大的范围来讲，他们发育中的大脑也是如此。当然，如同身体的其他部分，我们的大脑终生都在发展和改变，只是，婴幼期奠定了这一发展的基础。

为了理解婴儿的大脑如何生长、发育，我们有必要描述一下人脑的基本区域与功能。虽然大脑结构的细节因人而异，但是大部分基本情况，所有人都一样，包括成人与婴儿。大脑的顶部区域称为大脑皮层，是思维发生的地方，分为 4 个脑叶。大脑皮层的前部称为额叶，耳朵所在的两侧称为颞叶，后脑勺部位叫作枕叶，额叶之后、颞叶之上的部位是顶叶。如图 2-2 所示。

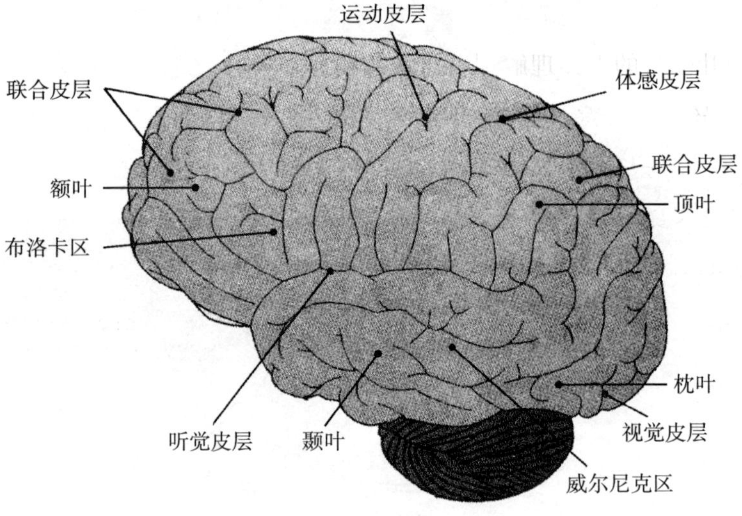

图 2-2　大脑区域及功能

大脑中的每个区域都承担着特殊的任务。尽管每个人的脑结构都存在个体差异，但大多数人的额叶具有几个重要的功能。首先，这一部位负责管理说话能力，包括语言和言语的生成。当凯蒂对小尼娜说“我爱你，宝贝儿”的时候，额叶控制着她说话的行为。150 多年前，布洛卡发现额叶损伤会导致人的语言能力丧失，尽管病人仍能理解别人的话。他由此推断语言理解能力与说话能力源于大脑的不同区域，的确如此。[13] 其次，额叶也是指挥动作的“战略指挥中心”。

顶叶负责侦察和解释来自身体的信息，尤其是触摸信息。顶叶的特殊区域负责感觉手指和手、舌头及脚底传来的信息。当凯蒂举起尼娜，双手感觉到她那柔软的皮肤时，负责这一感觉的是顶叶。而当尼娜摸妈妈的脸时，顶叶会通过她的小手指获得这一信息，并帮助她理解。当我揉捏尼娜的小脚趾时，顶叶也会通过她的脚接收到触摸信息。

颞叶负责理解他人的话语，也就是接收语言。这是卡尔·威尔尼克（Karl Wernicke）发现的，比布洛卡发现额叶是语言表达区晚了大约 15 年。威尔尼克发现，颞叶受伤的人不理解别人说话的意思，丧失了理解语言的能力。[14] 这一发现至今仍然正确：研究表明，大脑颞叶区域受伤与口语的理解能力丧失有关。[15] 当尼娜以“哦哦”声引起妈妈的口头反应时，凯蒂大脑中用来分析这一声音的区域是颞叶。当凯蒂对尼娜说话时，尼娜发育中的颞叶语言接收区，即威尔尼克区得到了激活。

最后，后脑勺部位的枕叶负责处理和理解来自视觉的信息。枕叶是视觉的战略指挥中心。当凯蒂看着尼娜时，她的枕叶负责记载眼睛接收的视觉信息，并将其传输给大脑。同样，当尼娜看着妈妈的脸时，她尚不成熟的枕叶回路也会受到刺激。

大脑皮层及 4 个脑叶之下是皮层下区域。神经冲动沿着脊髓，经由一系列被称为核团的神经中枢传到大脑皮层。神经中枢迅速对身体其他部位，如手臂、腿等被神经科学家称为“周围组织”的非脑组织部位传来的信息做出反应，及时发送可能攸关性命的反应。如果你不小心把手放到滚烫的炉子上，你无须有意识地知道要尽快把手拿开，低级脑中枢便会确保这一动作的发生，以免你被烫伤。

你可以把它视为天然的报警电路，其反应速度超过高级皮层中枢。此外，有些皮层下区域负责愤怒、喜悦等更为“原始”的反应，对饥饿做出反应和控制，识别并整理基本视觉模式，控制走、跑等无须思考就可以进行的重复性运动行为。但这些低级中枢不能从事说话、解决数学问题等更为复杂的组织化行为。

与情绪相关联的皮层下区域是海马和杏仁核。这两个区域受喜悦情绪的刺激。当凯蒂与尼娜开心地互动时，所产生的情绪就由皮层下区域处理。模式的生成与识别同枕叶以下、大脑后部的小脑相关联。另一个重要的皮层下区域是基底神经节，负责执行动作。当尼娜伸手抓起响铃摇晃时，她在使用基底神经节协调动作。大脑皮层中的额叶发出指令，基底神经节将指令传递给负责刺激抓取、摇晃响铃所需肌肉的神经。随着这些动作成为家常便饭，完成动作的模式便储存在了小脑里，以便迅速、准确地重复。

当然，大脑的功能比我的简单介绍要复杂得多，每个区域都还可以分成更小的亚区，承担着更多的职责。就养育孩子来说，你只需对重要的皮层区域有所了解就够了：额叶、颞叶、顶叶、枕叶，杏仁核和海马里的情绪中枢，小脑里的模式检测区和生成区。

THE INTUITIVE PARENT 直觉养育的科学

大脑还分为左右两个半球。它们之间由厚厚的、名为胼胝体的一束束神经轴突即白质相联系。大脑两侧都有额叶、颞叶、顶叶、枕叶，但并不完全一样，左右脑的相同区域所处理的活动也有所不同。

> 请注意，有关“右脑思维”、“左脑思维”以及“听觉型学习者”、“视觉型学习者”的研究取得了很大的进展。由于大多数人的左脑与语言能力有关，因此这种观点认为，存在相应的听觉学习功能，右脑则被认为负责视觉学习。大脑的有些区域更长于视、听等任务，这种观点有一定的道理，但是，若把广泛的功能说成是由大脑的某一侧单独负责，则是严重的误导。有关思维与其他任务的研究表明，大脑两侧总是共同完成任务、同时处于活跃状态的，胼胝体的目的和功能就是使左右脑分享信息，以便协调它们的活动。[16]

然而，过于简单化的神话继续流行于世，一些人受此启发，开发出了据称能训练左右脑特定能力的教育项目和产品。例如，托马斯·比耶桑斯（Thomas Biesanz）的《右脑数学》（*Right Brain Math*）的书、DVD 及视频等产品兜售“基于模式认识右脑”的教学方法，[17] 声称能“规避语言导致的诸多误解”，[18] 但是并没有证据表明这项活动有选择性地激发了右脑，甚至在数学学习方面，根本就没有什么左右脑之分！比耶桑斯的策略可能对有些孩子有益，但是他的说法纯属营销噱头。黛安娜·克拉夫特（Dianne Craft）是注册特殊教育教师与学习顾问，她推出的几样产品也将“右脑孩子”区别于“左脑孩子”，自称为痛苦不堪的学习者提供“右脑学习方法”。“一半的人都是右脑主导型，”她声称，[19]“以我所见，为学习而挣扎的人当中，80% 都属于右脑主导型。”[20]

她的右脑闪卡营销手册说：“右脑孩子最善于学习绘画、色彩、情感和幽默。”难道说“左脑孩子”中的好学生就是在不具备其中任何一样特长的情况下学得好的吗？无论她的教学策略是否对某些孩子有效，她关于左 - 右脑“主导”的说法严重地失之于简单化了。

家长永远不要听信右脑、左脑发育需要某些活动或者电脑游戏的神话。相反，应该把关注点放在活动本身，以对特定的孩子在真实世界最有效的方式，让他的大脑自我激发。给他们提供学习机会，做出恰当的反应，就像对话式阅读那样，余下的就顺其自然。这种方式会把神经资源分配给对孩子的大脑最好的区域和半脑。而且，大脑被激发的方式存在很大的个体差异。例如，针对不同病人的威尔尼克区的研究发现，每个能够理解口语的人都有威尔尼克区，但是，有些人的威尔尼克区位于额叶上部，有些人位于颞叶后部，还有一些人位于顶叶。[21] 试图把这个功能强加给某个特定的大脑区域，或者假定每个人的威尔尼克区都在大脑中相同的位置，是不客观的。同样，用大脑的哪一侧处理哪项任务，每个人的差异也很大。有些人的创造性能力主要由右脑负责，而另一些人则是左脑更为活跃。

THE INTUITIVE PARENT 直觉养育的奥秘

创造性是父母应该持续培养孩子具备的一项重要能力。关于创造性的研究证明，讲故事或者听故事的时候，可能是左脑在活动；填字谜或者灵光一现时，则是右脑在活动。家长的任务是给孩子读故事，并鼓励他们自己编故事、讲故事，以此促进创造性的发展。

父母也应该给孩子提供积木、绘画材料、黏土、橡皮泥及其他玩具和材料，让他们发挥创造力。只要孩子学会了创造，谁会在意这件事是左脑做的还是右脑做的？事实上，脑科学研究表明，创造需要左右脑协同工作，并不存在什么产生创造力的特定“创造力中枢”。相反，有多个大脑区域共同参与了创造活动和创造性思考。[22] **人类之所以具有非凡的创造力，部分原因在于，不同的人在进行创造性思想和活动时，各自的神经激发方式本身就存在很大的差异。**

无论是哪种创造性活动，解决问题和做决定所牵涉到的几个区域都处于持续的活跃状态，比如前额叶皮层。而另一些显著活跃的区域则都是针对具体的任务，例如，拍照的时候，视觉中枢处于活跃状态；编排舞蹈的时候，运动中枢处于活跃状态；[23] 创作剧本则与所有的创造性活动一样，会涉及负责思考和计划的中枢，以及视觉、语言与读写中枢。

孩子大脑的可塑性

对大脑可塑性的发现，无论是从本质还是从扩展层面，都极大地促进了我们对大脑学习过程的了解，[24] 也导致了大量声称可以触发和强化大脑可塑性的产品问世。利用大脑可塑性是许多产品吹嘘的一个主要好处，他们声称父母可以通过让孩子使用这些产品，使他们形成比别人聪明的设计师大脑。这当然令人动心，然而什么是“可塑性”？家长又能如何利用大脑发育的这一面呢？

可塑性是大脑具有的终生能力，是指形成新的突触和神经细胞之间的连接，甚至形成新的神经通路，建立与强化连接，从而促进学习，提升获取和运用知识的效率；还指大脑有能力取消或者删除“无用”和“不再有用”的连接。[25]

比方说，如果你学过乐器，那可能还记得，经过长时间的练习，你熟悉了演奏音乐的所有要素，知道动作与声音之间的联系，会读谱，掌握了指法与呼吸技巧，能够演奏较复杂的作品，演奏得也很流畅。可是，如果你成年后没有继续练习，20 年后再重操旧业，就会发现不像年轻时那样熟练了。对大脑可塑性而言，“学习”与“不学习”音乐的那个过程是很好的比喻：一开始打下了大脑激活的基础，之后若不再练习，大脑就丧失了部分活力。可塑性的其他方面也是如此，在出生后的前 3 年，孩子大脑的一般结构由环境输入的信息塑造，包括家长直觉式的输入，其间，“突触修剪”相当普遍。有意思的是，青少年时期，大脑结构最终“完成”，达到成熟状态，[26] 这个阶段，又有一次大规模的修剪。

在对大脑发展的探索方面，动物的研究提供了很多信息，我们对可塑性的了解主要来自除人类以外的灵长类动物及鼠类、啮齿类动物的研究。研究方法看似简单，就是让动物听声音、看图像，或者同时接受几种刺激，观察其大脑的变化。[27] 活动或练习刺激并强化了大脑的发展，实质上就是激发了大脑的可塑性。但是说到练习，练习什么、如何练习很重要。做引体向上可以使臂膀强壮，但不会直接提高跑步等全身运动的水平。想要成为一名优秀的跑者，不需要做引体向上，你得跑！同样，在电脑屏幕上看数字闪过可以训练大脑认识电脑屏幕上的数字，但不等于会做数学题。更重要的是，不要相信学习数学需要看电脑上的数字这种神话，毕竟，历史上从没有一个大数学家在电脑上看过数字，但他们的确花了大量时间解决数学问题。我可以保证，生活在公元前300 年左右、至今被视为人类历史上最伟大的数学家之一的欧几里德，甚至 20 世纪的爱因斯坦，他们在学习数学的时候，都没有在电脑上看过数字！

可塑性发展的研究追踪新环境下大脑结构的变化与连接情况。这里的“连接”指大脑不同区域之间的轴突连接，以及这些大脑区域执行的各种行动。建筑师为你家画布线图的时候，会在图上标注连接炉子、冰箱、空调等的电线，与此类似，研究人员也在画大脑的布线图。在此过程中，他们已经确定，动物和人的大脑皮层不是一个固定的实体，而是不断在被学习改变。原来，根据外部世界传入的信息，大脑里面的“电线”在不断地进行重新连接，并且持续如此。

THE INTUITIVE PARENT 直觉养育的科学

开启这项研究的一位先行者是迈克尔·默策尼希（Michael Merzenich）。他是加州大学旧金山分校的荣誉教授、美国科学院成员。在一项发表于 1984 年的初期研究中，默策尼希博士做了一个精细的实验，发现猴子大脑顶叶的感觉区里，有一个区域负责解释某根手指传递的感觉信息，如果猴子失去了那根手指，这个区域就转而处理另一根手指传递的信息。实验表明，大脑这个区域的功能是“可塑的”。这个发现听起来简单，却具有革命性意义，因为在做这类实验之前，神经科学家一直相信，如果大脑的一个区域已经具备了某项功能，那就不能重新连接并实现另外的功能了。[28]

范德堡大学神经科学家乔恩·卡斯（Jon Kaas）以人类截肢者为实验对象，得出了相似的结论。他的报告发表在著名科学期刊《自然》上。他认为："大脑在感觉输入受损后，往往会进行重新组织，原先对已缺失的信息做反应的神经元会对其他仍然存在的输入做出反应。"他证明，截掉一只手的病人在恢复期的那几个月里，之前大脑中负责记录那只手感觉的部分，开始对面部、手臂的感觉有了反应。[29]

这两项研究都证实，在“可以教老神经元学习新玩意儿”的意义上，大脑是可塑的。如果一个神经元因为失去最初激活它的手或者手指而“失业”了，那么，它会得到一份新工作，负责处理来自身体其他部位的信息。如果因事故或者受伤而失去最初的功能，大脑又不允许其另作他用，那本来还完全有用的神经元或者大脑区域就闲置浪费了。从大脑资源修复和有效分配的角度来看，这类有关大脑皮层可塑性的发现很合理。

但是，关于学习，大脑可塑性又怎么样呢？默策尼希与同事后来的研究证明，可塑性不止于修复和治愈，也包括获取知识和技能。为了测试脑神经对学习的反应，他们让一只猴子执行敲手指的任务，同时做了一份高分辨率的大脑激活图谱测绘。之后，默策尼希训练猴子以复杂的频率敲手指，在这个过程中，他制作了新的大脑图谱。

他发现，随着猴子敲击的频率加快、错误减少，新的大脑区域开始介入“帮忙”，其他的脑细胞开始参与进来，执行猴子已经学会的任务。而且，随着参与实验的猴子熟练掌握了手指敲击动作，越来越多的脑细胞会来支援这项任务，其“可塑的”大脑也开始分配更多的细胞和神经回路来参与这项活动。[30]

由于这些实验使用直接录自大脑表面的信号，无法将其直接复制到人类身上进行，然而，针对人类的无创式研究证明，人类大脑具有与猴子和其他灵长类动物相似的可塑性。

这种可塑性类似于小孩子刚开始学习阅读时的情况。最初，大脑的任何部位都与阅读没有专门的联系。随着孩子开始学习阅读，进而阅读水平不断提高，便有更多的脑细胞和神经回路参与进来。当孩子开始识字、理解阅读内容时，大脑便动用了可塑性，[31] 可以肯定，在这一过程中，大脑中既有的语言中枢得到了扩展，包括能够进行阅读，同时也发展了新的神经回路，将书面文字加入到已有的含义中。这时，孩子已经懂得的口语词“球”与字母 b-a-l-l 就联系了起来。学习阅读其实就是一种形式的神经塑造活动。基于电脑的认识字母训练能够利用大脑可塑性，激活和训练视觉皮层的符号识别中枢。对话式阅读也是一样。

THE INTUITIVE PARENT 直觉养育的奥秘

对话式阅读是直觉、交互式的，不仅能“连接”负责字母识别的神经中枢，而且还自然地利用了神经可塑性，建立起轴突与大脑语言和思维中枢的联系。而认识字母可没有这个功能。

有关神经可塑性的发现令人叫绝，也常常被转化成自吹具有强化“大脑健康”功用的商品宣传。但是，即便某项实验证明某项特殊活动能刺激大脑可塑性、强化学习，也并不说明为此必须要进行某项活动，也不意味着这些活动是建立神经可塑性的唯一手段。

实际上，任何学习都可以塑造神经。直觉型家长通过语言互动、玩真实的玩具等方式，教孩子学习新单词，在利用神经可塑性方面，他们的方式丝毫不亚于，甚至还要好过最新的《天才宝宝》DVD 和声称能使“大脑健康”的电脑游戏。任何信息，如孩子跟妈妈说话、玩积木，或是跟爸爸在操场玩滑梯、学数学、听音乐，无论是古典音乐、迪斯科、西部乡村音乐还是爵士乐，也包括一起玩“大脑训练”电脑游戏，都可以激活神经可塑性。[32] 基于电脑的大脑可塑性训练并没有什么特别的神奇之处，至少对大脑而言是这样。

脑科学家有时试图把研究发现转化成“基于大脑”的学习产品。可是，就算是科学家亲自开发的电脑游戏，也同样没什么神奇的功效。默策尼希为科学学习公司（Scientific Learning）[33] 和脑火花公司（Brain Spark）[34] 开发和推广电脑游戏，声称这些游戏可以提高儿童的听、说能力与阅读水平。[35] 我们发现，在培养儿童听、说、阅读与学习能力方面，即便是神经科学家创建的公司、开发的产品，相较于语言互动、对话式阅读等真实生活活动而言，也并不具备优势。

范德堡大学教授保罗·约德（Paul Yoder）和我曾在《国际发展神经科学期刊》（*International Journal of Developmental Neuroscience*）上发表论文，提出这样的观点：“无论是否接受语音识别训练、电脑游戏训练，发育中的儿童通常都可以有效地学会识别语音。”[36] 实际上，基于父母和其他人的自然交互式的信息输入，孩子的大脑会形成非常有组织的听觉皮层。这种自然的信息输入特别适合让发育中的大脑明白，语音识别是连接口语的途径，而不只是与语言无关、过度学习的一种“碎片化技能”。我们还认为，非自然的听觉信息输入，这里指孤立的听觉信号，并不能建立恰当的连接，也不能将信号整合。区分真实世界的语音，需要大脑其他区域的参与。

THE INTUITIVE PARENT 直觉养育的科学

为了更好地理解神经可塑性在真实生活中的运行方式，我们可以好好看看直觉式学习与电脑训练的对比研究成果。除了发现可塑性在触摸方面的运作方式以外，在认识大脑如何学习言语感知方面，默策尼希和他的同事也取得了杰出的成果。他们以动物为实验对象的研究表明，大脑所听到的信息类型以及信息输入的时间对听觉中枢有深刻的影响。如果大鼠定期听到尖锐的噪声，那么，其大脑中更多的神经元和听觉中枢的大片区域便会专门处理这类噪声。如果训练大鼠，让它知道听到某种特殊的声音表示有食物吃，例如警笛声那样有节奏的声音，那么，其大脑中的组织就会越来越多地被“调动”起来，参与侦察和定位这类声音。另一方面，如果大鼠在幼时没有接收过这种听觉信号，成年后才给它们听，它们就不会那么精于侦察和处理这类信号。但是，只要训练它们听警笛和其他复杂的噪声，这些听觉贫乏的大鼠还是可以学会寻找食物，并且更善于发现和处理复杂的声音。

基于这项研究，默策尼希和他的同事做出了理论推测：孩子如果有语言学习障碍，比如说话困难、听不懂他人的话，那他遇到的问题与听觉贫乏的大鼠是一样的。默策尼希为此提出了解决问题的办法：像对大鼠那样，让这些孩子接受基于电脑的听觉专门训练，以此建立神经可塑性，克服这一困难。

在以人为研究对象方面，葆拉·塔拉尔（Paula Tallal）与同事证明，有语言学习障碍的孩子难以处理语音。言语中的听觉信息既来得快，又转瞬即逝，难怪有些孩子跟不上信息的流动速度。默策尼希和塔拉尔把他们各自的研究结合起来，发明并向市场推出了特别的电脑软件，用以训练孩子识别单个言语语音以及升调、降调之类的非言语语音。也就是说，英语单词“hat”和“bat”的语音差异是两个单词的第一个音：“hat”中的“h”和“bat”中的“b”。有些孩子听不出这种细微差别，所以，软件就帮助他们有针对性地提高这些能力，利用大脑可塑性，教他们识别这些语音中的差异，希望能以此提高他们理解语言的能力[37]。可惜，几项大型研究证明，这两位科学家的产品并没有达到预期效果。然而，尽管缺少独立的科学支撑，科学学习公司和脑火花公司还在继续销售他们的产品。

虽然孩子们的确学会了识别这些语音，但在理解别人的话语方面，同只接受课堂教育和使用便宜教学软件的孩子比起来，新的能力并未带给他们优势。[38]问题出在哪里？谁也不会否认，默策尼希和塔拉尔等脑科学家所做的开创性研究是准确的，并且揭示了神经可塑性的基本原理。但是，要理解电脑游戏为什么没有形成大脑可塑性，就需要理解大脑可塑性是如何自然、本能地发挥作用的。发育正常的孩子在刚出生时，听觉处理能力相对较弱，即便如此，他们的大脑也会准备妥当，而无须专门的电脑训练。实际上，直觉、交互式学习非常适于发展这些能力。所以，即便听觉处理发育较为迟缓，解决办法也不是孤立地培养言语处理的“特殊”能力，而是为他们提供更多的交流机会，让孩子的大脑学习真正需要学习的东西，比如听和说，而不是仅仅知道“ba”“da”是不同的英语发音。

当然，早在默策尼希和塔拉尔登场并分离神经过程之前，早在电脑发明之前，神经可塑性就已经存在了。无须注重技能的针对性干预，大脑连接就已广泛地发生着，并且持续如此。神经科学家还没在实验室研究大鼠之前，大鼠那小小的听觉皮层就已经通过神经可塑性得到连接了。人类的孩子也是一样。听觉可塑性研究只能在隔音、孤立的实验室完成，否则，周围环境的噪声就会触发孩子小脑袋里的听觉中枢发育，从而干扰实验。这里的要点是，周围环境中自然发生的信息输入才是最终激发神经可塑性的因素，是它们启动了大脑的听觉中枢，并使之在真实世界中正常运转。

同样，在没有特殊软件之前，由于父母的反应触动了大脑可塑性与学习功能，孩子们成功地学会了“hat”和“bat”的区别。

THE INTUITIVE PARENT

Duck!

我的第三个孙女阿达琳 8 个月大时，坐在一个高脚凳里咿呀学语。她的爸爸、我的大儿子安迪和她的妈妈莫莉放了些玩具在她面前的盘子里。其中有一个玩具鸭子，阿达琳一见，就说了声“da”。安迪和莫莉非常兴奋，随即对她说：“duck”（鸭子）。他们反反复复说“duck”，几分钟内，说了十多遍。开始的时候，阿达琳还是说“da”，但过了一会儿，就开始说“duck”了。这个过程中，每个人都喜不自禁，莫莉和安迪笑呵呵地移动阿达琳面前的鸭子，阿达琳也无比喜欢大家对她的注视。你觉得这一直觉式养育的片段是在教阿达琳发育中的听觉皮层识别“da”和“duck”的差异吗？我可以保证，大脑可塑性发生了！

WHY THE BEST THING FOR YOUR CHILD IS YOU

科学家使用类似“hat”“cat”“that”中的一些音来研究大脑处理声音的方式，了解大脑可塑性的形成方式，这是有价值的重要目标。但在这些条件下观察到的大脑可塑性有可能误导家长，让他们以为只有在科学控制条件下才能触发大脑可塑性，或者实验室方法才是利用大脑可塑性的最佳途径。

请记住：我们教什么，孩子的大脑就学什么。如果电脑软件训练大脑识别微小的音节，那么大脑学到的就是认识微小的音节，而不能因此得出结论说，大脑有能力理解别人的话语，或者学会了阅读，因为识别声音只是大脑理解口头语言和进行阅读所需工作的一小部分。如果你希望让孩子的大脑做好理解口头语言和进行阅读的准备，那么，给他输入的信息就必须是真实的功能性口语和对话式阅读。把语音信号分解成单个的组成部分根本无济于事。如果你希望他把口头语言作为与其他人进行人际沟通的工具，那么，语言信息的输入还需要发生在人际交往的背景下，这牵涉的大脑区域就更多了。

THE INTUITIVE PARENT

蝙蝠与帽子

孩子捡起地上的帽子，爸爸随口说："帽子"，这时，交流就触发了孩子大脑的神经可塑性。这一过程中，孩子的大脑不仅处理了"帽子"一词的语音部分，也处理了帽子的视觉形象、跟爸爸一起玩儿的社会环境及单词的意思，即一顶真实的帽子。爸爸出于直觉，无意中把帽子戴在自己头上，然后又取下来戴在孩子头上，这时，"帽子"一词的语音就与它的知觉特性和遮盖脑袋的功能联系了起来。以后，孩子和爸爸可能会一起读书，如果看到蝙蝠的图片，孩子会听到爸爸说："bat"（蝙蝠），当然，他会发现这个发音不同于"hat"（帽子）。然而，他学到的不仅是"h"和"b"这两个语音的差异，还有蝙蝠和帽子的视觉特征、碰到这两个东西时的社交语境，以及它们的功能。

WHY THE BEST THING FOR YOUR CHILD IS YOU

因此，难怪仅教孩子识别"h""b"不可能传达孩子在真实世界中理解"帽子"和"蝙蝠"所需的信息。直觉型父母出于直觉，把这些因素同时教给了孩子，这是一种无意识的多感官教学方法。抚摸、看、说话、聆听，这些都是在提供语境，是培养孩子的安全环境。

接下来我们会一再看到，在保证孩子为 21 世纪做好学习和思考的准备，以及促进他们的神经可塑性得到最大限度的发展方面，打着利用神经可塑性的招牌，想在学习和大脑刺激上走捷径的任何企图，都无法与直觉型父母的养育方式相提并论。

THE INTUITIVE PARENT
直觉养育要点回顾

☑ 孩子的大脑一开始就有学习的需求。直觉型父母相信，只要给孩子以自然、积极的回应，就可以触动他大脑的可塑性，保证他的整个大脑做好终身学习的充分准备。

☑ 直觉型父母知道，他们教什么内容，孩子的大脑就学什么内容，因此最好让孩子接受真实世界中的经验，而不是电脑游戏、大脑训练和闪卡。直觉型父母会与孩子进行对话式阅读，跟他一起读书，而不是让他练习闪卡和基于电脑的字母游戏。

☑ 只要进行学习，就会触发大脑与神经的可塑性。无须借助电脑、闪卡激发大脑，因为那些反倒可能令孩子感到迷惑，甚至妨碍他的正常发育。

☑ 直觉型父母知道，玩耍和回应是保证孩子视觉、嗅觉、触觉、听觉、语言等各个大脑区域学会协同工作的最佳途径。多感官体验是最好的。孩子的启蒙信号会暗示直觉型家长，他发育中的大脑已做好了学习的准备。

☑ 直觉型父母知道，他们是在为孩子成年后拥有一个最佳整合的大脑奠定基础，并对欺骗他们及孩子的那些“一夜暴富”方案保持天然的怀疑。他们在孩子的大脑中植入了理性和解决问题的意识，这些能力可以适应和应用于未来遇到的任何知识和挑战，比教孩子“鹦鹉学舌”要好得多。在帮助孩子大脑发育方面，与电脑游戏和闪卡相比，自然的直觉式养育无可匹敌。

THE

INTUITIVE

PARENT

03

孩子的“关键期”，错过了也别怕

WHY

THE BEST

THING

FOR YOUR CHILD IS YOU

本章旨在帮助直觉型父母面对直接与间接的压力，免得他们在压力下对孩子揠苗助长，在孩子正处于发育中的大脑做好准备之前，迫使他们加快发育进程。好心的教育家和产品商家都会告诉父母，要在正常的学习内容之外增加孩子的学习“难度”。这种观念背后秘而不宣的理由是：有一个固定的学习“关键期”，必须善加利用，才能让孩子挖掘出全部潜力。按照这一思路，似乎每个人都应该知道，孩子的大脑在发育时，有一个发育之钟在昼夜不停地运行，所以，父母得抓住这个转瞬即逝的宝贵时机，才能保证孩子未来的成功。难怪父母们有那么大的压力！

我们将会看到，对“关键期”这一概念的曲解是时下教养市场及相关营销策略中反复出现的主题。这个概念无疑推动了相关社会与教育政策的制定，以使孩子在更小的年龄就开始实施学习方案。它的另一个悲剧性后果是引起父母的恐慌，让他们担心自己的孩子一旦错过大脑发育的关键期，将来就永远也无法“实现”学业成就与社会期待。

我在治疗语迟儿童时，父母一般都会问我这个问题：如果孩子在 3 岁或者他们听说的其他什么“关键期”内还没有学会某些“关键”的技能，那他会不会注定一辈子都很差劲？这些家长报告说，据了解，除非让孩子上特殊的学前强化班或者给他们购买最新的“大脑激活”软件，否则，机会可能就永远错失了。许多家长及专业人士心心念念这一观念：孩子的大脑必须在 3 岁之前得到充分激活，否则就完了！这种紧张情绪破坏着家长施行积极的直觉式养育的耐心。

父母为什么会焦虑

这种恐慌大约起源于 20 年前。1996 年，苏珊 · 贝格利（Susan Begley）在《新闻周刊》发表文章称，婴幼儿大脑的发育在“启动以后，大脑自我创造的能力是有限的。时间有限。这一‘关键期’始于婴儿出生之前，是大自然敞开的机会窗口期，随着孩子一年年长大，窗口会一扇扇关闭”。[1] 文章还暗示，政府资助低收入家庭儿童的教育项目“领先一步”（Head Start）并未达到预期效果，原因是参加项目时，许多孩子已经错过了学习的关键窗口期。有 300 多万读者阅读了这篇文章。[2]

《新闻周刊》的这篇文章发表 10 年以后，教育政策的制定者和企业家仍在继续利用“关键期”“关闭窗口”的概念推行日益繁复的婴幼儿“学习”方案。大脑发育与儿童学习观念误人不浅，至今，家长和孩子仍在深受其害。

《塑造生命必须从孩子 3 岁着手》[3]《创造更聪明的大脑：头 3 年赋予父母终身唯一一次急剧提高孩子聪明程度的机会》……这类文章对父母进行狂轰滥炸。有一本书甚至断言，头 3 年里“正确的”魔法式学习可以使孩子的智商提高 30 个点！[4] 本章后面会谈到，这种猛烈的轰炸愈演愈烈，完全无视脑科学家和发展心理学专家提出的严肃质疑。

那么，“关键期”到底是什么意思？这个概念出自何处？有什么科学依据？

更重要的是，它对直觉式养育有什么影响？

在脑科学和发展心理学中，关键期指一个时间窗口，被视为是获得心理能力的关键时期。其中，语言发展是一项得到研究证明的著名案例。语言发展始于关键期，这意味着，如果到了一定的时候，孩子的大脑还没有得到父母及他人的语言教导，那他就很难较好地掌握语言技能。[5] 你是否注意到，有些人讲外语时有口音，即便他的词汇量和语法知识都相当优秀？其实，如果孩子在 10 岁之前学习第二语言，很可能就不会有口音，而 10 岁以后才开始学习，可能就会有口音。学习外语似乎有一个关键期，至少在像讲母语的人那样发音上，这个窗口期在 12 岁左右关闭。[6]

但即便是像第二语言习得这么宽泛的关键期，在整个发育过程中其实也很少见，而且不像曾经以为的那么固定。大脑发育窗口期、学习机会“截止日期”之类的观念充其量只是给人误导而已。[7] 现在那种打着针对关键期的名义人为加快儿童心理发展的做法，倒真会扰乱正常的学习发展规律。

伟大的发展心理学家让·皮亚杰（Jean Piaget）率先根据发展阶段提出了儿童智力发展的综合路径，于是经常有人问他是否可以加快发展这些阶段。[8] 这个问题令皮亚杰感到忧虑。

THE INTUITIVE PARENT 直觉养育的奥秘

皮亚杰的观点是，当孩子有学习意愿的时候，他自然会学习，而企图加快正常发展过程的做法只会在无意中破坏认知能力的发展。

皮亚杰把这种加快发展的欲望称为“美国问题”，他以为只有美国的教育者和家长才一门心思想让孩子加快学习步伐。这一假设曾经认为，从长远来看，尽早推动发展会令孩子更聪明，现在依然如此。但是，皮亚杰并不认为儿童时期的快速发展一定就意味着成年后更聪明。

大约 40 年前，教育学教授洛伊丝·纳尔逊（Lois Nelson）提出，虽然加快认知发展可能有短期收效，但是并不能长期保持。[9] 她还指出，这些短期收效的代价很大。强行让孩子过早学习其心智理解不了的概念，他们会学得非常被动。大多数孩子天然具有好奇心，渴望学习，但是过早开始学习的孩子似乎会对学习变得毫无兴趣。纳尔逊的报告还说：“强迫取得学习成果可能会妨碍孩子在其他方面的个人与社会化发展。”

THE INTUITIVE PARENT 直觉养育的奥秘

加快认知发展的任何好处都是短期的，并且会产生负面效果，会导致他们学习动力下降，变得被动，而且社交能力发展滞后。

皮亚杰博士和纳尔逊教授提出了具有先见之明的警示，在之后的 40 年中，他们的发现得到了证实：加快认知发展的计划并未产生神奇的智力提升，反倒有长期的负面后果，尤其表现为孩子独立学习的动力与自信心下降。然而，尽管研究证据摆在那里，现代父母仍然处于压力之下，不断给孩子施加更强烈的压力，更早地让孩子学习各种概念。

真的是越早越好吗？[10] 40 年来，我们早早地让孩子学习概念，更多的婴幼儿受到严格训练，进行机械学习，可是，我们因此培养出了更聪明的孩子，产生了新一代的天才吗？有趣的是，社会公认的天才创新者，如史蒂夫·乔布斯、比尔·盖茨等人，都以反抗强调机械学习、不能满足无尽好奇心的教育制度而闻名。实际上，对历史上任何天才的描述性研究都证明，他们普遍反对机械学习，强调并坚持根据自己的发展计划，追随自己的兴趣。如果不是拥有高度的解决问题能力和优秀的推理能力，天才何以成为天才？

如果儿童发展越早越好，何不把让孩子6个月就会走路、会说话作为国家的要务？自然的力量与一般的发展过程惊人地一致：绝大多数幼儿在1～2岁期间学会走路并开始说话。一个孩子无论是生长在拥挤的城市、农场、郊区还是世界上的任何地方，也无论他的父母讲什么语言，情况都一样。当前的美国教育致力于促进早期发育，这意味着应该把开始走路、开口说话这些极其重要的发展里程碑作为强化目标。

那么，为什么没有出现让6个月大的孩子学会走路、说话的项目呢？因为教6个月大的孩子走路、说话荒唐可笑。在身体和智力发育水平上，他们都做不到。而且人们一般认为，教6个月大的婴儿走路、说话不是有价值的目标。毕竟，无须干预，大多数孩子在2岁之前都能学会走路。而且，没有证据表明，早走路、早说话对孩子的运动协调、智力发展、语言和言语技能有长期的好处。

也许科学家可以开发训练项目，把孩子学步的平均年龄提前几个月，但这有什么意义呢？在孩子依靠自己正常地学会走路之前迫使他们提前走路，这会不会有意料之外的潜在后果呢？很容易推测，在孩子的关节和骨头准备好开始走路之前，迫使孩子走路会导致长期的伤害。站立的压力也许会导致膝盖和臀部错位，也许会造成骨头畸形，也许幼儿的身体结构比例会导致步态异常，长期影响孩子的步伐和平衡。

不言而喻，让孩子提前开始走路、说话徒劳无益。谁都知道新生儿不会说话，也没人认为让新生儿走路有什么意义或者有这种可能。但是，在涉及加快其他类型的学习时，倡导者并没有停下来想一想，为达目的是否可以不择手段，他们也没有考虑已经记录在案的那些对孩子及整个社会带来的潜在的负面影响。就像教6个月大的孩子走路、说话一样，这些人为加速发展的尝试太过鲁莽了。

不是越早越好，尊重个体差异

儿童发展专家以及将儿童发展研究成果纳入标准化考试的人常常把“阶段”概念作为孩子从婴儿期到成年期的分析方式。他们把每个阶段的发展里程碑和标志列成清单，或者作为测试项目。例如，大多数孩子 12 个月开始走路，发育清单便会询问家长孩子开始走路的时间，如果孩子 18 个月了还不会走路，那表示孩子的粗大运动功能发展情况低于平均水平。

粗大运动功能的发展阶段包括翻身、坐起、爬、站立、走和跑。但事实上，这些阶段并不是不相关联的独立阶段。小孩子刚开始走路的时候，大多数时间仍会继续爬行，并不是说一旦开始走路，就突然停止爬行了。各发展阶段之间并没有明显的分界线，而是有一个过渡期，其间走的时间增多，爬的时间减少。由于孩子开始走路的年龄代表他的总体发育水平，所以父母经常需要报告孩子开始走路的年龄。然而，没人问他们孩子停止爬行的时间！

为什么这个问题很重要？许多儿童发育清单和书籍罗列孩子成长中必经的阶段，往往与儿童普遍达到这些阶段的年龄相吻合。把年龄与这些阶段相联系，有助于确定孩子在发育上是否与其他孩子有别，是早还是晚。然而，家长可能误以为这些清单是具体的时间表，如果孩子没有“及时”达到某个特定阶段的表现，就会忧心忡忡，甚至惊慌失措。这些阶段也可能被当作需要加快速度达到的目标，例如一位家长发现，最早开始说话的“阶段”是 12 个月左右，于是想：如果我的孩子在 11 个月甚至 10 个月就开始说话，那不是太好了吗？

实际上，即便是正常的孩子，达到每一个阶段的具体年龄也有很大的个体差异。并没有一个准确的年龄切分点规定一旦错过了最后期限，就说明他一定比别的孩子“笨”，或者“有缺陷”。的确，孩子开始说话的平均年龄是 12 个月左右，然而，如果我们以稍微不同的方式来看待语言习得，了解一下大多数孩子什么时候开始说话，就会发现，答案是：年龄范围从 10 个月到 18 个月。孩子稍微早些开始说话很好，但也并不意味着这个孩子就异常早熟。相反，18 个月才开始说话的孩子也丝毫没有不正常。所以，如果孩子在 12 个月的时候没有达到那个“阶段”的标准，家长无须恐慌。这里的重点是，10 ～ 18 个月开始说话都是正常的，因为这是孩子真正开始说话的时间范围。[11] **孩子是 9 个月还是 18 个月开始说话，完全不代表他们在幼儿园或者未来生活中的聪明程度。**

而且每个孩子在发展速度上也有相当大的差异。有些孩子开始说话后，这里学几个词，那里学几个词，说话能力稳步前进。我的孙女阿达琳说第一个单词“鸭子”的时候，是 10 个月大，从此，每个月她都稳步学习一些新单词。而另一些孩子虽然开始说话的时间要晚一些，但可能几个月就学会了几十个甚至几百个单词，并开始讲句子。他们的表达能力甚至会超过比他们早几个月开始说话的孩子。发育阶段只是一套指标和标志，不要把它们视为宝宝在特定年龄必须做到的严格规定，也不要将其当作更快“连接大脑”的教导或者教育目标。

在我治疗儿童发展障碍如自闭症、唐氏综合征、言语和语言障碍的临床工作中，家长有时会与我沟通，眼看孩子 1 岁多了还不会说话，他们感到担忧。我赞扬他们主动找医生、确认孩子是否一切正常的做法，而另一方面，如果孩子有正常的玩耍能力及社会交往能力，那么即便他到 14 个月、16 个月甚至 18 个月才开始说话，也完全没问题，只要他在正常的时间范围内开始说话，并且走路、玩耍等其他方面都正常，就不必担心。这是儿童发育的正常差异，不代表家长养育不当，也不代表他们没有正确刺激孩子的大脑。

语迟有可能是认知缺陷、自闭及其他言语或语言障碍等发育问题的标志。[12] 于是这些孩子的父母往往觉得愧疚、懊悔，认为自己应该早点儿促使孩子开口说话。有些父母认为，当初应该强迫孩子看《天才宝宝》DVD，提高词汇量。但我们已经知道，这些技术并不能促使孩子早早说话，反而可能推迟孩子开始说话的时间。身处竞争激烈的社会，这些家长会听到很多好心的建议，但提出建议的人本身可能受到了误导，他们甚至还可能遭到邻居、同事及家人的指责。除了因生活在政治动荡、食物缺乏的国家而导致严重营养不良和照顾缺失的少数案例，几十年的研究证明，孩子发育迟缓并不是因为照顾不佳。至于如何为真正发育迟缓或有发展障碍的孩子提供直觉式养育，下一章将进行深入讨论。

实际情况是，几乎所有发育正常的孩子都会在发育的各个方面高于或低于平均水平。有的孩子可能开始说话早，但是后来被数字概念搞得焦头烂额；也有一些孩子在身体发育上先人一步，开始走路早，但是开口说话时间较晚。我在研究中发现，学龄前儿童在讲长句子的时候，越往后，单词的发音越差。也就是说，讲短句子的时候，他们可以正确地发“ball”（球）的音，例如“I have a ball”（我有一个球）。但是，当他们说“Mommy, please throw the bright red beach ball to me”（妈妈，请把那个鲜红色的沙滩球丢给我）时，可能会吞掉这个又长又复杂的句子中的“l”音。类似这样的情况在发育过程中极其普遍。[13]

THE INTUITIVE PARENT 直觉养育的奥秘

当孩子在某一领域取得进步时，他在另一领域可能没有进步，甚至有可能退步。[14] 记住这一点很重要，因为好奇心重、喜欢独自学习的孩子不一定能安安静静地坐着认真听讲。

他们可能在很多方面极其聪明，但是可能不会复述一个故事，或者没法重复学前班老师当天教的内容。许多孩子擅于听故事、复述故事，这非常好，但他们可能成不了数学奇才，甚至不擅长体育运动。**人的发展存在相当大的差异，即使是成长于同一个家庭的孩子，也是如此。**

以我家的 7 个孩子为例，按照上述正常发育阶段的指导标准，他们有的开口说话较早，有的稍晚些，还有一个孩子特别晚；有的孩子擅长数学，有的却很难掌握数字概念；有的是优秀运动员，有的则对体育不感兴趣；他们都酷爱阅读，但有的喜欢读非虚构类作品，有的则偏爱文学。他们的大学专业遍布各个领域，有一个学的是物理专业，有一个学历史，有一个自创专业，成了科学作家，有一个研究人类发展，还有一个专修化学，我最小的儿子是政治学毕业生，最小的女儿还在读高中，还没想好大学要学什么专业。考虑到人类大脑的复杂性与人类的多样性，他们的思想、兴趣及发展如此个性化，实在不足为奇。

想一想，如果从他们一出生，我就开始训练他们的大脑，企图把他们培养成医生、教师、空中交通管制员、保健品经理或者任何类型的职业人士，这合理吗？答案当然是否定的。在养育他们的过程中，最重要的是保证他们有足够多的机会发展推理能力，以便在长大成人时，做好追求自己兴趣的充分准备。身为父母，我们的责任是保证他们能有各种各样的学习机会，以使他们发育中的大脑获取各自所需的信息。我们有意识地以关注和鼓励的方式奖励他们天然的好奇心。

THE INTUITIVE PARENT

如实提交实验结果

我们也遇到过一些老师的干扰，他们坚持死记硬背式的学习和“罐装”的现成答案。

记得我女儿上六年级的时候，有一次做一个科学实验，根据教科书建议的方式，就是做不出来。于是老师让她修改数据，与教科书的实验结果保持一致。如果你已经对我有所了解，那可能不会对我当时的举动感到吃惊：我坚决地告诉她，不要听从老师的要求，如实报告实验结果。事后，我与老师做了一番长谈，告诉她为什么不该惩罚我的女儿：因为我女儿是一个优秀的科学家，即便实验结果出人意料，也仍然如实提交。

WHY THE BEST THING FOR YOUR CHILD IS YOU

我的孩子们遵从各自不同的兴趣，选择了各种各样的职业。物理学的毕业生又上了医学院，准备成为放射肿瘤科医生，用放射疗法治疗肿瘤，把他对物理学的长期兴趣转化成实际应用；历史系的毕业生当了小学老师，同时在一所社区大学兼职，抚养三个小孩；科学作家担任了约翰·霍普金斯大学的通信专家；那个研究人类发展的孩子做了一家健康资讯公司的产品经理；那个化学专业的毕业生在新奥尔良一家餐馆做助理厨师，无疑，他会好好运用化学专长，创造绝佳的调味汁；而那个政治学毕业生则成为美国空军的空中交通管制员。

这里，我想说的重点是：孩子们的职业和教育取决于他们各自的才华和兴趣，我根本不可能预先规定或者训练他们的大脑，使他们走上各自选择的道路。相反，在我家里，“儿童发展”的重点是培养好奇心，顺应每个孩子的兴趣，帮助每个人发展流体推理能力和解决问题的能力。这样，他们就准备好了接受来自教育以及他们各自所选职业的挑战。

的确，孩子们有时候能注意到我们在努力培养他们的推理能力。有个孩子曾在上小学时对我说：“爸爸，我问你问题的时候，希望你给我答案……我不想动脑筋！”孩子们都知道，我和妻子往往这样回答他们的问题：“你觉得答案是什么？”或者“你猜一猜我再告诉你”。

当他们还是婴幼儿的时候，我们大多数时间是在照料他们：喂食、洗浴以及一般的照顾。毕竟我们只有两个人，而他们是 7 个！但是在这个过程中，我们探索并找到了以自然的方式促进他们大脑发育的方法，乐趣、欢笑与想象力构成了主要的养育内容。即便当时的教育产业还处于发展初期，但购买最新教育玩具和学习产品的压力还是很大。但在那时，就如同现在，孩子们从我们这里学到的东西、兄弟姐妹之间的相互学习，以及在一个培养他们天然好奇心和推理能力的环境下成长的历程，都不是那些东西可以比拟的。

婴儿到底需要学习什么？是父母的爱、照顾和给予他们的学习机会。这并不需要特殊的视频、玩具、DVD 和电脑程序，不需要在某些预先设定的时段，尤其不需要在 3 岁这样一个武断的所谓“关键年龄”，非得掌握什么特殊能力不可。尽管有加速学习的尝试，却并没有证据表明，这些试图毕其功于一役的计划使孩子们比 5 年前、10 年前甚至 30 年前的孩子掌握知识的时间更早或者速度更快。

关键期的神话与现实

THE INTUITIVE PARENT

朱莉娅的逆袭

朱莉娅小小年纪就遭遇了人生悲剧。她出生在美国圣路易斯市一个中等富裕家庭，可是才 2 岁妈妈就过世了。爸爸一蹶不振，无心工作，把她和姐姐送到了亚利桑那州的一户收养家庭。一年后，父亲再婚，并把家搬到亚利桑那州，姐妹俩才得以回家生活。但是一家人仍然居无定所，结果小朱莉娅没有上过一天学，也没有接受持续的学业教育。5 岁那年，全家终于在圣迭戈住了下来，她才得以上学。之后，她渐渐赶上了其他同学，可在 9 岁那年，她又得了猩红热，只好休学一整年。

的确，人生的艰难起点意味着她的大脑发育错过了许多“关键期”，看来小朱莉娅注定一辈子学业不佳……其实没有。尽管学业起点非常艰难，朱莉娅·鲁宾逊（Julia Robinson，1919—1985 年）后来却成为美国数学学会（American Mathematical Society）首位女性主席，并当选为美国科学院首位女性数学家。

她是怎么做到的？因病休学一年后，她跟随一位私人老师学习，并取得了优异的学业成绩，数学和科学方面尤其出色。[15] 她仅用一年时间就完成了美国对五到八年级学生的数学要求。进入圣迭戈的公立学校后，她是唯一一个选修数学和物理的女生，并以杰出成绩获得博士伦荣誉科学奖（Bausch & Lomb Honorary Science Award）。朱莉娅先去了圣迭戈州立大学，然后转到加州大学伯克利分校强化数学训练。1948 年，她获得加州大学伯克利分校数学博士学位，开始了辉煌的数学家事业，并于 1976 年入选美国国家科学院。

朱莉娅的故事清晰地说明，她大脑训练的“关键期”远远晚于童年早期，甚至晚于学龄初期。鲁宾逊博士的总体智力，尤其是数学方面的智力，虽然展现得很晚，但从初中时开始突飞猛进。

最近盛传的一个令人遗憾的神话认为，孩子有一个相对固定的窗口期或者“关键期”，家长可以在此时期恰当训练孩子的大脑学习数学之类的科目。这一有关大脑的错误观念在育儿领域和育儿类产品的营销中广泛传播，极大地增加了父母们的压力。“天哪，现代神经科学说，必须在孩子 3 岁时激活他的大脑，否则，我就会错失使他变得聪明的关键时期，他便只能一辈子智力平平！”这完全是无稽之谈，是对神经科学所讲关键期的极大误解，却不断出现在美国大众文化甚至严肃的科学出版物中。父母们不懂得如何解读科学行话，极易上当受骗，他们无法区分事实和神话，因而陷入毫无意义的焦虑中，成为错误引导的牺牲品，盲目购买一些毫无用处的产品。

《自然》是广受欢迎且极具权威的科学期刊。以下内容摘自其 2012 年的一篇文章：

> 语言习得只是整个“敏感”或者说“关键”时期的诸多过程之一，在此期间，负责那一过程的神经回路可能被经验雕琢，被极大地

改变……关键期内，在辨识看起来与他们自己差不多的面部特征方面，以及识别口语和确定物体的空间位置方面，儿童进步很快。但是在几个月或者几年之内，每一扇机会的窗口都会关闭，那时再学习新东西，不是说不可能，但起码很困难。[16]

哇，说得好吓人！错过那个神奇的时段，孩子就很难甚至不可能再学习了吗？由于这本刊物广受尊重，这篇文章中的可怕信息可能被成百上千的读者转发到了各大教育类出版物、发表于各处的文章和博客中。

另一篇文章题为“问答：孩子发育的关键期是什么？”，发表在迪士尼的 Babble 网站上，作者认为：“有些关键时期，是孩子发育的时间框架，是孩子学习、掌握、发展新能力的时候……一些行为科学家相信，如果在某些关键时期没有帮助孩子学会新技能，他们是不可能靠自己学会的，而且，如果在关键期内没有学会，可能就永远也学不会了。”[17]

2013 年，Business Insider 网站上有一篇文章重点讨论了语言学习的关键时期，以及与人少有接触的野孩子是如何错失良机的。这篇文章还假借神经学家、语言学家埃里克·伦内伯格（Eric Lenneberg）提出的语言学习关键期概念，说道：“他的研究表明，有一个语言学习的特别窗口期，包括口语表达和触觉。过了这一时期，孩子就很难掌握沟通的基础。”[18] 但值得注意的是，除了语言能力不足以外，野孩子往往还有智力障碍，所以，这些悲哀的案例并不能作为特定语言关键期的最佳科学证明。

Brainy-child 网站上的一篇文章还对“关键期”与“敏感期”进行了区分，认为在“敏感期”，“如果欠缺了某种技能的学习，并不会像关键期那样不能弥补，在之后的生命阶段中，仍然有机会可以获得这些能力。然而，在敏感期内获得这些能力的人，与没在这个时期内获得这些能力的人相比，表现更好”。[19]

按照这种观点，关键期是激活大脑的最后期限，但会以敏感期的形式体现出更大的灵活性。但是这仍然意味着大脑的激活高度依赖于在恰当的时候给予恰当的教育，至少是在一个相当短暂的敏感时期内。

THE INTUITIVE PARENT 直觉养育的奥秘

培养孩子的目标应该是努力帮助他们在 18 岁左右高中毕业时，拥有成年人的大脑。

当然，18 岁之后的漫长岁月里，学习仍将继续，但是，在 18 岁左右的时候，维持终身思考与学习所需的神经回路与大脑各个区域之间的交流网络会大体建立妥当，投入正常运行。更重要的是，由于大脑发育会延续到整个青春期结束，因此家长有大量时间帮孩子形成成熟的大脑，而不要试图在 3 岁、6 岁或者 12 岁之前，把所有东西灌输给孩子。如果孩子在 3 岁时未完成既定的发育目标，完全没有必要感到恐慌。神经科学告诉我们，在之后的 10 年乃至更长远的未来，孩子的大脑有充分的发育时间。[20]

为了让孩子达到所谓专家设定的各个“关键期”的指标，家长可能会试图在孩子的大脑能够恰当处理各种信息之前，教给他们各种概念。有些妈妈对我说：“所有的大脑研究都证明，在恰当的时候让孩子接受恰当的资讯非常重要，如果我错过了恰当的时机或者使用了错误的刺激方式，该怎么办？”我的回答是：**没有必要在一系列窗口期很短、有特定“过期时间”的关键期内巨细无遗地掌控孩子的学习，因为大脑的发育方式并不是那样的。**

直觉型父母会用长远的眼光去看待孩子的学习，效果要好得多。他们关注孩子已准备好了学习什么、还不适合学习什么，并进行战略性的思考：孩子到 18 岁时需要具备哪些知识和技能？如果孩子花费超出正常标准的时间去掌握类似阅读之类的重要技能，是非常好的事，因为从长远来看，这比在时机不成熟之前强行让孩子阅读，效果要好得多。强行要求可能会在不经意间诱发学习障碍，更糟糕的是，可能会导致孩子一辈子厌恶学习。孩子绝对没有必要在 3 岁之前学会字母发音，而真正重要的是他们在成年时能够流畅地阅读，如果能够形成与文字之间的亲密关系，终身热爱学习，那就更好了。

回顾关键期的本源及其中的是是非非，无疑是有意义的。在发育过程中的某些非常特殊、有限的方面，的确存在几个关键期。然而，了解某个特别关键期的发生时间，并不意味着错过了这个关键的时段，就一定会破坏孩子广泛的神经发育并阻碍他智力潜能的开发。

虽然这些关键期对于大脑最终的连接方式来说是一个重要方面，但令人惊奇的是，大脑各个区域更为普遍的整合贯穿整个青春期，这意味着，这种整合的关键期至少长达 18 年！其实，大脑发育最重要的一个方面是执行功能，即整理并排列从各个神经中枢传来的信息，而这项能力在青春期到来之初才排上日程，直到成年完成。十几岁的孩子与成人的思维方式有差异，部分原因就在于其大脑的执行功能还没有充分形成。最新研究显示，执行功能在青少年时期会经历相当大的完善过程。[21] 每个拥有青春期孩子的成人应该都明白这一点。

因此，为了触发大脑发育，孩子的确需要某些早期的学习经验，包括接受全部 5 种感官的刺激机会，除非他天生目盲或耳聋，日常环境所具有的信息输入，无论是光线、触摸、嗅觉、味觉、声音等被动体验，还是与父母之间积极、自然的互动，都是这一关键时期大脑正常发育所需要的。而且，虽然存在这些感官体验的关键期，但高级思维的发展并不依赖于婴儿期或童年早期的短暂“关键期”。像是整合大脑中各个神经中枢传来的信息及依据这些信息进行推理等更为复杂的神经功能，都是建立在多年经验和学习的基础上，即便是从大脑结构的角度讲，也同样具有相当的灵活性。想想吧，即使天生目盲、耳聋的人也能进行思考和推理，尽管他们完全失去了训练大脑看和听的关键期。

关键期真实不虚，然而范围相当有限，科学证据表明，它们绝不应造成家长的恐慌，看看 50 多年前发现大脑发育关键期时的相关文章，以及现在根本经不起科学检验的那些神秘的“关键期”，就可以找到这些证据。

视觉与听觉的关键期，错过了会怎样

为了确定感觉输入的时机是否影响大脑发育，科学家依赖于对动物进行实验，因为这样便能准确控制大脑接受输入的时间。

THE INTUITIVE PARENT 直觉养育的科学

发表于 1963 年的那项如今已成为经典的研究中，戴维·胡贝尔（David Hubel）和托尔斯滕·威塞尔（Torsten Wiesel）在几只小猫出生时，就以手术方式封闭了它们的一只眼睛，3 个月以后才拆开，以此测试早期视觉刺激的重要性。[22] 这几只小猫从出生起就只能用一只眼睛看世界，3 个月后才开始同时使用两只眼睛。研究结果表明，它们一出生就睁开的那只眼睛的神经通路与缝合了 3 个月的那只眼睛相比，差异很大。在这些研究以及其他大量研究的基础上，科学家认定，对大脑视觉神经通路与视觉中枢的有效发育来说，眼睛接受视觉刺激的时机非常重要。

因此，视觉发育的确存在关键期。从功能的角度而言，这意味着如果没有在发育的恰当时期“开启”视力，没有让眼睛得到视觉刺激，那么，视力会下降。如果双眼没能在恰当的时间接受恰当的刺激，那么，协调双眼间信息的能力也会受到破坏，例如，形成双眼的深度感知。科学家认为，为了使双眼的视觉正常发育，人类的双眼需要视觉刺激。[23]

视觉发育有充分确立的可信的关键期，那么这是否说明，让婴儿接触各种各样的闪光事物、数字、字母等以使他变得聪明的要求具有合理性呢？或者是否意味着，如果在这一“关键期”内没能给他提供“正确的”视觉刺激，就不能促进他的大脑发育呢？其实不会。在8个月之前，婴儿的双眼需要体验感官信息，并且这类信息应该是三维的实物，而不是二维的闪卡或者电子屏幕，但是特别规定输入内容并不具有长期的好处。在自然环境下，婴儿会接触到父母、积木、响声玩具、杯子、碗、勺子、棍子、石头、草、宠物，等等。想想吧，婴儿会在这世界上接触到多种多样代表着人类文化的物品，这些物品都是在利用这一关键期的力量，保证他们的视觉神经通路、双眼以及立体视觉等的正常发育。

THE INTUITIVE PARENT 直觉养育的奥秘

没有科学证据表明给婴儿以特别的输入，如数字、字母或者某些积木，可以在这一关键时期更好地促进他们的大脑发展视觉，而且显然，错过这一关键时期之后很久才开始读字母和数字的婴儿，照样能成为杰出的读者和能干的数学家。

视觉发育有一个关键期，不过这一确证也存在一些重要的局限。

THE INTUITIVE PARENT 直觉养育的科学

麻省理工学院大脑与认知科学教授帕万·辛哈（Pawan Sinha）研究过一些印度盲童，他们都是在大脑视觉中枢连接的“关键期”之后很久才恢复了视力。因为这些研究，他获得了负有盛名的美国科学院的特罗兰研究奖。辛哈博士发现，这些 5 岁、6 岁甚至 12 岁之后才接受手术恢复视力的儿童，术后学会了使用眼睛。他的研究极大地改变了接受视力恢复手术的对象资格，也相应地改变了我们对连接大脑视觉中枢关键期参数的理解。

在如今已成经典的一个案例中，辛哈教授与同事研究了一位印度女性。在接受手术之前，她只能大致分清白天和黑夜。[24] 尽管她早期接收的视觉信息如此有限，但手术之后，她仍然形成了高度的视觉处理能力与双眼三维视觉。这里的关键似乎在于，她并不是全盲，从眼睛到大脑视觉中枢的神经通路的发育是充分的，白内障手术之后，接收到更强的视觉输入，因此视觉中枢得到了进一步的加强和优化。

辛哈博士一直跟踪这项研究。显然，视觉关键期意味着，在出生的头几年，大脑需要来自眼睛的视觉刺激，但是这种刺激不必非得是高质量的视觉信息，也可以是相对较差、较弱的视觉信号。简而言之，在最初的关键期内，视力发育有大量的机会。辛哈博士的研究结论可以推而广之。有些言论认为，父母需要在婴幼儿特定的关键时期为他们提供特别的大脑刺激，而他的发现则颠覆了这些说法。没有必要恐慌，也不必担心错过所谓的关键期，更无须试图在孩子 3 岁以内塞给他各种想象得到的“大脑刺激”。

THE INTUITIVE PARENT 直觉养育的科学

以小鼠和大鼠为对象的听觉研究表明，与视觉一样，大脑的确也有一个形成听觉通路的关键期。这项研究的先行者之一是之前提到过的脑科学家默策尼希。他发现，在恰当的发育时期让幼鼠听一些特别的声音，有助于加强它对这些特定声音的敏感性。一出生就听到复杂声音的幼鼠对这类声音更为敏感，与对照组那些幼时没有听过这些声音的大鼠相比，听过这些声音的大鼠在成年后，大脑的听觉回路发育得更为充分。他的报告还提出，与非隔音环境下长大的大鼠相比，在隔音的笼子里长大、大脑没有接收过来自耳朵的信息输入的大鼠，其大脑中的听觉神经回路与听力处理中枢存在很大差异。在无声笼子里长大的大鼠即便后来进入有声环境，这些神经回路的差异也依然存在。如同视觉发育一样，动物和人类的听觉发育也存在关键期。但研究也显示，同视觉的情形一样，只要听过某种声音，那么，即便错过了关键期，动物的听觉通路中也会产生神经连接。

显然，对于视觉、听觉之类的感觉系统，建立从周围感觉器官如眼睛、耳朵，到大脑视觉皮层与听觉皮层之间的神经通路，的确存在特定的最佳早期发育时机。这已经被大量的大脑发育及变异研究充分证明。然而，只需要在关键期内稍加刺激，这些系统就可以在未来接收更高级的输入。

THE INTUITIVE PARENT 直觉养育的奥秘

大脑发育无须在关键期内完成，相反，只要婴幼儿接触过类似直觉型父母自然提供的学习机会，那么，在关键期结束之后很久，[25]他们都有相当大的灵活性，可以接收更复杂、更深奥的输入。

著名的语言习得关键期，你了解多少

关键期内学到了什么，以及更重要的，错过关键期并不一定有长期的负面后果，就这两点来说，儿童的听觉处理与言语辨别能力的发育过程，是说明关键期重要性的绝佳例子。

言语辨别的发育过程也很精彩有趣。华盛顿大学教授帕特里夏·库尔（Patricia Kuhl）完成了这一课题的开创性工作，并继续获得了新的发现。[26]她发现，婴儿从出生起就能辨别任何语言的声音。毕竟无法知道婴儿是出生在泰国、中国、西班牙还是美国人家，而这些国家有着迥然不同的语言及语音系统。各种语言的特定语音即音素都截然不同。在印度及很多国家，孩子得学习一种以上的语言，所以，如果一个印度婴儿同时学习英语、印地语以及玛拉雅拉姆语或者古吉拉特语等地方语，那么，他的大脑就得准备好处理并解释很多种音素。有些语音同时出现于多种语言，有些则很少见，只出现在一两种语言中。

某种特定语言中不仅有个别的语音差异，如英语单词“boy”中的“b”与“toy”中的“t”，必须予以辨别，有些语言的语音系统还使用不同的声调，如汉语和泰语。在汉语中，“ma”这个音节的不同声调就有几个不同的意思：用高平调说，意思是“妈”，用降升调说，是“马”，用全降调讲，则是“骂”。学说汉语的宝宝不仅得区别“pa”“ma”之类音素与音节的不同声音，还要学习是用稳定的高平调、降升调还是全降调来念这些音节。由于人类语言的语音系统存在这些差异，因而婴儿必须得准备好学习他出生环境中的语音系统，他们的大脑也必须接受训练，以有效检测最终要学习的那种语言或者那些语言中的重要语音。

THE INTUITIVE PARENT 直觉养育的科学

研究婴儿区分不同语音的能力非常有趣，由于婴儿无法表述他们听见的是“m”“n”还是其他语音，科学家便发明了聪明的办法来测试他们能检测哪些种类的语音。其中一个办法是用安装在婴儿床里的音箱重复播放相同的音节，同时记录婴儿的心率。他们发现，如果像这样反复播放“ba”“ba”“ba”“ba”之类的音节，就可以确定婴儿的心率基线。然后，在重复播放的音节之间插入一个不同的音节，例如:“ba”“ba”“pa”“ba”，如果婴儿发现了这个新的音节，即本例中“pa”与“ba”的差异，那么，他的心率就会发生变化。

实验发现，从新生儿到 6 个月大的婴儿都可以发现广泛的差异，甚至包括他们父母语言中没有的音节。这些婴儿不仅能够区别重要的英语音素，还能够区别西班牙语、印地语中的重要音素，甚至能够区别汉语等语言中的音调差异。但是 1 岁以后，婴儿就不那么善于发现父母语言中没有的音素差异了。

婴幼儿音素辨别的研究是关键期的极好例子。婴儿出生后 1 年左右，他们的大脑对多种不同语言之间的语音差异最为敏感，之后，敏感度便急剧下降。可以说，生命的第一年是处理多种音素的关键时期，包括父母讲的一种或多种语言之外的音素。后续对儿童与成人听觉感知的研究表明，婴儿时期聆听多种语音，会影响孩子以后辨别音素的能力。

如果这些语音存在于母语中，听者便可以驾轻就熟地发现差异；然而，如果母语中没有这些语音，听者就很难辨别差异。在汉语声调差异的例子中，讲汉语的听者可以轻易发现不同声调在母语中的意思。但是不懂汉语且婴儿时期没有听过汉语发音的英语听者，往往会把高平调的“ma”与降升调的“ma”混为一谈，因为在英语中，高平调的“ma”与降升调的“ma”意思都是“妈妈”。所以，婴儿比他们的父母更善于发现母语中没有的音节的音素差异，但是在过了语音辨别的关键期后，他们就不那么善于辨别这些差异了。

这是否意味着错过了语音辨别的关键期，孩子就永远不会辨别没有在成长过程中出现的语言的语音差异了呢？幸亏这个问题的答案是确定无疑的“不”！**即便过了婴儿关键期，儿童和成人仍然可以学会区别其母语中不重要的音素差异**。例如，作为言语与语言发展研究者，我接受了音韵学，即语音研究的训练。英语是我的母语，我对西班牙语也比较熟悉，但我没有接触过汉语这样的声调语言。成年以后，第一次听到汉语时，我没有注意到高平调的“ma”与降升调的“ma”之间的声调差异。但是，经过3个月断断续续的练习后，我就能可靠地辨别这些形式，并能够按照发音，用国际音标转写出汉语及其他此前未曾接触过的语言中的声调差异。

THE INTUITIVE PARENT 直觉养育的奥秘

就多种语言的语音差异敏感性而言，的确存在一个关键期，但是，错过这个关键期，也并不妨碍大脑在儿童早期的关键期过后很久，还能获得这一信息。

我教的一门课涉及用国际音标转写语音的方法。这门课的学员大多数是美国人，也有一些人来自中国、印度、韩国、伊朗等国家。那些美国学员对英语之外的语音的了解非常有限。为了评估教学效果，我密切跟踪观察每一位学员转写语音的能力，当然也包括非英语的。他们的学习结果与我自己的经验相似：相对善于转写学过的语言的语音，不太能够转写陌生语言的语音。但是经过训练，他们都轻而易举地学会了转写从未听过的语言的语音。更重要的是，婴儿时期有过多种语言体验的学员，并不一定比没有类似体验的学员表现得更优秀。也就是说，有些学员在婴儿的言语辨别关键期接收了“更好的”语言输入，但他的大脑并没有因此获得一劳永逸的优势，至少在我的语音学课上，在语音转写方面，情况如此。

婴儿掌握言语辨识能力所需要的条件，与视觉研究的发现相似。父母只需用母语对婴儿说话，就可以让他的听觉系统与听觉皮层学会处理言语。婴儿的大脑会自动听取他所听到的语言中的语音，不需要什么宝宝语言学家DVD！父母给予的言语输入在孩子未来的生活中会得到强化，还会变得越来越复杂。无须使用特殊刺激来帮助婴儿的大脑学会处理母语，直觉型父母往往从婴儿出生那一刻起，就开始自然地对他说话，并根据宝宝的反应，增加说话的频率。这意味着，他们大体上已经利用了言语辨识的关键期。

在处理基本言语辨识的最初关键期之后，相较于早期关键期，更复杂的语言输入时机具有更大的弹性。我成功地教会了 20 ～ 50 岁各年龄段的成年人辨别并转写其母语中没有的语音。可见，有了婴儿早期关键期自然发生的听觉刺激所奠定的基础，成人的耳朵、听觉神经通路及听觉皮层完全能够胜任超出“关键期”范围之外的更复杂、更有效的听觉处理任务。

另一个广为接受、近乎神话的观点是，大脑有一个语言习得的关键期。这一观点的提出是基于这一现象：儿童可以学会新的语言，且不带口音，而成人学习新语言一般都带有口音。虽然这一语言习得关键期的时限与年龄界限有很多争论，但很多人都认为大致是在 12 岁以前。与此相关的观点是，如果一个人在孩提时代掌握了一种以上的语言，那么他再掌握其他新语言就要容易得多。**虽然儿童的确更容易掌握一门语言且不带口音，但是在新语言的词汇和语法学习上，成人的效率更高。**

对成人而言，掌握一门新语言的语音发音往往是更为困难的地方，因为其母语中的音素可能与这门新语言的语音发音相冲突，所以，成人讲新语言容易带有口音。例如，以日语为母语的人在学习英语时，可能会混淆“l”和“r”，因为它们在日语中的发音不同于英语。日本人说“rice”（大米）时，听起来像在说“lice”（虱子）。与之相似，西班牙人说英语单词“hit”（打）时，听起来像是在说“heat”（热），因为西班牙语有长音“e”，而没有短音“i”，说话者的发音都是自然向母语的发音靠拢。

但是这些以日语和西班牙语为母语的成年人都可以轻松学会英语单词“rice”和“hit”的意思，他们也可以学会理解英语，以及英语的说和读，所以，学习新语言有绝对“关键期”的观念无疑是错误的。而且，这些成年英语学习者通过练习，其母语造成的口音也会极大地减弱。

一种语言内部的口音或者方言的情况也是如此。演员在扮演剧中角色时，往往需要学习新的口音，有些演员、播音员、政客及其他追求事业进步的人，也会努力减少甚至根除自己的地方口音，无论他们生长于美国南方、波士顿，还是布鲁克林。几乎可以肯定，这在语言习得关键期过后多年，都办得到。

放长线，才能钓大鱼

20 世纪后半叶，大脑发育关键期的研究发现为我们了解神经系统是如何发育的提供了重要的洞见。但是，我们太容易过度解读或者过度推销这些发现，以致人们误以为儿童发育是一个有序的、时效性极强的过程，父母如果想让孩子得到最好的一切，就必须得赶上每一个关键期，把握准确时机才能最大限度地开发子女的智力潜能。

从前面的论述可以看到，这个观点根本站不住脚。孩子的眼睛、耳朵等感觉器官的确需要接受外部世界的刺激才能形成正常的神经通路与处理中枢，但是，大脑的发育并不是一个有时序性的线性过程，培养孩子学习和成功也不是遵循精确的时刻表，或者准确的线路图这么一回事。大脑的发育是在一个惊人宽泛的、可塑的发展期内，由自然发生的输入触发的。直觉式的养育能够为孩子提供大量这类必需的输入，而且这项工作进行得自然而然，那就是日复一日对宝宝的照顾，以及与宝宝的互动。在奠定这一基础的连接后，更为复杂的发展根本不受狭隘的关键期限制。显然，最初的关键期有助于孩子的大脑在未来某个时间善于处理信息，但并非局限在一个特定、有限的时间范围内。

所以，爸爸妈妈们可以长出一口气，放轻松，享受拥有宝宝的感觉，同他们一起自然地玩耍、交流。**你们在塑造一个成熟的大脑，你们有近 20 年的时间**

照顾孩子，培养他发展。细细品味身为父母、与孩子在一起的日常快乐与趣味，这才是训练孩子大脑的正途。把孩子抱在怀里，看着他的脸，给他哼唱一首摇篮曲吧！这本身就是珍贵的时刻，同时也是他生命中的一个关键时期，这一过程中，你便已给予了他所需要的全部视觉与听觉信息。

THE INTUITIVE PARENT 直觉养育要点回顾

- ☑ 直觉型父母拒绝狡黠的市场营销与教育风尚，拒绝所谓关键期之类被误导的观念，不会把什么都往孩子的脑袋里塞。
- ☑ 大量令人信服的科学证据表明，人类的大脑在整个童年时期都有学习能力，有些技能，如执行能力的发育，甚至会持续到青少年时期。因此，如果直觉告诉你要有耐心，就不要为了某个神秘的关键期而人为加速孩子的学习进程，也不用因为没有给孩子提供某种捷径，或者认为孩子注定不能取得最大的成就而感到压力和恐慌。
- ☑ 硬性的短暂关键期是很少的，大多数大脑发育时期是灵活的，在整个童年时期，孩子有充分的学习机会。
- ☑ 对教育项目与产品保持怀疑。它们声称能提供基于“大脑可塑性”与“关键期”的最新神经科学研究成果，其实是为了给你制造压力，诱使你参加某个项目，或者购买某个产品。
- ☑ 眼光要放长远。你有大量的时间培养孩子学习。实际上，太快推进孩子的学习进程，或者给他们过重的学习任务，结果可能反而会干扰孩子的发育。

THE

INTUITIVE

PARENT

04

培养聪明的头脑，9 大基本智能天衣无缝融入孩子的日常

WHY

THE BEST

THING

FOR YOUR CHILD IS YOU

“智商高”的标志是什么？我们都认为爱因斯坦智商极高，在现代社会，“爱因斯坦”这个名字本身就是“天才”的同义词。那么，爱因斯坦有哪些特点，使得他能如此地以聪明著称？从培养聪明孩子的角度讲，身为父母，我们可以采用什么办法，帮助孩子成为“小爱因斯坦”？

有几种类型的聪明人。一种聪明人可以随口道出大量的事实及晦涩的知识，这种人可以在《危险边缘》（*Jeopardy*）之类的游戏节目中赢得大把金钱，也是竞赛团队非常需要的人才。我们也会想到居里夫人那样的科学家，她在实验室里敲敲打打，取得了辉煌的成就，获得了两项诺贝尔奖。还有一种聪明人是国际象棋大师，他凝视棋盘，出其不意地走出一步，一举赢得比赛胜利。这位国际象棋大师可以同时与几个人下棋，走棋快捷、果断。还有柏拉图、达·芬奇、莎士比亚、简·奥斯汀、莫扎特、约翰·科尔特兰（John Coltrane）等哲学家、作家、艺术家，他们凭借推理、想象、创意、语言或者艺术媒介的力量，表达人类的真实处境。

上述形象代表智慧的一个或者几个方面。用普通人的话来说，智慧包括知识和长时记忆，如柏拉图和《危险边缘》节目的冠军；将这种知识用于独特的情境并解决问题的能力，如居里夫人和达·芬奇；迅速、准确做事情的能力，如莫扎特一边记录一首乐曲，一边在心里创作另一首乐曲；再如象棋大师同时下几盘棋，以及成为创造性艺术家，如莎士比亚和科尔特兰。问题是，一个孩子怎么能够成为世界级的科学家、百科全书式的人、哲学家或者象棋大师？为了回答这个问题，有必要了解一下智力的本质、智力测试的方法，以及如何掌握这些技能。

智商测验能否预测孩子的未来

科学家早就对人类智力及其测量方法，还有儿童智力的提升产生了兴趣。19世纪末，德国心理学家威廉·斯特恩（William Stern）创造了“智商”（IQ）一词。斯特恩基本认为，通过测算一个人的“心理”年龄与实足年龄的比，可以量化其智力水平。这一智力测量方法以孩子的实足年龄除以心理年龄，再乘以 100。因此，如果一个 6 岁孩子知道的东西与其他 6 岁的孩子大致相同，那么，这个孩子的智商就是正常的 100 分；如果一个 6 岁孩子具有 8 岁孩子的知识水平，那么这个孩子的智力就比较发达，具有很高的智商，即 $8/6 \times 100=133$；如果一个 6 岁孩子的知识水平等同于 4 岁的孩子，那么他的智商就很低，即 $4/6 \times 100=67$。

随着统计学与智力测试方法的发展，智商的标注方式随之发生了改变，所谓的平均智商为恒定的 100 分，有意义的变量以 15 分为间隔。85 分的智商略低于平均水平，115 分的智商略高于平均水平，145 分的智商代表非常聪明，如果智商低于 55 分，一般就说明这个孩子比其他孩子学习迟缓。几分之差没有意义，智商 101 分和 106 分之间没有实质差别。

斯特恩以及在智力测试领域的许多后继者认为，智商是一种终生不变的个人特质。如果一个人 8 岁时的智商是 100 分，那么他无论成长到哪个年龄，都会维持在这个智力水平上。2012 年，爱丁堡大学的伊恩·迪尔瑞（Ian Deary）在科学刊物《自然》上发表文章称：“迄今为止，我们知道，从童年到老年，人的智商水平表现出高度的稳定性。”[1] 但是迪尔瑞教授也说，他所谓的“童年”始于 11 岁，[2] 婴儿、幼儿与学龄前儿童的情况则很不一样。[3]

智商的“命定模式”将智商概念化为与生俱来、终生不变的。将这种模式用于学龄前儿童是有问题的，用于婴儿，问题就更严重了。在实践中，一个婴儿的智商与他在 8 岁、12 岁和成年以后进行的智商测验结果有别，这表明小孩子的智力并不是一项稳定的特质。实际上，**尽管成年以后，人的智力水平相对稳定，但婴儿、幼儿、学龄前儿童甚至早期学龄儿童的智商变化是相当大的。**

THE INTUITIVE PARENT 直觉养育的科学

以言语智商为例。成人言语智商的测量基于成人的词汇水平，这非常合理，但用在婴儿身上，就会产生极大的误导，且极不稳定。我们在上一章看到，儿童开始说话的平均年龄是 12 个月，然而 18 个月甚至更晚才开始说话的情形也并不少见。有些孩子 9 个月左右就开始说话，这没什么不寻常，18 个月才开始说话也并不意味着孩子不聪明。若按照“商数”方式测量言语智商，那 9 个月开始说话的孩子，心理年龄就相当于 12 个月，于是，这个早慧婴儿的言语智商就是 9 个月除以 12 个月再乘以 100，为 133 分，属于天才，最好启动常春藤盟校的基金申请！

然而，16 个月才开始说话的“倒霉蛋儿”，言语智商就全然不同了。以 16 个月的实足年龄除以 12 个月的心理年龄再乘以 100，他的言语智商只有 75 分。很明显，以孩子开始说话的时间为基础的言语智商决定其成年后的言语智商，这种看法是荒谬的。

有好几个真正的天才都是 2 岁甚至更大才开始说话的，[4] 其中最著名的就是阿尔伯特·爱因斯坦。[5]据说他3岁才开始说话。还有很多极其聪明、其他方面极具天赋但说话很晚的人，如诺贝尔经济学奖得主加里·贝克曼（Gary Beckman）、著名数学家朱莉娅·鲁宾逊以及物理学家爱德华·泰勒（Edward Teller）。除了其他成就外，泰勒还是研发原子弹的科学小组成员，并领导了之后的氢弹研发。发表于1998年7至8月号的《科技导报》的《泰勒传》写道："小爱德华·泰勒直到3岁才说出了第一个字。他的祖父担心他智力迟钝。"[6]如果泰勒博士3岁以后才开始说话，那么他幼儿时期的言语智商连33分都不到，这可是非常低的智商分数！显然，这并不代表他的总体智力水平及后来的成就。

这些例子说明，婴幼儿甚至学龄前儿童的智商显然并不能决定他们后来的智力能力，也肯定不是稳定的智力衡量标准。遗憾的是，太多的现代家长和教师仍然继续相信早期智力水平决定终生智力能力的神话。也许这就是现代社会误入歧途，试图提高婴幼儿智商的原因吧。

无须感到紧张或有压力，从而急匆匆地要求孩子的智商在三四岁时就达到高水平。约翰·布鲁尔（John Bruer）博士是杰姆斯·S.麦克唐奈基金会（James S. McDonnell Foundation）负责人，该基金会支持认知神经科学研究。他在杰作《前三年的神话》（*The Myth of the First Three Years*）中谈到了这一谬见，并令人信服地指出，**虽然应该在生命的最初几年培养孩子对学习的热爱和求知欲，但至少在之后的10年中，对这些能力的再培养与最初几年同等重要。**[7]

在生命最初几年里，智力能力测定结果的稳定性低得惊人，这可能说明从婴儿到整个大脑结构最终相对完整的少年，个体的发育存在差异。稳定性的欠缺可能还因为在性质上，用于评估不同年龄段的测试项目有差异。智力测试本来针对的是学龄儿童、青少年和成人，而对于学龄前儿童和婴幼儿来说，测试技术可能无效或者不稳定。自智力测试首次使用以来的一个世纪中，专家们仍在继续完善测试项目与测试过程，但尚未成功开发出可靠的工具，既可以测量儿童早期智力水平，又可以准确预测他们成年后的智力水平。

然而，人们还在继续做智力测试，测试对象的年龄也越来越小。这种做法具有深远的影响。结果，父母为了加强孩子的智力发育，把精力集中在帮助孩子参加不可靠的测试或者入学考试上，人为地让他们取得高分，而不是培养他们在真实生活中的推理能力。我们兜售教育项目和材料，教小孩子依样复述并记住考试答案，结果，教育政策可能不经意地增加了儿童和家长的压力。在美国的有些州，比如纽约，[8] 已经允许幼儿园进行资优项目资格测试。父母们急于让学龄前的孩子参加这类测试的心情可以理解，但是这样一来，他们等于就采纳并相信了这种对智力本质及其可测量性的根本误解。父母让孩子把宝贵的学习时间用来"备考"，实际上不符合提高真正的知识水平、推理能力及整体实力这个最终目标。看一看智力测试的发展历程就可以了解这一悖论，明白为什么那些旨在帮助父母"为考试而教学"的教育项目其实是人为提高孩子"心理"年龄的错误做法。

THE INTUITIVE PARENT 直觉养育的科学

WHY THE BEST THING FOR YOUR CHILD IS YOU

法国心理学家阿尔弗雷德·比奈（Alfred Binet）是智力与测试发展科学领域的先行者之一，19 世纪，法国立法规定所有 6 ~ 14 岁的儿童必须接受学校教育后，他便着手研发后来被广泛使用的一种智力测试。在此之前，法国对学龄儿童接受教育没有强制规定。他的主要兴趣在于开发筛查工具，以识别那些不经额外帮助就无法参加正常课堂学习的学生。[9] 为此，1903 年，他与同事西奥多·西蒙（Theodore Simon）开发了一系列测量在校生智力的项目，包括让儿童复述数字序列，证明他们理解了词汇，比如让孩子指认测试者口述的身体部位，还有用一系列词语造句，以及根据记忆绘画。

以现代智力概念来看，最初的比奈 - 西蒙测试在有些方面略显原始。例如，最初的测试高度依赖学生的法语水平，因此，不会说法语的人智力得分就非常低，尽管他们在以母语进行的测试中智力成绩非常优秀。[10] 这一点看似显而易见，但直到今天，智力测试仍然极其注重言语能力。这意味着，在北美，包括比奈那类项目的测试在内，把语言水平作为测试和评分的内在部分对以英语为母语的被试特别有利。有些孩子数学及其他方面的推理能力非常强，可即便英语是母语，他们仍然掌握得不是很好，[11] 而这种过分强调言语能力的测试便极可能把这类孩子错误地归类。

而且，根据记忆绘画也并不是很好的智力测试方法。许多极其聪明的人都不是艺术天才。在凭记忆绘画的测试中，任何患有进行性神经系统疾病的人都不会有上乘的表现，如杰出物理学家史蒂芬・霍金；而有些人很善于凭记忆绘画，可在其他方面的智力却平淡无奇，甚至低于平均水平。例如，著名的神经病学家奥利弗・萨克斯（Oliver Sacks）谈到，有位自闭症患者是卓越的艺术家，可以画出逼真的图画，可在对世界的认知方面却乏善可陈。[12]

从比奈最早进行智力测试至今的 100 多年间，智力理论、测量方法与技术都有了很大的改进。2003 年，比奈测试的现代版本斯坦福 - 比奈智力量表面世，这一量表如今已更新到了第 5 版。智力测试取得了长足的进步，反映出我们的理解在进步，若使用得当，会是有用的工具，然而也同样反映出我们关于智力含义的某些假设。对父母而言，回顾这些假设及其传递的信息具有启发价值，因为他们在为孩子争取教育机会及选择“天才项目”时，常常直接依赖于孩子在这类测试中的表现。

THE INTUITIVE PARENT 直觉养育的科学

20 世纪中期，美国心理学家戴维・韦克斯勒（David Wechsler）对智力是由单一能力构成的理论发起了挑战，从此彻底改变了智力测试。针对原比奈 - 西蒙智力测试所存在的语言偏见，韦克斯勒提出，智力不仅包含言语能力，也包括非言语能力，如解决难题之类的“表现”。[13] 20 世纪 30 年代，另一位心理学家罗素 · 莱特（Russell Leiter）为母语为非英语的儿童设计了一套纯粹的非言语智力测试。[14] 这是智力概念化方面的一个重要突破，因为它纠正了这一错误观念：不会说话、不理解口语的人自然智力低下。例如，人们往往认为失聪的孩子伴有智力缺陷，或者其他方面也不聪明，而事实上，除了听力缺失，这些孩子的思考能力完全正常。[15]

韦克斯勒之后，莱特及其他人开发了言语成分较低或者非言语形式的智力测试方法，智力理论得到扩展，囊括了更多的因素。[16] 今天，智力的定义大体包括“固有知识”，即提取事实的能力，类似于《危险边缘》的冠军，与“流体推理”能力，即将这些事实及个人经验应用于新情形的能力，在此，解决问题也是智力的一个因素。[17] 智力不只是依赖获得性知识的“存储”，即已经学到并储存在长时记忆中的知识，也取决于解决问题的能力，即灵活、创造性地使用已经获得的知识储备，思考并解决新问题的能力。

智力由几种能力而不是单一能力构成，这一发现促使认知模型及相关能力评价测试的进一步改善。目标之一是找到一种途径，将测试者的主观评价与解释，即已经发现的那些会降低分数可靠性的偏见对分数的影响降到最低。在发表于 1904 年、如今已成经典的论文《一般智力的客观确定与测量》（*General Intelligence，Objectively Determined and Measured*）中，英国心理学家查尔斯 · 斯皮尔曼（Charles Spearman）认为，新的统计与数学分析方法可用于人类智力的测量。

1949 年，另一位英国心理学家雷蒙德 · 卡特尔（Raymond Cattell）与夫人卡伦（Karen）共同创办了伊利诺伊大学人格及能力测验研究所（Institute for Personality and Ability Testing），他们扩展了斯皮尔曼的方法，将数学分析用于斯皮尔曼认定的多个智力因素或“领域”。卡特尔使用数学因素分析并测量能够真实反映智力水平的各项能力，同时剔除了绘画能力等不能反映智力的因素。尽管卡特尔做出了努力，此后的几十年间，绘画仍然是智力测试的一部分。

THE INTUITIVE PARENT

绘画测试的误诊

20世纪70年代末，我还是大学生，在圣迭戈的美国脑瘫中心（United Cerebral Palsy Center）工作。我受训主持并评价一项包括绘画任务在内的测试，当时就对这项测试的准确性抱有怀疑。绘画任务要求孩子画一个人，测试者根据画中人有无手指、面部特征及其他细节等标准进行评分。细节越多，智商分数就越高。[18] 当我被安排教一个特定的病人沟通方法时，我的怀疑加重了，同时也意识到了测试者的主观评价是如何影响孩子的得分的。

正式报告说这位患者有严重的智力缺陷，意即他是非常迟钝的学习者，智力能力极其有限。由于脑瘫，他几乎不能说话，但当我教他用画板进行交流时，发现他识字！为了方便他操作按键，我为他调适了一台打字机。他可以打出简短的句子，准确地描述他当天早些时候做了什么、吃了什么，等等。与其他有严重智力缺陷的人比起来，他要能干得多，因此我想了解他最初采用的智力测定方法。原来他接受的是“谷氏画人测验”（Goodenough Draw a Man）[19]，而他只会画简笔画。

WHY THE BEST THING FOR YOUR CHILD IS YOU

我希望读到这个故事的人能意识到，用绘画表现评估脑瘫患者的智力水平根本就是愚不可及。我一直在想，如果这个年轻人的老师知道，其实他比这个测试所显示的要聪明得多，那他是否能学到更多的知识。这是测试结果体现错误信息的极端案例，同时也是儿童测试的一般情况：把对图画品质的主观判断作为智力评价的标准，即便评估产生于可疑的项目，而这严重影响教师等人对孩子潜力的认识。我们需要更科学的智力测量方法，因为尽管有卡特尔的杰出工作，但在如何进行和解释智商测试方面，仍然存在明显的误区。

约翰·霍恩（John Horn）和约翰·卡罗尔（John Carroll）后来扩展了卡特尔的工作。他们全面回顾了所有智力研究与智力测试，开发出了一个新的智力模型。他们认为这个新模型涵盖的 9 种“宽域能力”（broad ability）抓住了智力的广度和深度。这个模型已经得到了基本验证，并以 3 位作者卡特尔、霍恩与卡罗尔名字的首字母命名为 CHC 智力理论。今天，许多心理学家、教育家和儿童发展专家都以该理论为基础，认为智力包含多种因素，而不只是单一的“智商”。这些广泛的因素由一些“窄域能力”（narrow ability）构成，所有“窄域能力”都会影响总体智力水平。[20]

为了促进婴幼儿、学龄前儿童及大龄儿童的智力发展，爸爸妈妈们应当了解这些广泛的类别都包含哪些技能和能力，知道如何保证子女得到各个方面的学习机会。更重要的是，父母要保证孩子不只是掌握死记硬背的学习方法，而是要形成解决各领域问题的能力。直觉式养育是做到这一切的关键。

我们来看看每一个领域的描述，探索有助于发展每一个领域的“窄域能力”的案例，探究直觉型父母应怎样帮助孩子融会贯通。

9 项基本智力能力

在本章的开头，我们了解了高智商人士的一些标志，包括才华横溢、学识渊博的杰出科学家居里夫人，以及能同时与几个对手下棋、不假思索出棋的象棋大师。这些例子中的每一方面都代表了科学家认为的构成智力的重要因素：

- 解决问题的能力；
- 获得性知识储备；
- 认知效率。

解决问题的能力指概念化并清晰思考新问题和新情况的能力；获得性知识储备是记忆的信息库，是可以信手拈来的长时记忆，即一个人掌握的“事实”；认知效率指大脑的运行速度。以下这 9 种宽域智力能力便可以归入这三大基本智力范畴之中。

- 解决问题的能力要求 3 种智能：（1）流体推理；（2）视觉空间思维；（3）听觉加工。
- 获得性知识储备是指能够可靠使用记忆中的信息，要求具有以下几种智能：（4）长时记忆提取，以及实际的记忆内容；（5）理解知识，即语言识别，包含词汇；（6）阅读和写作；（7）数学。
- 认知效率包括：（8）短时记忆；（9）加工速度。

其中，各领域互有重叠，毕竟智力包括整合这些离散技能的能力。例如，数学能力不仅要依靠个人形成的获得性知识储备，即长时记忆，也有赖于使用这些知识解决问题的能力，即流体推理能力。智力要求把这些广泛的能力有效地整合起来。对于希望促进孩子心智发育的家长，最好的办法是把智力视为以下三项能力的结合：解决问题，充分使用已获得的知识储备，并且速度快、效率高。

了解这些领域与能力的家长可以评估一下，看看自己的孩子是否在为发展每一项能力做准备，也可以审视一下周围的教育材料与多种多样的玩具，确定它们针对孩子智力发育的哪些方面有益。为了达到这一目标，父母首先需要增加自己的“获得性知识储备”，了解每一种智力能力以及心理学家是如何评估孩子与成人的能力具备情况的。以下介绍旨在为家长提供这些能力的实际操作知识，以便帮助他们在日常照顾孩子的过程中形成这些能力。通过思考婴儿如何学习每一种能力，你可以成功地给予孩子机会，使他智力的方方面面得到充实。

再次强调，我一一介绍每一项能力，并不是想让你对孩子进行单项能力训练，更不是让家长出门买什么《宝宝学算术》光碟，以加速提升孩子的数学能力，而是希望鼓励家长去相信，婴儿在正常的日常环境下，通过与父母的直觉互动，就能获得学习的机会，从而强化这些方面的智力能力。更重要的是，父母不要一味关注孩子的某项智力而损害了其他方面的智力，比如关注长时记忆能力，想训练孩子死记硬背式学习的功力，而忽视流体推理能力。我也希望那些直觉型父母认识到，他们在培养孩子的智力方面，已经做得很好了。

成绩好不好，解决问题才重要

这些广泛的能力包括流体推理、视觉空间推理和听觉加工。虽然其他能力，比如数学，其实是结合了知识储备与解决问题能力中的推理能力，但这三种能力显然主要关涉推理与思考新问题的能力。人类借助视觉和听觉渠道处理大量信息，每一种感官都有其解决问题的单独领域。

流体推理能力

简而言之，流体推理能力即指解决问题的能力。思考数字序列、做推测、下象棋、设计实验都属流体推理，做报纸上的数独游戏则是流体推理的具体运用。爱因斯坦开创相对论的时候，就是在使用流体推理理解和模拟物质与能量之间的关系，并用简洁的方程式解释了这种关系，即 $E=mc^2$。

THE INTUITIVE PARENT 直觉养育的科学

流体推理能力可以测评吗？为此，心理学家采用了诸多不同策略，以及各种类型的问题。有些测试使用模式识别来测评流体推理能力。适用于小孩子的最简单级别，是用圆形、方形和三角形之类的几何形状展示一个系列，例如，测试者给孩子展示“圆形—三角形—圆形—三角形”的模式，让孩子回答下一个出现的形状是什么，答案是“圆形”。为了成功完成这个项目，孩子的大脑必须认识这个模式，并根据既定模式给出系列中的下一个几何体名称。测试者使用类似更为复杂的模式测评年龄较大的孩子和成人完成这项任务的能力。

在做其他流体推理测试时，为了给出正确答案，孩子的大脑必须识别陌生模式的规则或逻辑。比方说，先给孩子看三个大的正方形，再看一个小的正方形，然后询问这个小的正方形与其他正方形的区别。正确的答案是“比较小”。还有一种流体推理能力测试要求预测数学系列中的下一项，例如“根据序列 2，4，6，8，给出下两个数字”，答案是“10，12”。著名的斐波那契数列是更为复杂的流体推理测试，要求给出“1，1，2，3，5，8，13，21，34，55，89”序列中的下一个数字。要解决这个谜题，被试必须得看出序列中的下一个数字是前两位数字的总和，即 55+89=144。这些活动的共同主题都一样：在只有部分信息的情况下，提供谜题的解决方案。

重要的是记住这一点：创新思维要求做出即时的流体推理。也就是说，必须针对之前没有练习过的问题迅速给出一个未知的解决方案。用词汇项目、闪卡训练孩子，他们也可以学习，但那是死记硬背式的学，并不能形成流体推理所需要的解决问题的能力。

THE INTUITIVE PARENT 直觉养育的奥秘

解决问题是一个积极的思维过程，无法通过被动的方式进行学习。婴儿必须学会思考并形成解决方案，即便最初的方案并不一定正确。

实际上，仅仅告诉孩子“2，4，6，8”之类数字序列的答案，或者给孩子看闪卡上的问题答案，并不能为他们提供解决问题的经验，必须鼓励孩子独自思考并解决问题，而不是让他们背诵答案。

孩子必须通过尝试和犯错、得到恰当的回应以及经历多种灵活的事例来进行学习。父母应该鼓励孩子创造性地解决问题，孩子应该经常听到这样的话：“换一种方式怎么样？”“你觉得为什么会是这样呢？”“接下来会发生什么事情呢？”玩那些明确要求孩子思考和预测下一步的游戏。对于幼儿，可以是简单的交换大小积木或者红黄色积木，给他加入这一模式的机会，让他来完成下一个动作。等他熟练掌握了两个项目的游戏以后，便可增加到三个，比如大、中、小积木交换，或是增加不同的特征，比如红、黄、蓝积木交换等。对于年龄较大的孩子，可以玩数字游戏，比如偶数、奇数、倍数等，在读下一个故事或者下一页之前，问问孩子接下来会发生什么事。如果答案不合理，也不要立刻把正确答案告诉他，而是要问问：“你能想想还有可能发生什么事情吗？”一定要把培养推理和猜测能力作为你直觉养育的一部分。

视觉空间思维

视觉空间思维指视觉领域的流体推理与问题解决。想象手中握着一个几何形体，并进行旋转，这就是一种视觉空间思维。看到一幅不完整的物体图形便能认出图中物体，看到一幅迷宫图便能在心里推断走出迷宫的路线，这些也是视觉空间思维能力。日常实例包括使用地图和指南针来计划远足或者旅行，看一幅抽象画便能推断出画作的含义，甚至用车载 GPS 系统在陌生的城市通行，找到曾经去过的餐馆。艺术家、建筑师、工程师都需要不断使用视觉空间思维。艺术家必须对意象进行概念化，并想象最终完成的作品所传递的意思。建筑师必须想象他们正在创造的建筑物，工程师需要形象直观地想象出桥梁、机械设备、电气系统，甚至正在书写的软件。

由于婴儿的视觉系统发育较早，所以我们有足够的机会开发他们的视觉空间思维。对于视觉发展，最简单的直觉养育方式是在婴儿的视域范围内反复移动一个物体，每次都在同一个点停顿，然后继续移动。这可以教会他预测物体什么时候停止，什么时候移动。使用色彩鲜艳、能发出声响的玩具，这有助于强化效果，因为这样一来，它就不仅是个新奇的视觉事件，同时还是个听觉事件。

从实践的角度讲，谜题、乐高、火车、迷宫、连点游戏、《瓦尔多在哪儿？》（*Where's Waldo？*）读本和其他类型的“隐藏图片”游戏，以及黏土、橡皮泥、熟石膏之类“有创造性的”材料，都可以促进孩子视觉空间思维的发展。需要穿越迷宫的角色扮演游戏以及俄罗斯方块之类涉及在想象中旋转物体的电子游戏，也都要用到视觉空间推理。需要注意的是，直觉型父母在借助游戏培养孩子这方面的智力能力时，孩子一边玩，要一边和他交谈，随时询问孩子的想法。

假如孩子搭建乐高玩具时依循某种模式，只要父母不加引导、不去干预每个步骤，就很好。这样做的目的是让孩子依靠自己去思考，找出解决办法。如果搭建中的乐高玩具倒塌了，那对孩子发育中的大脑来说，真是极好的素材！

THE INTUITIVE PARENT 直觉养育的奥秘

在孩子三四岁之前，不要让他玩视频或电脑游戏，在他找到走出迷宫的路线时，让他解释想法。当孩子玩游戏时，有一个好问题你可以不时提出：“如果你这样做，接下来会发生什么？”

听觉加工

思考数字序列、识别序列、使用视觉表象解决问题，这些都属于相对简单直接的解决问题事例。那么，我们怎样使用听觉感官解决问题？为什么心理学家更倾向于把听觉加工视为一种思维能力，而不是一个自动、被动的过程？

使用和组织听觉信息的能力的确是一种思维能力。与视觉系统相似，听觉系统也很复杂，其组织方式是为了使人类在环境中具有竞争优势。视觉空间思维任务要求被试根据部分动物身体的图片或照片，说出动物的名称。类似的听觉加工任务则是要求被试根据一个单词的个别部分，识别那个单词。例如，测试者念“p”“i”“k”“l”这 4 个音素，被试启动听觉加工功能，推断出这几个音组成的是“pickle”（泡菜）一词。

在由拼音字母组成的语言中，字母代表发音，比如西班牙语、意大利语、阿拉伯语以及英语中的部分字母，朗读字母只需认识它们就能做到，而真正读出书写内容则需要听觉加工，并将字母用言语表达为词语。只要拼音字母完全代表那种语言的发音方式，受过语音训练的人就可以读出他们并不理解的语言文本。例如，作为训练有素的语言学家，尽管不会说意大利语，也听不懂，但我可以用纯正的意大利语发音方式读出意大利语的句子“Come ti senti oggi?”（你今天感觉怎么样？），还可以通过听觉加工识别和组合印在书面上的语音，从而推断出意大利语中的“ti”与英语单词“tea”的发音相同。

听觉加工能力测试要求根据几个字母的发音识别单词和音调序列，将语音即音素序列组合成完整的单词，区别“b”“g”之类语音的差异。与视觉思维相同，初级的听觉加工能力在婴儿早期就开始发育了，[21] 甚至有证据间接表明，这种能力的某些部分早在婴儿出生之前就开始发育了。有鉴于此，父母应该给婴幼儿提供各种环境声音，如动物的叫声、铃声、点击鼠标的声音、淅沥的雨声、踩踏碎石的声音，还有隆隆的雷声、放洗澡水的声音和炸爆米花的声音，等等。当然，婴儿最重要的听觉信息来自父母的说话声。把宝宝抱到距你的脸一臂长的位置面向你，用各种声音和语调对他说话或是唱歌。尽管婴儿不一定理解你的话，但是言语输入对听觉加工能力的发育非常重要。

对大一些的孩子来说，有一些很好的活动有助于发展他们的听觉加工能力，如音乐、唱歌、背诵童谣、鼓掌之类的模仿游戏，还有“知更鸟”游戏，在这种游戏中，家长和孩子轮流复述越来越长的句子，如“这是杰克修的房子”，以及单词押韵游戏。倾听并重复听到的内容、复述故事也是很好的训练。听觉输入的复杂性随着孩子的长大而增强，孩子可能喜欢和你一起收听球类运动解说，或者收听各种不同风格、不同时期和文化背景的音乐节目。

THE INTUITIVE PARENT 直觉养育的奥秘

流体推理、视觉空间思维、听觉加工这三种能力都是解决问题的基本要素。解决问题的能力还需要记住并根据需要想起储存在长时记忆中的基本信息。

只有充分具备解决手中难题的知识基础和信息储备，才能有效地解决问题。例如，解决数独谜题需要具备有关数字的自动知识和1～9的数字符号知识。除推理能力以外，填字游戏还要求有很大的词汇量，往往还需要一些历史、文学及通俗文化知识。这些获得性知识储备不仅包括类似大脑硬盘的长时记忆能力，还包括记忆中的信息内容。下一节会介绍卡特尔、霍恩和卡罗尔等人认为有助于总体智力能力发展的各种知识“库”。

利用日常琐事搞定孩子的记忆力、理解力，还有数学与读写

过去20年，有关大脑是如何创造记忆痕迹与存储信息的科学研究和实验，数量蔚为可观，关于大脑如何储备知识、提取知识并将其用于现实世界，取得了一些重要的发现。

从某种程度上讲，记忆本身就是一种解决问题的活动。大脑并不是像记录

设备那样逐字存储一切信息，而是储备信息片段，然后进行重组，以便回想起发生过的事件。视觉空间思维任务要求被试根据部分动物身体的照片说出动物的名称，而接受长时记忆测试时，被试要用逻辑和推理“填补空白”。然而，为了记住人物、地点、事物及事实，必须得有“固有知识”可资分析。我们所认为的聪明人往往有惊人的记忆力，并且能够迅速、准确地提取信息。智力的这个方面，即获得性知识储备，涉及长时记忆提取能力，还涉及已经学会并记在心里的知识理解能力、读写能力和数学知识，以便需要时可以提取。

长时记忆提取

长时记忆提取能力指记忆并回想起所需信息的能力。智力测试中，这一能力的测试方法是：测试者朗读一个陌生的故事，几个小时以后，再测试被试记忆故事内容与事实的情况。这种方法的另一个变体是给被试看抽象的符号，随后让他们完成其他测试，三四个小时以后，再回过头来测试他们记忆抽象符号的情况。现实中，我们每天都在进行长时记忆提取，包括记住曾经学过的知识，并在新情况和新任务中加以使用，说出记得的复杂菜谱，复述最喜欢的故事，在销售会议上说出顾客的详细情况，记得几年前造访的陌生城市的餐馆方位……这些都涉及长时记忆提取的能力。

目前，婴儿长时记忆的信息储备是一个有趣的研究领域。由于宝宝并不能说出：“哦，是的，我记得上周见过那个毛绒动物玩具。”于是研究者只好通过观察他们的面部表情，用非介入性大脑扫描技术监测比如心率等自主神经功能的方式进行推测。可以说，婴儿每一天、每一周、每个月究竟如何进行记忆，这方面有待研究的地方还很多。在孩子长到能够谈论其过往经历之前，都很难知道他的记忆情况。

然而，有一点是清楚的：即便是婴儿，也能记得住一些事件和物体。持续记录婴儿的心率会发现，他们看见新事物时心率会加快，这实际上是一种吃惊反应，而看见以前见过的物体时，就不会有心率加快的现象。科学家由此推断，**婴儿的确有某种形式的长时记忆。**

许多家长报告称，年龄稍大一些的孩子记得幼儿时期发生的事情。这方面我有第一手的材料。我有个儿子在不到 2 岁时曾弄伤过自己，我是唯一的目击者，并帮他处理了伤口。我从来没有跟他说起过这件事，也没有告诉过任何人，当然也就不可能有任何人告诉他这件事。然而，他 8 岁的时候，有一次跟我说起他当年受伤的许多细节，以及我当时照顾他的情形，这些信息肯定是他长时记忆中的内容。

另一方面，记忆是一个积极的过程，包括对所储备的信息进行认知叙述。

THE INTUITIVE PARENT

不存在的绑架案

皮亚杰曾谈到他的一段童年记忆。当时他由保姆带着，差点儿被人绑架。这是小皮亚杰人生中的一个重要事件：他清清楚楚记得自己坐在童车里，目睹保姆和绑匪扭打的情形，还记得看见警察挥舞着警棍，赶跑了绑架者，他甚至记得保姆同绑匪打斗时脸上留下的抓伤。但在他 15 岁、这段绑架事故发生之后的第 13 年，保姆给皮亚杰的父母来了一封信，坦陈整个事件是一场骗局，是她编造的。

由于这些记忆对皮亚杰来说真实不虚，似乎出自他本人的长时记忆，所以他推测，头脑中这些真实的事件意象是根据他听说的其他绑架未遂的故事创造出来的，被他储存在大脑中，并当成事实进行讲述。尽管如此，在他了解真相之前，这些记忆之于他就像真实发生的事情一样“真实”。

WHY THE BEST THING FOR YOUR CHILD IS YOU

皮亚杰认为，想象可以影响记忆，追忆过去不一定是一个摄影式或者留声机式的过程。新近的研究支持了皮亚杰的记忆发展观点：**记忆不是摄影式记录，而是受到若干要素的影响，包括思维能力、成熟度以及对记忆信息的过往体会。**[22]

长时记忆的发展不只是记住干巴巴的细节和枯燥无味的事实，了解了这一事实，父母就可以将知识、故事及引人入胜的学习机会结合起来，加强孩子长时记忆的发展。皮亚杰关于绑架未遂事件的记忆如此清晰，一个原因是他本人是故事的中心人物。这对父母是一个重要的启示：长时记忆的储存不应该是一种被动的经验，而让婴幼儿安安静静地坐在那里看 DVD 和教育视频正是一种被动经验。

THE INTUITIVE PARENT 直觉养育的奥秘

让婴幼儿作为积极参与者直接参与学习过程，让他们成为故事中的演员而不是观众，他们的记忆会得到更为有效的促进。建立日常生活习惯，诸如散步、讲故事，还有让孩子回忆自己的经历等，都有助于他们建立记忆。

知识理解能力

从最早的智力测试开始，语言能力，尤其是词汇知识，就被视为智力的重要方面。我们往往认为，如果一个人词汇量大，能够使用准确的语言进行沟通，那他显然就非常聪明；反之，词汇量小、不善言谈的人则不那么聪明，尽管有时候会看走眼。事情当然不是单纯的测试词汇量那么简单。然而，几乎每一种智力测试都包含大量的词汇项目，甚至要占到一半以上的内容，并且广泛用于婴幼儿的智力测试中。值得注意的是，科学家认为这些测试评估的是知识理解能力，而不只是词汇。这意味着，智力测试的这一方面涉及词汇及其含义等深度知识，而不只是考查死记硬背记单词的能力。

THE INTUITIVE PARENT 直觉养育的科学

WHY THE BEST THING FOR YOUR CHILD IS YOU

除了词语含义，科学家还使用反义词和近义词进行知识理解能力的测试。智力测试通常包含这样的问题：“______的反义词是什么？”比较容易的题目如“里（外）”和“上（下）”。针对中高年级儿童的测试题则要复杂些，要求回答“端庄（轻浮）”或“无处不在（无影无踪）”。

知识理解能力的测试还包括：“哪个词与______意思相近？”比较简单的题目有“大（巨）”、“汽车（轿车）”，难一些的题目有“可笑（荒诞）”、“玩弄权术（诡计多端）”等。

这里的要点是，仅仅认识或者指出图片名称并不能体现知识理解能力，要理解词语之间的关系，如上位类别[①]、近义词、反义词，才能体现更高水平的知识理解能力。

当然，幼小的孩子只是学习词语及其含义，直觉养育的方式特别有助于语言和新词语的习得。在真实世界的语境下教孩子词语，就是为孩子未来获得更完全的知识理解能力奠定基础。

保证婴幼儿和学龄前儿童在日常有大量机会学习新词语，对于他们智力的培养非常重要。实际上，学习新词语、陪孩子玩词汇游戏应该是日常生活的一部分。

---

①“动物”是猪、母牛、猫、马、绵羊和大象等的上位类别。

这不像《小爱因斯坦》产品话里话外假设的那样，通过给宝宝看图片，让宝宝说出图片名称，就可以提高他的功能性词汇数量。与长时记忆的情况一样，儿童的词语知识与他们对物体、动作及形容词的体会整体相关。父母一边和孩子一起摆弄或移动物体，一边谈论物体及动作，这有助于培养孩子的知识理解能力。孩子在早期进行词语学习时，应该以他自身的经验为基础。

THE INTUITIVE PARENT 直觉养育的奥秘

与其让孩子坐在婴儿椅里，看电脑屏幕上一闪而过的各种动物，还不如带他去一趟动物园，这样更有助于孩子学习词语。

孩子可以并且应该通过和父母一起读书来学习词语。读动物故事也是扩大词汇量的好办法，书上最好有能吸引他们的照片、插图。等孩子学会独自阅读以后，这便是他们学习词语的重要途径。研究人员早就知道，把词语放在语境中更有助于记忆，大脑会存储有助于记住那个词语的叙事脚本。例如，给孩子看蝎子的图片，同时告诉他图片的名称，这会触发记忆，然而，如果给孩子讲故事，告诉他蝎子长什么样、吃什么东西，同时出示蝎子的图片，展示其巨大的爪子和毒刺，那么，孩子的记忆就更深刻了。[23]

当然，知识理解能力不限于说出照片的名称或者看图片。[24] 孩子在 3 岁甚至 2 岁时，父母就可以直接用词类的方式教他，以此开发他的词汇知识。例如，可以把动物玩具分为动物园动物、农场动物和宠物；可以根据颜色和形状对图形进行归类；运载工具可以分为轿车、卡车、火车、飞机。把玩具与词语归类，孩子就有机会在心里把词语分为科学家所谓的“语义地图”，这是知识理解能力的一个关键方面。归类也是使用简单形容词的绝好机会：大象“大”，老鼠“小”；这头老虎在笼子“里面”，那头在“外面”；这些图形是“蓝色的”，其他那些是“红色的”，等等。

家长应该注意词汇与语法，即句法、时态之间的区别。知识理解能力的核心是词语和词语知识，正式的语法知识则属于阅读和写作能力的范畴。[25]这个区别很重要，因为词汇和语法的习得和发展方式很不一样，[26]即便两者对于孩子学习说话来说都很重要。[27]

语法涉及将词语组成短语和句子的规则，即句法，还有修饰词时态的规则，即词法。例如，在英语里，要将一个陈述句变成问句，语法规则是以“wh”打头的词语起句，如“where”，并将助动词（“is”）与本句主语（“Mary”）交换位置。根据这一规则，“Mary is going.”就变成了问句“Is Mary going?”。

语法还包括区分词语形态的微小语音差异，例如，单数形态“book”与复数形态“books”的区别，一般现在时“walks”与过去时“walked”的区别。从学习的角度讲，这种区别很重要。诺姆·乔姆斯基（Noam Chomsky）、史蒂芬·平克、詹姆斯·摩根（James Morgan）、琼·伯科-格利森（Jean Berko-Gleason）及其他众多认知科学家、语言学家都令人信服地指出，学习用词汇组成句子，将单数变成复数，现在时变成过去时的各种规则，是一个归纳过程，而不是一种记忆的形式。因此，知识理解能力包括学习词汇与一般的词语知识，但不包括学习说话和理解语言过程中的各种语法。儿童有过于简单化这种区别的危险，因为他们的语法概念仅通过听父母说话而形成。另一方面，词语学习必须采取更明确的方式，既要听父母说话，也要观察这些词语所指的物体（名词）、动作（动词）及属性（形容词）。在《词汇与规则》一书中，平克教授对此做了详细的分析。**直觉型父母总是乐于在与孩子进行自然互动的同时，介绍给他们新的词语。**

读写能力

不会阅读和写作的人也完全有可能非常聪明，但是，我们有充足的理由把读写能力视为“获得性知识储备”的一个方面。阅读能力使我们了解他人的知识，并因此增加自己的知识，即晶体智力。此外，阅读中会遇到不熟悉的词语，通过了解这些词的含义，可以将这些知识添加到自身对词语的知识理解能力中。

语法知识的获得无须通过明确的教学，几乎每个人都可以无师自通，阅读和写作则是习得性能力，必须得借助明确的教学才能学会。大多数孩子都无法靠自己获得这一能力，虽然的确也有自己学会阅读的孩子。无论是学习西班牙语、英语这类字母代表语音的拼音系统语言，还是汉语这类用符号、图示代表词语的非拼音系统语言，抑或是结合了这两种系统的语言，熟练的读者能够牢记口语词汇的视觉表示方式，达到自动想起的程度。

考虑到读写能力及其对智力的贡献，之后这一点至关重要。书写系统是为表征口语而设计的。这意味着，书写符号与口语词汇有对应关系，因此，至少在初学阶段，需要孩子将代表词语的视觉书面符号与已经知道的词汇联系起来，否则，他们可能会读单词，在某种意义上好像是在“阅读”，但并不理解文字的意思。

过去10年间，社会上出现了一股推动孩子尽早开始阅读的风潮。市面上冒出了大量教育项目，吸引着意欲教婴儿阅读的父母。由于书写系统是词语的视觉表征，所以我不禁心生疑惑：婴儿都还没有发展出基于视觉符号的词语知识，那他能从哪些方面学习阅读呢？

有一种情形叫作阅读早慧，指孩子能读出词语，但对词语的意思不甚了解。我在临床上见过这类案例。有个4岁男孩几乎认识所有词语，但他不能从一堆东西中选出他刚刚读到的词语所指涉的东西。例如，他认识卡片上的“大象”一词，给他一张白纸和一支铅笔，他可以正确地听写“大象”这个词，而且写得像印刷体一样。与一些自闭症儿童相似，他写字一丝不苟。可如果你给他一张印有“大象”一词的卡片，和一套有大象、汽车、奶牛及小狗的图片，让他从图片中指认出卡片上的词语指的是哪一种动物，他马上束手无策。他认识单词，能“读出”单词，但是不理解单词的意思。有一些流利的阅读者往往可以读出词义不明的生词，但与那个几乎不理解所读单词意思的阅读早慧男孩不同，这些流利的阅读者大致理解所读生词的含义。他们常常为了理解一个词而将其念出声来，先熟悉单词，并根据句子的语境猜测词义，但读出词语本身并不是目的，他们也并不会在阅读过程中把每个词都念出来。

这是一个重要的区别。美国的一些研究表明，许多小学生甚至中学生能够自然拼读词语，但是并不理解词语的内涵。[28] 造成这一问题的部分原因可能是，这些孩子在自身的词汇和语法系统还不成熟、不完整的情况下，过早地学习了自然拼读。这种做法也许给这些孩子造成了某种形式的阅读早慧，因为他们并不理解他们所练习的词语。

THE INTUITIVE PARENT 直觉养育的奥秘

教儿童识字时，不能只教字母或字形所代表的发音或拼读形式，一定要让他们理解这个字或者词的意思。

值得注意的是，在有些国家，孩子七八岁才开始学习识字、拼读，而这些国家的识字率却很高，有些甚至比美国还高。[29] 例如，芬兰是世界上学生成绩最好的国家，芬兰儿童学习识字的时间晚于美国，识字率却高于美国。[30] 一个可能的原因是，七八岁儿童的语言系统与词汇知识比三四岁的儿童要发达得多。因为在这样一个稍长的年龄段，加上以前学到的词汇知识，他们的长时记忆中已经储存了更多的文字。

直觉型父母明白，读和写都是语言形式。更重要的是，他们本能地了解，要等到孩子的口语已经充分成熟，语法能力接近成人水平时，才适宜直接教授他们拼音等技能，这意味着要到孩子 6 ～ 8 岁左右。但这并不是说，在孩子上学之前，完全不教他们认字。在儿童早期，互动式阅读之类的直觉式养育活动已经给孩子打下了喜欢阅读的基础。直觉型父母几乎每天都给孩子读故事，他们会选择幼儿和学龄前孩子感兴趣的故事书，这些书通常富有想象力，配有大幅漂亮的图片，而且文字很少。配有照片的词汇书也很有趣。

THE INTUITIVE PARENT 直觉养育的奥秘

除了读字词以外，直觉式养育还要求既给孩子读书，和他们交流，也要鼓励孩子自己编故事。

有一种为孩子导入技术与阅读的方法是，在孩子玩耍或者进行日常活动比如和爸爸妈妈一起去商店时，拍下一系列的照片。这个做法的目的是拍下每一个事件，之后让孩子看着照片复述事件过程，照片即充当故事的书面“文本”。

例如，“和爸爸一起去商店”的故事可以包括一张爸爸正在穿衣服的照片、一张爸爸拿钥匙的照片、一张孩子穿衣服或鞋子的照片、一张上车的照片、一张到达商店的照片，等等。这些照片就是故事的主题。把照片拿给孩子看，请他用自己的话叙述故事，然后把孩子的话记下来，用文字处理软件处理他讲的故事，再把照片放进书面故事中。这是教孩子阅读的有效方式，因为这是孩子自己经历的故事，是关于他的故事，同时你也知道文本呈现的是他的语言，用的是他的词汇和语法，因为你写下的是他的话。即便你添加了一些词语或者新的语法，这也符合直觉式养育的原则，因为这些词语成了故事之内的语言交换。孩子热爱这类故事，因为他们是故事的“合著者”。

等孩子上小学以后，你还可以用同样的方法教他们写故事、写日记，而拍摄下故事的关键环节仍然是有效的手段。许多孩子喜欢写和父母一方一起做事的故事，然后把故事读给父母中的另一方或者哥哥姐姐、表兄弟姐妹与祖父母听。因为这些故事是他们的经历，因此无论写和读，都比涉及不熟悉的人和情景的故事更加容易。像我的小儿子和小女儿一样，有些孩子喜欢亲自给故事画插图，而不喜欢用照片。直觉型父母会鼓励他们这种形式的阅读和写作。

数学能力

最后一类获得性知识储备是机械记忆的数学知识。解决问题的能力并不是数学 - 定量知识考虑的范围。数学 – 定量知识涉及的是数字、乘法表、加减法之类的数学问题，还有解决数学问题所需要的其他确定性原则之类的基本定量知识。换言之，数学与定量智力储备要求，无须有意识思考或者数手指头，就能随口说出 5×6 等于 30，10–2 等于 8，5+9 等于 14。

与阅读能力一样，这种数学知识属于晶体智力，学习并储存在长时记忆中，方便解决新问题时随时使用。帮助孩子发展数学能力时，需要让他明白，数字及数学符号代表真实世界的概念，例如让他数一数盘子里有多少块饼干，要让孩子充分练习这些符号，达到迅速、自动、直觉认识的程度。这类似于认识字母代表的发音，同时知道字母构成的有意义的词语和短语。数学理解与阅读理解都要求懂得符号，即数字、字母所刻画的思想、概念，而不止于认识或者记得符号，以及机械重复其名称。我们的目标应该是保证孩子形成直觉的数量感，数字对他们自然“具有意义”，数学运算中的数字和符号，如“+”“–”等是有意义的，正如“b”“a”“l”“l”这几个符号的组合指称一种小小的、能够滚动和弹跳的球形物体。这类知识不同于解出从没见过的复杂方程式，那不仅需要定量知识储备，还需要流体推理能力，能够利用已知信息，并将其应用于新情形、新问题中。

显然，婴儿的视觉系统相当善于留意并记住视域范围内的数量差异，这一点可以通过脑电波进行测量。脑电波显示，婴儿看到不同数量的某种玩具时，神经系统的活跃程度有所改变。但是，注意到数量差异并不等于学习这项知识并将其储存到长时记忆中，也不等于能在未来轻松使用。有些父母给婴幼儿看“1”“2”“3”等数字符号，同时大声念出。等孩子会说话时，这些父母举着写有数字符号“2”的卡片，孩子认识这个数字，他们便觉得很骄傲。

但这种方法教出来的孩子往往并不知道“2”代表的数目。与识字一样，理解视觉符号才是学习的目的，对阅读而言是字母、单词；对数学而言则是数字、方程。也就是说，在孩子已经做好准备的情况下，教他认识字母和数字符号，并以此作为一种知识理解能力，那是没有问题的。然而重要的是，**要确保他真的明白字母构成的单词，以及数字符号代表的数量。**

THE INTUITIVE PARENT

数豌豆

对婴儿来说，可以一次给他们一样东西，一边递到他们手上，一边数数儿。我有个儿子后来获得了物理学学位，最终去了医学院，他小时候喜欢吃冷冻豌豆。他坐在婴儿椅里，我们每次给他 1 粒豌豆，同时说道：“1 粒豌豆”“你有一粒豌豆”“再给你 1 粒，2 粒豌豆”“再来 1 粒，3 粒豌豆”……如此一直数到 10。这个小游戏还有一种玩法，在他面前的碗里放 5 粒豌豆，他吃 1 粒我们减 1 粒：“5 粒豌豆”“吃掉 1 粒”“还有 4 粒。4 粒豌豆，噢，你把它吃了”“还剩下 3 粒”，如此一直数到“你吃完了，5、4、3、2、1、0。吃完啦”。

WHY THE BEST THING FOR YOUR CHILD IS YOU

等孩子再大一些，可以在他吃饼干的时候，把饼干掰成小份，教他分数之类的概念。“一整块饼干”，“把它掰成两块，先吃一半”，“这是另一半”，“把它掰成 4 份，先吃 1/4 份”，等等。应该把这类初步的数量知识作为孩子获得性知识的一部分，这样，当他们认识“1”“2”“3”等符号时，便能很好地理解。孩子在学习语言及阅读时，语言获自与父母及其他人的日常口头交流。不同于此，数学知识的基础与符号系统的获得都必须通过教学才能掌握。

形成一般的数字常识与数量感对孩子来说也很重要。皮亚杰做过一些实验，他把等量的牛奶分别倒进一个低矮宽口的杯子和一个细高的杯子里，询问几个学龄前的孩子哪个杯子里的牛奶比较多。即便皮亚杰已经明确交代过两个杯子里的牛奶一样多，孩子们还是说细高杯子里的牛奶多于低矮宽口的杯子。随着经验的积累、反复的观摩与大脑训练，孩子最终了解到，两个杯子的尺寸虽然不同，但盛装的液体数量是一样的。

这里的要点是，父母可能直觉上了解质量、数量及其差异，但他们的孩子并不知道。如同词汇、阅读与写作一样，数学知识也应该是父母与孩子日常互动的组成部分，这样才能让孩子形成这些获得性知识的储备，并经由与孩子的日常互动得到强化。

体验式学习成就孩子的高效认知力

有益于总体智力的第三个主要方面是认知效率。在同时下几盘棋的象棋大师事例中，我们把迅速果断出棋的能力视为这个人极其聪明的一个因素。效率代表准确解决问题、迅速有效提取获得性知识储备的能力。心理学家将这称为“认知时钟”、“认知时机”与“加工能力”。在 CHC 理论中，短时记忆与加工速度是衡量认知效率的两个指标。

THE INTUITIVE PARENT 直觉养育的科学

大脑的“认知时钟”随孩子年龄的增长而加快。幼儿的认知效率相当低下，而青少年就高得多，这意味着随着年龄的增长，孩子解决问题的速度会越来越快。一定程度上，这是大脑神经元结构的变化所致。正如我在第 2 章中解释的那样，神经轴突周围包裹着一层加快神经传递速度、名为髓鞘[31]的脂肪鞘。也许你还记得，髓鞘神经细胞构成大脑“白质”。婴儿神经轴突周围的髓鞘较少，大孩子神经元中的髓鞘总量则高得多，也就是大脑白质较多，因此小孩子的神经冲动比大孩子慢。然而，提高认知效率不只是形成更多的髓鞘这么简单，学习带来的大脑皮层改变也可以提高认知效率。简而言之，练习以及其他方面的智力进步也有助于促进思维的效率。[32] 随着孩子在信息“数据点”之间建立起更多的神经连接，大脑各个区域的一体化程度提高，认知效率也会相应提高。

科学家确信，髓鞘的形成与大脑皮层组织负责提高认知效率，但对于如何促进其发展，以及个人的“时钟”可否通过特殊练习或者学习得以改变，他们并无统一观点。有人可能会说，回忆的认知效率与背诵乘法表、诗歌之类的机械信息记忆显然可以通过练习得到显著提升。然而，这可能是这类信息在长时记忆中的存储量增加的结果，而认知时钟的速度并没有什么改变。问题是：在遇到新的记忆任务时，之前学习的某种信息是否有助于加快认知时钟的速度？有证据表明，练习促进了认知效率的发展，但并不清楚这是否是认知效率之外的其他智力能力所致。换言之，就我们所知，机械记忆与训练儿童某一类知识技能并不能在他学习另一类知识时，对他的总体加工效率有辅助功效。

宽域的认知效率细分为短时记忆与加工速度。接下来分别对它们进行细致考察，并谈谈直觉型父母如何自然地帮助孩子促进认知效率的发展。

短时记忆

短时记忆指记住并使用近期获知的少量信息的能力。这种能力完全不同于我所谓的“知更鸟回路”，也不同于简单重复和背诵信息的能力。的确，人类及某些动物需要借助原始的短时记忆进行模仿，但心理学家所说的短时记忆是指记住信息以便调用及修改的能力。有一种交流障碍叫言语模仿症，患者会原封不动重复他听到的话。如果我说“我去了商店”，言语模仿症患者会跟着说“我去了商店”。但在短时记忆测试中，被试可能会把“我去了商店”改成“商店我去了”。这里的关键是，为了说“商店我去了”，被试必须记住每个词语及其在句中位置的改变，而这对短时记忆有要求。言语模仿症患者并不会在句子中“插入”词语，也不会改变词序。

这项能力看似微不足道，但也说明短时记忆对快速有效地获取新知识是多么重要。设想老师上地理课的情形，如果学生没法暂时记住老师刚才讲授的内容，那他很快就会一头雾水，无法跟上老师上课的进度。如果学生不能在短时间内记住“君士坦丁堡”这个词，那么，老师解释君士坦丁堡是土耳其的一个城市、现在名为伊斯坦布尔时，学生根本就不能理解老师的话，无论他是否了解“君士坦丁堡”、“土耳其”和“伊斯坦布尔”这几个词的意思。

我们借助长时记忆存储信息并反复使用，与此不同，短时记忆是记住并迅速、准确运用最新信息的能力。短时记忆中的一些内容可以转化为长时记忆，但大部分不会。短时记忆的神经学基础研究表明，短时记忆痕迹消失得很快。从知识的角度讲，我们需要短时记忆能力检视刚才了解到的信息，如果需要，还可以使用这些信息。

由于短时记忆测评要求被试积极反应，比如说出刚才见过的物品名称，难怪科学家也不清楚婴儿短时记忆的性质与范围。从理论角度讲，心理学家倾向于认为短时记忆能力是“先天的”或者“本能的”，有些理论认为婴儿的所有记忆都较短。显然，婴儿能够相对快速、有效地发现视域范围内发生的变化，他们的听觉系统相对善于注意环境中的不同声音，包括语音，但我们不清楚短时记忆在他们进行这些活动时的发展与使用情况。

当幼儿开始说话时，短时记忆所发挥的作用便开始显现。许多幼儿会模仿一系列音节，但他们会改变顺序，或者加入新元素，说明这些元素存储在了他们的短时记忆中并得到了使用。学龄前儿童会复述简短的句子及短语，改变词序及单词的形态。例如，有的孩子第一次观看经典儿童电视节目《罗杰斯先生的邻居》（*Mister Roger's Neighborhood*），模仿主题曲时，可能会把“这是我们这儿美好的一天”唱成“我们这儿一天美好”。这类失误很正常，无须担心。实际上，孩子模仿短语并略做改变，这是一个好征兆，说明他们会在脑子里“插入”言语字符串，按照自己的方式处理句子，而不是简单重复。

与认知效率一样，短时记忆也会随着年龄的增长而发展。年龄较小的孩子连颠倒两个语言元素都很难做到，比如，他们往往难以根据指令以相反的顺序说“狗”和“帽子”这两个词语；到了 6 岁，许多孩子可以以相反的顺序说出 3 个词语；大多数 9 岁的孩子可以以相反的顺序说出 4 个甚至更多词语；而大多数成人能短时记住 5 个以上的词语，并以相反顺序说出来。[33]

加工速度

第二项属于宽域认知效率的智力能力叫作加工速度。在 CHC 理论的语境中，加工速度指在保持注意力的压力之下，自动执行认知任务的能力。注意，这类任务中要求做的决定相对简单，而且其设计目的也不是针对更高水平的推理。

THE INTUITIVE PARENT 直觉养育的科学

加工速度指迅速、准确地完成中等难度脑力任务的能力。在实践中，加工速度的衡量方式是给予被试一系列持续时间较短，大约两三分钟，且无须多少复杂思维与心理分析的限时任务。这里的概念不是延伸解决问题的能力，而是评估在完成非自动的简单任务时，大脑的运行速度。例如，为测评加工速度，被试需要看左边的一幅画与右边的五六幅画，右边的几幅画中有一幅与左边的“目标”图画相匹配，目标是能一眼看出那张相匹配的画。测试者对被试完成的项目数量进行评分，从而评估被试的加工速度。

注意，加工速度不同于叫作反应时间的认知速度。反应时间指一个人反应速度的快慢，如电脑屏幕一闪，便能立即按下按钮，不是为了做决定，而是观看并发现突出特征所需的那种加工速度。反应时间也直接取决于手眼配合程度，加工速度则不需要。

与短时记忆一样，练习需要加工速度的任务有助于提高处理那些特定任务的效率，但这是否可以加快宽域的认知时钟，则存在很多争议。同短时记忆一样，认知时钟随着儿童的年龄增长而加快。[34] 在一个时长两分钟的测试里，3 岁孩子平均可以扫视并辨识 5 个项目，4 岁孩子平均能准确完成 15 个项目，到 5 岁的时候，大多数孩子可以正确完成 25 个以上的项目，11 岁的孩子通常可以完成 40 多个项目，成人往往可以完成 55 个以上的项目。练习扫视之前描述过的图片有助于提高效率，但不会提高被试在其他加工速度测试中的准确率。例如，通过练习，被试在一项任务中的正确率从 20 个增加到 40 个，而换成另外一项加工速度的任务后，他的成绩还是 20 个。像短时记忆一样，从小学至成年，人的加工速度表现出实质性的发展。

执行功能是指协调并把信息发送到恰当的大脑中枢进行加工的能力。这一能力的发展也将持续到青少年时期。管理整个大脑执行功能的区域位于前额叶皮层，如第2章所述，前额叶皮层在大脑前部，仅位于处理言语和语言的区域下方。神经影像研究表明，来自多个大脑区域的信息输入到这个执行功能中心，这对发展实际协调与加工信息的能力很重要。这一协调与加工能力的发展又与加工速度的提高相关。这里的关键是，负载着神经冲动的神经通路通过髓鞘的形成加快速度，同时，儿童处理视觉、听觉与触觉数据的经验会帮助他们的大脑学会有效地加工不同的信息。因此，认知效率和秩序功能就通过多种感官以及“全脑学习”得以发展和提高，而这些，你都可以通过直觉式养育为孩子提供。

直觉型父母无须拘泥于认知时钟是否可以加快，以及如果可以，这么做是否有好处之类细枝末节的讨论。重要的是，**你要在真实的世界里回应孩子的指示，通过玩耍培养和鼓励孩子的思维发展。**

THE INTUITIVE PARENT 直觉养育的奥秘

年龄较小的孩子喜欢反反复复做同样的事情，少有改变。直觉型父母可以利用这些日常琐事鼓励孩子思考，并讲述他们的活动。

有助于形成这些品质的趣味游戏有《我是间谍》，以及要求孩子说出5个以“b”开头的单词。另一个游戏是，你和孩子轮流构思不同的词类，例如，“你能叫出多少种家畜的名字？多少个朋友的名字？多少种鱼的名字？”等。让孩子和你轮流提问，这样，他就可以让你说出一些类别。你可以不时有意地犯一些错误，好让孩子纠正你，例如，把蛇归到家畜这一类，让孩子有时间注意到你犯了错误，如果他没有反应过来，你可以说类似这样的话：“蛇？哎哟，蛇不是家畜，是爬行动物！”偶尔有意犯一个错误，有助于维持孩子的注意力，也能给他一些掌控游戏的机会。

THE INTUITIVE PARENT 直觉养育的奥秘

对年龄稍大一点的孩子来说，直觉型父母可以设定完成家务琐事之类日常事务的时间目标与奖励措施，这种办法也适用于家庭作业。

有些孩子喜欢的游戏是在特定时间内说出尽可能多的数字倍数，这是提高加工速度与数学知识的良好途径。关键是，这个游戏既能鼓励孩子提高认知效率，同时还能使他增长知识。说到底，直觉型父母不会把智力“训练”分成单个的部分让孩子练习，而是在强有力的日常玩耍和照顾活动中，促进孩子思维的发展。接下来让我们看看具体如何实施。

推理胜过死记硬背

显然，智力不仅是需要时能回想起事实或者熟悉闪卡。实际上，真正的智慧和天才不仅是具备能准确回忆起长时记忆中的信息的能力，也要具备迅速、有效、创造性地解决问题的能力。因此，促进婴幼儿、学龄前儿童的智力发展，不应该专门依赖于机械记忆的训练，或者让孩子被动观看教学 DVD、使用各种 App 等。而且，使用工作表单之类孤立、单项的“为考试而学”的任务，并不会提升孩子的智力。孩子在 2 岁之前会背乘法表固然令人赞叹，但这并不能保证他会成为数学天才，反倒可能妨碍他形成使用推理方法解决数学问题的能力。

THE INTUITIVE PARENT 直觉养育的奥秘

应该为婴幼儿与学龄前儿童提供具有智力丰富性的环境，让他们可以在日常功能性的语境中学习这 9 种宽域智力能力，拥有符合儿童发展的合理机会。

解决问题算得上是发展未来智能最重要的一种能力，我们应该为孩子提供练习这项能力的机会。从婴儿最初开始学习爬行及感官协调时，直觉型父母就知道，尝试和犯错是学习的关键，因此他们会为孩子提供探索与学习的机会。直觉型父母不会事无巨细地包办孩子的一切，也不会阻止孩子尝试及犯错。推理的基础可见于婴儿想办法够到一个杯子、一块积木等目标物体时。对一个幼儿来说，堆积木、搭建东西、玩富有想象力的玩具、讲简单的故事，你可以改变情境和故事结尾，这些都是直觉型父母帮助孩子发展推理能力的途径。

在孩子开始说话并能听懂别人的话之后，直觉型父母可以通过提问引导孩子的思维发展，比如问："接下来会怎么样？""再放一块积木上去会不会倒？"听完孩子的回答，直觉型父母会说："好的，我们试试看！"而不是直接提供正确答案，或者马上首肯孩子的答案。

直觉型父母会自然而然地提供机会，让孩子探索视觉空间与听觉信息。他们给孩子玩发声玩具，不过不能太吵，否则会把你弄疯！还可用各种方式拼装、搭建不同结构的玩具。他们买玩具的时候会想想孩子可以怎么玩儿，可以用玩具组件拼出什么东西，可以从中学到什么。买了新玩具以后，他们会观察孩子怎么玩儿，看看他们用新玩具做些什么，也要想想孩子能玩多久。好玩具的用途比较灵活，孩子不会一下子发现全部用途，得反复琢磨。尼娜两三岁的时候，我妻子送给她一套形状各异、可以用不同方式组合拼搭的泡沫块。刚开始的时候，尼娜只会堆叠，后来渐渐拼出了不同的结构，这些泡沫块她玩了几个月。泡沫块是幼儿很好的玩具，而且能帮助他们发展视觉空间推理能力。

帮助孩子获得大量词汇也很重要，但仅仅重复图片名称、使用闪卡，或者丢给他们一堆单词，并不能达到目的。

THE INTUITIVE PARENT 直觉养育的奥秘

你的孩子不仅需要熟悉词语，还应该熟悉词语所代表的实物与概念，以及这些实物、概念、词语和其他实物、概念、词语之间的关系。

除了教他们认识物品，即名词之外，描述形状、体积、色彩等修饰语及比较级如“大、更大、最大”等词，还有动作词语，即动词，也应该是孩子日常玩耍经历的组成部分。这有助于他们形成大量基于自身经验的记忆。

最后，一定要记住，作为智力的组成部分，必须以体验的方式传授给孩子读、写和数学能力，而更直接的教育则要等到孩子更大些、上学以后再进行。别把婴幼儿和学龄前儿童当成学童来对他们施教。他们会通过玩耍培养思维能力，等到时机成熟时，他们就已经做好了进行更高级、更系统的学习的准备。

在下一章，我会仔细说说为什么练习和记忆不足以帮助孩子的头脑变得聪明，尤其是婴幼儿。

THE INTUITIVE PARENT

直觉养育要点回顾

- ☑ 智力不仅是记住事实那么简单，还涉及其他更重要、更关键的能力，如推理能力。
- ☑ 智力测试，尤其是针对小孩子的智力测试，极不准确。测试方法不当，则评估结果也不准确。

☑ 直觉型父母懂得培养孩子的推理能力和思维能力，他们会平衡各个方面的能力，而不是孤立强调一两种能力，损害其他方面的能力。

☑ 智力发展并非“固定于”婴儿期、学龄前时期甚至小学阶段。孩子的智商在 12 岁之前相对不稳定。直觉型父母不会匆忙教孩子备战智力测试、背诵测试答案。他们明白，培养孩子的思维和推理能力才能让他们终身受益。

☑ 直觉型父母知道，让孩子自己尝试做事情有助于加强学习，尝试及犯错是培养聪明脑子的重要环节。

THE

INTUITIVE

PARENT

05

别为一张满分成绩单，毁了孩子的终身学习力

WHY

THE BEST

THING

FOR YOUR CHILD IS YOU

一个人从出生到成年，掌握的知识总量之大，令人吃惊。这些知识包括：学会说话，至少懂得一门语言，成人一般掌握 17 000 个单词；[1] 具备读写能力与数字感，还有历史、社会、文学、生物、物理、化学等诸多学科门类的学识；了解社会交往、文化习俗之类的细微差别，懂得如何“融入”一个复杂、动态的社会，并在其中获得成功。这些还只是大脑终生积累的一小部分知识，还有那些目前尚且连影子都看不到的新观念、新技术会陆续出现！孩子和他的大脑必须做好准备，把这些新发现、新技术进步纳入自己的日常生活中。

我们怎么能掌握这么多的知识？关于如何以保证孩子大脑充分发展的方式来施教，答案具有深刻的意义。我们可以让孩子的大脑做好获取新知识的准备，然而也得先能获取得到才行。人类的心智善于推理，因此我们可以在已有知识的基础上形成新的知识与见解。研究学习方法的科学家把这称为“生成性学习”。[2]

掌握生成性学习能力，让孩子赢在未来

我们具有生成性学习能力。如果只把大脑当成机械地提取事实的被动储存器，那就大大降低了大脑工作能力的发挥。实际上，如果我们教孩子以背诵的方式学习，就无意中让他们的大脑习惯了被动、机械式的学习，那么代价就是牺牲了推理和积极解决问题能力的培养。即便是最聪明的人，也不可能通过机械学习的方式记住从小学到高中学习过的所有知识，一生当中接触过的知识，能够记住的就更少了。想想这是相当令人悲哀的。在孩子的大脑潜力可以实现最大化的关键时期，要鼓励他们超越被动的机械式学习，形成积极的生成性推理能力。直觉型父母从一开始就鼓励孩子尝试新方法，让他们从尝试和失败中学习，做他们学习过程中的积极伙伴，自然促进孩子的生成性学习。

对于阐明生成性学习的意义以及推理在知识获取的无限可能方面的作用，语言习得是极好的例子。在这个超过 70 亿人生活着的世界，[3] 99.9% 的人至少会听和说一种语言，还有许多人掌握了一种以上的语言。但几乎没有人是通过专门的语言教育或者机械学习的方式掌握母语的。可以打赌，大多数人都没有接触过特别的语言学习 DVD、视频、电脑游戏或者词汇闪卡，然而大家都成了讲母语、理解母语的专家。这是怎么做到的？

THE INTUITIVE PARENT 直觉养育的科学

史蒂芬·平克教授发现，儿童主要通过听父母说话来学习语言。父母并不会特地教孩子说话，也不会教他们语法规则、如何造句。[4] 研究显示，父母会就“请”“谢谢”等“礼节”形式给予孩子直接反馈，但几乎不会给他们讲组词成句的实际规则。小学阶段正式学过的语法，你还记得多少？什么是过去分词、动名词、不定式？你需要了解这类

> 正式知识才能用母语进行交谈吗？儿童早在老师讲授之前，就已经能熟练地运用这些知识了。而且，即便有心，父母也不可能在孩子最终学会听和说之前，把什么都教给他们。我们不可能记住一辈子会说和听的每个单词、短语、句子，因为语言是一种具有创造性的工具，无限灵活，能够以各种不同的词法和句法结构组合传达思想，总能以新的方式进行使用。
>
> 语言学教科书中以童谣《鹅妈妈》(*Mother Goose*)、儿歌《杰克修的房子》(*The House That Jack Built*)[5]为例，阐明了语言的无限性，可以对它进行无限的独特改变。也许你听过“这是杰克修的房子”这句儿歌歌词，还记得吗？在这首儿歌的许多不同版本中，下一句是：“这啤酒放在杰克修的房子里。”[6]但你肯定没听过这句：“这个酿酒师偷了杰克修的房子里的啤酒。”因为这是我现编的。我可以编出这个符合英语语法、意思贴切的新句子，即便你从没听过这句话，也能够理解。

在很小的时候，我们的大脑就开始学习理解母语和用母语说话，即便我们从来没有接受过专门的教学，从不知道语法间的细微差异。而且，哪怕从来没听过或读过某个句子，我们也可以本能地判断出它是否符合语法规则。以英语为母语的人都知道，在形式上，“Where the woman is going？”不是一个正确的问句，即便我们可能并非有意识地知道，根据英语语法，正确的问句形式要求把助动词“is”从它帮助的动词“going”的惯常位置上移到主语“the woman”之前，变成“Where is the woman going?”。

实际上，通过推理进行学习的孩子会本能地注意到在父母给他们的信息输入中，哪些内容超出了当前的知识水平。父母不需要是语言专家，也不需要填鸭式地给孩子灌输知识、训练发音、词语、短语、句子，孩子天生有能力根据父母相对有限的输入，推导出语言规则。经由自然的过程，孩子能学会生成无数句子的语法规则。

THE INTUITIVE PARENT 直觉养育的奥秘

要养成一个复杂、灵活的“语言”大脑，关键在于让婴儿接触他正在学习的语言的语法句例，以直觉式养育的技术，在有意义的环境下给他们提供大量学习新单词的机会。无须特殊的训练和工程，你就可以成为孩子优秀的语言老师！

无须明确的造句教学，三四岁的孩子就可以说出成人水平的句子。这并不是因为在他们的婴幼儿时期，父母就教过他们词语在句子中的顺序，父母也不曾为了教他们明白被动语态与主动语态的差异，说过这样的话：“记住，当谈话的主题是动作的接受者时，要将正常的‘主语—动词—宾语’词序颠倒为‘宾语—动词—主语’。”

宾夕法尼亚州立大学（Penn State University）的基思·纳尔逊（Keith Nelson）博士研究表明，无须任何明确的教导，只要父母展现几个真实生活中的例子，3岁的孩子就可以迅速学会使用被动结构。[7] 在玩儿玩具的时候，家长可以给孩子模拟几个日常对话情景，展示被动语态的用法，比如：“哦，你看！小狗在对着猫叫！”“啊，现在它被那只发疯的猫追着到处跑！”这个情景以狗为话题，但它在后一个句子中变为了上一个句子中宾语“猫”的动作接受者，这是日常生活中使用被动语态的自然方式。这就是实践中的直觉式养育，自然而然地促进生成性学习。纳尔逊开拓性的工作表明，这种形式的直觉语言学习方法不仅适用于语法学习，也适用于词汇和动词标志的学习，比如过去时的使用。其实，语言的各个方面都可以通过这种方式得以掌握。

也许更令人惊讶的是，儿童在同时学习一种以上的语言时，可以在不同的语言间轻松地进行“语码转换”。比如，英语的形容词通常位于名词之前，如“red car”，而西班牙语的形容词则跟在名词之后，所以英语的“red car”在西班牙语中就成了“coche rojo”（car red）。同时学习英语和西班牙语的儿童很快就能学会在说英语的时候说“red car”，而在说西班牙语的时候说“coche rojo”（car red），父母不用特意告诉孩子：“说英语的时候，得先说形容词，后说名词，而说西班牙语的时候，要先说名词，再说形容词。”

用不着教孩子这些规则。他们在学习一个新的名词、形容词或者同时学习一个新名词和一个新形容词时，在用英语或西班牙语说的时候，会本能地使用正确的词序。同样，即便先学英语的新词，孩子也会立即以正确的西班牙语语法规则翻译这些新词：形容词在名词的后面。所以，如果孩子学到生活在北极的熊叫作“polar bear”，那么，无须妈妈或爸爸给他看闪卡或DVD来帮他记住语法规则，他自己就会把“polar bear”变成“oso polar”。孩子掌握形容词和名词的词序规则之后，会自动把以前从没听过的形式纳入这种语法规则，从这个意义上讲，这种语法规则就是生成性的。那个同时学习英语和西班牙语的孩子能够自动把新词纳入这两种语法，即便两者使用的规则不同。

孩子在未来会听到和使用很多词语的组合，我们不可能一一明确教导。所幸，自然的学习过程能够使孩子发现英语或西班牙语的规则，或者汉语普通话的规则，以及他们通过与父母之间的言语交流，学习到的任何语言的规则。父母在与孩子进行交谈时，会自然地向孩子的大脑传递所使用语言的关键参数信号。不需要进行正式的语言教导，教育孩子的正确方式是帮助他们通过自然的发展过程发现知识。他们不成熟的大脑天生就做好了以这种方式学习的准备。父母需要为孩子提供的是与他们说话，以及让学习得以发生的机会。

其他许多方面的学习也是一样。不是让孩子以死记硬背的方式记住特定的形式或者琐碎的知识，更有效的办法是帮助他们的大脑摄取有限的信息，通过归纳过程，学习新东西，形成新知识。一旦了解了一套规则、原则和一些基础知识，他们就可以推导出未知的知识。所以，针对婴幼儿和年龄较小的孩子的教育要点是帮他们形成解决问题的能力和推理能力，以及其他能帮助他们成为终身学习者和创造型思想者的能力。

比考出好成绩更重要的是实现全脑整合

训练和机械式记忆之所以无助于孩子形成生成性学习所需的推理与解决问题的能力，原因之一是这些任务大不相同，它们所激活的大脑区域与神经通路也有着根本上的显著差异。

为了解不同学习活动中大脑的变化情况，一种方法是观察不同学习活动中的神经激活模式。观察在某种学习过程中，有多少大脑区域处于工作状态？相较于记忆活动而言，有哪些神经资源参与了问题的解决过程？脑成像的研究结论可能会令你大吃一惊：在完成需要思考的任务时，大脑的工作强度更大，协同工作的大脑区域更多；而在完成记忆任务时，只会刺激到那些直接负责完成这项任务的区域。

过去的半个世纪里，科学家进行了上百项大脑成像研究，考察大脑在回想记忆信息时的情形。这些研究结果可以用一句话概括：主要负责存储与回忆语言信息比如单词的区域位于大脑前部，即额叶。大多数被试在接受指令，说出照片或者图中物体的名字时，额叶区域的活动强度会增加，表明大脑前端供血和脑电活动的增强。科学家相信，大脑这部分区域的活动增强，说明额叶，尤其是左侧额叶是负责言语命名的区域。[8]

THE INTUITIVE PARENT 直觉养育的科学

聪明的研究者会通过给被试看不同主题的图片，来改变他们大脑中命名反应的激活区域。[9] 哈佛大学的伊丽莎白 · 肯辛格（Elizabeth Kensinger）教授与马丁诺斯生物医学成像中心的同事丹尼尔 · 夏克特（Daniel Schacter）证明，如果给成人看有情感内容的照片，那他们大脑中负责调节与处理情绪内容的区域，即杏仁核和海马，会与平常位于额叶的记忆中心同时被激活。

举例来说，科学家给被试看鸟的照片，并请对方说出照片中物体的名称，结果，脑电激活与血流信号扫描发现，被试的大脑额叶“亮了”；而科学家在出示演员发怒的照片时，被试大脑中与情绪处理相关的区域也同时亮了起来，其他动物照片及与被试有情感联系的个人照片也会产生同样的效果。如果出示陌生的小狗照片，被试的额叶部分会被激活，而如果给被试看他童年时代心爱的小狗的照片，那他的额叶区域与情感中枢会同时亮起来。这个发现很重要，因为它证明，除了被动回忆与命名之外，大脑的激活水平还能得到加强。大脑的某些部分专门负责储存和提取死记硬背获得的信息，而如果个人具有更深层次的词汇知识，也就是说，这些词汇知识中包含了某些情感内容，那么，额外的、不同的大脑区域的神经资源就会参与进来，共同处理信息。

总而言之，大脑影像研究证明，学习并掌握有关词汇的丰富信息时，大脑会受到强烈、深刻的刺激，而被动观看闪卡与屏幕形象、听父母或解说员介绍物体的名称时，大脑受到的刺激就弱得多、“浅”得多。

让我们来看看用闪卡学习“2+3=？”这个问题引起的大脑激活水平。从大脑结构的角度讲，闪卡要求激活大脑中存储闪卡形象与“2”“3”“+”“=”等符号的视觉中枢。家长或者老师在读出闪卡上的等式时，孩子大脑中负责编码与储存言语信息“2+3=5”的听觉中枢也随即得到激活。只需稍加练习，即使是年龄较小的孩子，在看到闪卡时都能本能地回答出答案是“5”。他们的大脑用视觉中枢认识闪卡，用语言中枢回忆并记住答案。

作为对比，我们使用实物教孩子同样的内容，比如水果点心。表面看来，问题和答案相同，也是“2+3=5”，但不要忽视直觉型父母在提供学习语境与学习支持方面的不同。用闪卡学习时，父母或者电脑会对孩子说：“2+3=5”，这一过程会让孩子使用大脑的视觉、听觉中枢被动处理输入的信息，但是并没有思考的基础。完成任务的过程中，孩子的神经参与度非常小。相反，当直觉型父母拿出 3 块水果点心，说：“看这些水果点心！有多少块呀？我们来数一数：1、2、3！还有 2 块，你可以吃！ 1 块、2 块！现在你有几块？”这时，孩子得到了一个回答问题的机会。如果他不回答，或者答错了，也要表扬他做了尝试，然后说：“3 块，再给你 2 块，你一共有 5 块！我们来数一数：1、2、3、4、5。”之后孩子拿到了水果点心，尽情享用。

孩子的大脑里发生了什么呢？与闪卡教学的情况一样，视觉中枢和听觉中枢都被激活了。孩子的内心又发生了什么呢？想一想参与处理水果点心问题的其他感官：点心有气味，所以嗅觉系统被激活了；有质感，所以触觉中枢被激活了；也许更重要的是，孩子的大脑致力于整理不同类型的感官信息，所以，负责执行功能的前额叶皮层也被激活了。更好的是，大脑的言语与语言中枢也处于活跃状态，而且，与父母之间的社交活动及水果点心还刺激了大脑的愉悦中枢。

就像闪卡学习与体验“真实世界”的学习方式之间的差异一样简单，神经科学研究证实，从大脑激活的角度来讲，解决问题，如此例中思考有几块水果点心，比呆坐着看闪卡要有力得多。一般来说，**任何形式的推理都是全脑过程**。

THE INTUITIVE PARENT 直觉养育的科学

负责推理的大脑区域也包括额叶。这是有道理的，因为回忆是解决问题的一部分，而且大脑前部是指挥整支“部队”，即大脑皮层其他部分协同作战的“将军”。思考问题的时候，我们会回想起与手头任务有关的事情。但是研究人员发现，解决问题时激活的大脑区域比机械记忆与回忆所激活的区域要多得多，牵涉到大脑前部、中部、后部及小脑的一个重要区域。额叶顶部负责计划，包括安排复杂的运动神经；大脑稍靠下一些的位置，即额叶后方负责定位或查找事物；另一个区域则负责了解词语的意思及处理语音；大脑后部的一个区域负责从视觉上辨识复杂形状；位于脊髓顶端、头部后方，大脑皮层之下的小脑左侧区域，负责处理感官与运动的部分，也能得到激活，完成执行功能、言语工作记忆与空间处理的任务。所有这些大脑皮层与皮层下的中枢彼此协作，共同解决问题。这就是“全脑”运动！

WHY THE BEST THING FOR YOUR CHILD IS YOU

大脑解决问题时所使用的不同技能呈现出优雅的对称：计划与寻找、意义与声音处理，还有空间推理、执行功能，它们全都彼此配合，共同形成答案。直觉式养育方法鼓励以互动的方式解决问题，从而激活孩子的整个大脑。游戏、玩具与真实的学习材料自动协调，让平常负责记忆、听、行动和观看的大脑区域共同参与完成任务。

婴儿的大脑潜力巨大，能以不可思议的方式整合来自所有区域的信息，但

是，大脑的正常连接仍然需要经验，经验体现为解决问题、推理、正常犯错并从错误中学习。

观察一下三四个月大的孩子如何学习抓东西。最初，他们的手和手臂协调得不够好，无法可靠地抓到物品，因为这时，大脑后部的视觉中枢与前部的运动中枢协调沟通得还不够好，孩子的手无法直接够到眼睛能看到的东西。即便他设法让手抵达恰当的位置，用手指抓住东西也是一个问题。婴儿会一再地看他的手和物品，失败带给他的大脑更多信息，让他思考如何成功地解决这个问题。到五六个月大的时候，他就不再笨手笨脚地拍打物品，而是能麻利地伸手抓起他想要的大块物品，如响铃、物块。我那些五六个月大的孙子、孙女们可以一把抓走我鼻梁上的眼镜！

注意，与语言的学习一样，家长不必特意教给孩子这些动作，只需把东西放在他触手可及的地方，其余的顺其自然即可。为了取得进步，这个过程需要婴儿不断尝试和面对失败。他从他自然会犯的错误中学习，他的大脑需要借助这个反馈来解决问题。习惯于机械学习、被动储存和提取“事实”的大脑，与解决问题的大脑截然不同。

THE INTUITIVE PARENT 直觉养育的奥秘

犯错误，以及最终使用从失败中获得的资讯来解决问题，是生成性学习的两个关键特性。

自然，当爸爸和妈妈共同参与其中，被孩子的失误逗得捧腹大笑，鼓励孩子进行尝试，把孩子碰掉的东西重新拿回他够得到的地方……这个过程充满乐趣。作为游戏的积极部分，他们对宝宝的行动做出反应，这既使得孩子的学习更加有效，也为他们乐于解决问题打下了情感与神经的基础。

THE INTUITIVE PARENT
直觉养育要点回顾

- ☑ 培养终身学习者意味着要采用直觉式养育与交互式学习的方法，需要有一个正确的开端。跟随孩子的引导，放手让他自己去尝试，并以此奠定基础。
- ☑ 直觉型父母会牢记：训练孩子记住“事实”只能强化大脑中支持死记硬背式学习与“鹦鹉学舌”的区域与神经通路，而互动式学习与解决问题式学习则能加强大脑中支持流体推理能力的、更为广泛的神经区域与通路。
- ☑ 预先计划或者微观管理孩子学习的方方面面，既不明智，也不可能。请尽早鼓励孩子独自以及与你共同获取新知识。
- ☑ 鼓励并表扬孩子的每一次尝试，即便他会失败或者出错。在下一章中会谈到，我们的大脑需要准确的输入，所以，在孩子回答错误时，就不要说他答对了；同时，认可及鼓励孩子勇敢尝试也很重要。当然，孩子取得成功、回答正确时，也应该予以表扬。
- ☑ 从自然发生的失败和错误中学习，这是学习过程中的一个基本部分，有助于孩子的大脑形成正确的连接。所以，既要随时保证孩子的安全，也要允许他尝试新鲜事物，即便你知道他的方法或许并不可行。当孩子失败、出错时，请给予他鼓励，并支持他继续努力。

THE INTUITIVE PARENT

06

磨炼挫折商，教孩子负起失败的责任

WHY
THE BEST
THING
FOR YOUR CHILD IS YOU

在前面几章，我们已经了解到，现代人促使儿童加快学习进程，目的是提高他们的智力及考分。然而，与智力同样重要的，还有其他方面的能力，包括对自身能力的信心，即自信；克服挫折的能力，即韧性；坚忍不拔的精神，即毅力。这些能力对孩子最终的人生成功，也发挥着极为重要的作用。作为“资深”家长,我认为每个家庭都应该重视培养孩子这几方面的能力。一味强调考试成绩和智力测试表现的教育不可能培养出这些素质，所幸，直觉式养育在这方面做得不错。我们看看在真实情境下，直觉式养育培养孩子这些素质的方式，以及为何有效。

教出孩子的逆境力

THE INTUITIVE PARENT

让人操心的小威廉

玛丽和威廉肯定没少操心他们的儿子。他们夫妻二人都是社区的人才，玛丽是当地一家银行的董事会成员，积极参与青少年联盟的工作，为民间组织募集资金。老威廉是著名律师及社会活动家。他们的儿子小威廉上的是一所学费昂贵的预科学校。这孩子好辩而自负，“是一个语带讥讽、自以为了不起”的小屁孩，这是他后来对自己的评价。[1]

青少年时期的小威廉在学校的表现很是糟糕，逃课、不交作业，甚至偷偷使用当地一家公司的电脑，并为此失去了进电脑实验室的资格。[2] 虽然他凭着聪明考进了哈佛大学，但没到毕业就退学了。自然，他的决定令父母感到困扰。“玛丽和我都为此深感不安，我觉得她的担心程度更胜于我，”老威廉说，“与其他大学生的父母一样，我们的期望很平凡，希望孩子拿到学位。”[3] 我自己也是家长，我的孩子在青少年时期也曾桀骜不驯、特立独行，所以我想象得到，在威廉的成长过程中，尤其是青少年时期和成年初期的这些跌宕起伏，该让他的父母多么忧心。

WHY THE BEST THING FOR YOUR CHILD IS YOU

小威廉不是别人，就是创办了微软的比尔·盖茨。盖茨是世界上最富有，也最热心的慈善家之一。无疑，他从小天资聪慧，但更重要的是，他在追求自己的想法时，体现出了自信、韧性与毅力。无论是在学校还是在生意上，即便事情不尽如人意，他也坚持不懈、不曾放弃。他对自己的想法和能力始终抱有信心。

他们一家都热衷于在游戏和运动中相互竞争，当他竞争失利时，父母不会说他“赢”了，他们不会为了维护他的自尊心而把失利说成“取得了成功”。妈妈要求比尔和他的兄弟姐妹努力学习，鼓励他们参加体育活动、接受音乐教育，在礼貌、责任和社会行为方面，她对他们也有纪律规定。比尔表现得好，她就给予表扬，如果他不努力或者没有达到要求，她也会给他指出来。[4] 比尔的父母以直觉的方式，保证儿子发育中的大脑获得真实的信息，以此培养他的毅力、韧性和自信心。

也许你会认为，盖茨本就绝顶聪明，即便他不那么有韧性和毅力，最终也会如愿以偿。可研究结论并不是这样。

THE INTUITIVE PARENT 直觉养育的科学

英国密德萨斯大学（Middlesex University）教授琼·弗里曼（Joan Freeman）跟踪研究了210位极其聪明的儿童。这些孩子参加了一个特殊的天才项目，比正常班级的孩子得到了更多关注与学习机会。我们可能以为其中许多人会获得高级学位，在教育、科学、技术、医学、法律、政治或像写作这样的创造性领域取得辉煌成就，或者像比尔·盖茨一样，成为企业家，成功地创办企业。在研究中，弗里曼博士对“成功”的定义相当宽泛。她的研究旨在探索学业上的“天分”能否转化为未来人生的成就。她尽量避免刻板的成功标准，避免把从事有意义的职业，但地位不一定显赫，尤其是薪水不一定特别高的人错误地归入失败者行列。弗里曼的研究显示，她跟踪的许多学生甚至算不上广泛意义上的成功者。显然，这项研究说明，仅是聪明并不足以保证孩子成年以后能展现潜力。

有多少人可以像爱因斯坦那样，没有立即上大学，却在当专利承办员的时候便发明了相对论？比尔·盖茨那样的天才学生之所以选择中断学业，有很多潜在原因，当然，很多人会以不同的方式在生活和工作中继续扩充知识、扩展能力。但是，弗里曼提出了与教育有关的几个原因，其中之一是倦怠。倦怠的根源在于，为了在学校里表现得出类拔萃，学生只好放弃其他感兴趣的事情，去完成繁重的家庭作业以及无聊的日常事务。[5]也可能是因为学校给了这些高智商的学生太多填鸭式的教育，却不太强调解决问题的能力及韧性、毅力，所以他们可以取得很高的入学考试成绩，但能力却没有转化为长期的学业上的成功或者人生的成功。这项研究及其他相似的研究说明，除了智力以外，自信、果断与积极的自我形象严重影响孩子在工作中拓展潜力及建造充实的人生。

THE INTUITIVE PARENT 直觉养育的奥秘

父母的目标不只是帮助孩子的大脑进行有效的学习与智力的发展，还要帮助他们形成自信、韧性与坚毅的品格。

自信指相信自身的能力，对所掌握知识的真实性或准确性抱有信心。一个自信的大脑高度确信自身所掌握知识的真实性。自信可以通过机械学习进行培养，但前提是已经学过的知识，不能碰到尚未学过、不会回答的难题。但是，培养自信的孩子不只是帮助他们相信存储在长时记忆中的知识准确可靠，还要帮助他们相信自己有克服困难的能力，正如上一章所述，这种能力无法仅靠机械记忆形成。

直觉型父母知道，孩子必须依靠自己去发现自身具备的推理与解决问题的能力，而他们要做的只是自然地支持并积极促成孩子的这份努力。值得注意的是，父母也可以在孩子尽了最大努力后，指出孩子做得“还是不够好”，从而无意中损毁他们的自信心。在心理和情感方面，幼儿及学龄前儿童都还没有发育充分，要求他们拥有达到大孩子水平的知识量或行为方式，无异于把他们设定为失败者。父母的做法会在无意中让他们觉得，无论自己取得多大的成绩，都还是不够好。

韧性指一个人有能力在面对挫折、阻碍、沮丧、错误、缺陷、失望等情绪时，依然保持积极的人生观。如果一个孩子老是依赖父母给他答案、帮他解决问题，“修复”他沮丧与失望的情绪，例如跟他说：“你是对的，宝贝儿，考试不公平，所以你成绩不好完全是老师的错。”那么，他的大脑就很难形成韧性。

要形成韧性，就需要遭受失败，学会处理失败，并能最终取得成功。

毅力指一个人即便最初不成功，也仍能保有坚持完成任务的意愿。对孩子来说，这要求他们在父母和老师不在身旁、无人给予动力的情况下，依然持续付出努力。有些父母坚持鼓励、推动孩子，却无意间忽视了培养孩子形成恒心与毅力的先决条件，即完成任务所需的内在动力。孩子一旦学会解决问题，能够遵从自己发自本能的好奇心，就会拥有毅力，他们不需要爸爸妈妈不断推动，因为他们已经懂得，他们的大脑也已经体会到，可以尝试不同的方法与不同的解决方案，最终实现成功。有毅力的孩子知道，付出努力可以获得新的知识和有趣的发现，这正是直觉型父母培养的结果。

学会失败是孩子最容易被忽视的能力

从基本层面上来讲，婴儿通过依靠自己取得成功，从而获得自信。当他们学会协调眼睛、手臂、双手、手指传来的信息，成功地抓住一个杯子时，这个成功就为他们带来了自信。掌握一项能力需要长期的学习，在这个过程中，他们也能认识到毅力与恒心的价值。在孩子失败时，鼓励他们不断尝试；成功时，给予他们表扬和赞赏，父母由此培养了孩子的毅力。这种自然发生的练习能调动起孩子的整个大脑去学习如何解决未来人生中会遇到的难题，父母的参与、鼓励以及孩子成功时表现出的激动情绪将会加强与巩固这一自然过程中的所有好处与激励，而且还有一个额外的效果：在此过程中，孩子自然而然地明白了延迟满足与勤奋工作的报偿，也学会了在目标没有实现时，如何克服沮丧情绪。

何为延迟满足？为什么直觉型父母应该从小培养孩子的这种素质？在动物学习实验中，这仅指不及时奖赏动物的某个行为。比如，大鼠一旦知道揿动杠杆可以得到食物，那么，哪怕不是每次都能得到食物，它也会继续揿动杠杆。

当然，如果总是得不到食物，它最终也会停止揿动杠杆的行为，但它会坚持好一会儿才罢手。

我们很容易忽视延迟满足对人类的重要价值。人类忍受延迟满足的时间远远超过老鼠！“我得工作一个月才能拿到薪水，我至少还得等 10 年才拿得到退休金，而如果我够‘幸运’，可以继续工作更长时间的话，那我还得等更久！”但同样明显的是，作为成长过程的内在组成部分，还有市场营销策略的强大影响，很多人也常常希望及时满足自己的愿望。这符合那个蚱蜢与蚂蚁的古老寓言：**要想取得长期成功，必须忍耐辛劳与挫折。**

1971 年上映的电影《欢乐糖果屋》（*Willy Wonka & The Chocolate Factory*）塑造了维鲁卡·索尔特这样一个角色，她一想到什么，马上就想得到手。她唱的歌题为“我现在就要！”深刻体现了一个不断需要及时满足、被宠坏了的孩子形象。可能有人会说，大多数孩子多少都有点儿像维鲁卡，所以，作为一个直觉型的家长，你应该有意识地培养孩子延迟满足的能力，否则，会给孩子和你自己造成不良的后果。

THE INTUITIVE PARENT 直觉养育的奥秘

实现延迟满足有两个关键环节：第一，孩子发脾气、采取不好的行为时，不要妥协退让，这能够保证孩子不提出更多及时满足的要求；第二，告诉孩子，必须等待才能得到奖赏，这是一种家庭文化。

与其他诸多方面的发展一样，这些教训都是直觉式养育的组成部分。如果孩子年龄还小，在他吃下有营养的食物后，可以给他点儿甜点，当然，这些“奖励”食品应该很有限，绝不要作为安抚孩子的手段；等孩子长大一些后，可以让他参与家庭讨论，就度假、看电影、去餐馆之类的议题发表意见。“我们在存钱，好等春假的时候去环球影城。”“妈妈和我带盒饭，这样，星期六我们就可以去餐馆吃晚饭。”“如果你这周自觉完成家务，我们就去电影院看《冰雪奇缘》。”……这些做法能让孩子明确知道延迟满足的好处，明白不付出牺牲和劳动就得不到想要的东西。

而且，从幼儿期、学龄前直到成年，自信、韧性和毅力一直都是支撑孩子继续发展的关键。人生不可能没有挫折，每个人总有遭遇失败的时候，自然发生的成功与失败让孩子相信，持续的努力最终会带来回报，即便当时事情进展得不那么顺利。

假设婴儿在学习抓杯子的发展阶段，父母为了加快进程，在他打翻杯子后，不是把杯子放回他够得到的地方，而是直接递到他手上，帮助他用小手握住杯子，协助他把杯子送到嘴边，这样一来，孩子丧失了什么样的学习机会？父母又教会了孩子什么？

首先，上述情景表明父母不允许孩子失败，或者说，不许他通过失败与再尝试的方式进行学习。更严重的后果是，孩子由此学会了依赖父母的指导进行学习，因此，他解决问题能力的基础元素遭到了破坏，同时，大脑组织起来应对失败的机会也被剥夺了。从自信心的角度讲，婴儿可以跟随父母的引导，做到父母教他做的事，但是在事情出岔的时候，比如杯子变得更大、更重，或者父母不在跟前、不能教他解决方法时，他便不具备采取或者改变战术的能力。他也学会了等待，但等待的是父母来教他如何解决问题。所以，父母匆匆忙忙教孩子抓住杯子，本意是促进孩子学习超出其发育水平的行为，或者基于失败会伤害孩子情绪的错误观念，希望孩子避免经受“失败”的痛苦。而实际上呢，他们的做法妨碍了孩子形成对自身能力的信心，其结果与父母手把手教孩子考出好成绩一样，都会使孩子的大脑成为记录机器，而不是推理装置。

THE INTUITIVE PARENT 直觉养育的奥秘

> **为了促进自信、韧性、毅力的发展，父母必须给孩子机会，让他自然形成这些素质。失败并非灾难，而是学习的机会。挫折不会给孩子造成永久性的情绪伤害，而是健康发展过程中必不可少的一环！**

直觉型父母让孩子相信，人都会犯错，没有人会永远正确，做最好的预测并努力完成任务，这很好，即便猜测错误，尝试失败，也无关宏旨。在日常生活中，父母可以预测不知道答案的事情，以此给孩子示范。例如，你可以提出这样的问题："不知道奶奶什么时候来呢？"然后进行猜测："我觉得她两点钟会到！"或者，你可以就你的确不知道的事实做猜测，比如说某部电影的上映日期，或者小时候读过的书中人物的姓名或小小的事实，如一蒲式耳秋葵有多重？约 12 千克。自己猜测答案，让孩子明白，回答正确很好，错了也没关系。对孩子的努力总是给予积极、真实的反馈："说得对！""呃，不太对耶，你为什么这样认为呢？"或者："猜得对，再换一个答案！"

自信、韧性、毅力还有最终的自尊心，这些都是孩子自然发展过程中的"副产品"，这些品质不可能采用人为设计的教养方案综合产生。直觉式养育是帮助孩子形成这些品质的关键，具体做法是：知道什么不能做，积极鼓励孩子的努力，以及奖励孩子的学习过程而不是结果。

试错过程胜过一个完美结果

着重机械记忆与强调推理能力这两种教育方式都是如何影响孩子自信、韧性与毅力的养成的？为了回答这个问题，我先解释一下肤浅学习与深刻学习的概念。

使用闪卡训练的教育方式，孩子只要进行充分的练习，就可以记住训练内容，当问及有关的学习内容时，他们也可以依葫芦画瓢，说出正确答案。回忆和背诵相关内容时，只要以他们见过的方式提问，他们就表现得信心满满。比如，父母教学龄前的孩子学习数字 1 到 10 的情形很常见。他们拿着印有数字的图片让孩子看，孩子坐在婴儿椅里或者汽车的安全座椅上。或者他们让孩子看类似的 DVD、视频等。家长往往这样开头："苏西，你看，这是 1。"或者"这是数字 1"。经过几次演示后，便让孩子回答："苏西，这是什么数字？"如果孩子不知道答案，便给他提示："这是 1，说'1'。"孩子以这种方式学认数字，很快就可以说出数字的名称。如果我们的目的是让孩子参加幼儿园入园考试，或者在其他死记硬背式的记忆测试中认识数字符号，那么，这个办法很有效。

尽管孩子叫得出图片上数字的名称，但除非他同时学习了数量知识，并且整个大脑都参与了学习，否则，他对数字名称所代表的真实数量并不明了。许多孩子都有这种机械学习得来的数字知识，当我出示数字符号时，他们可以正确地说出数字的名称。他们回答得又快又准确，足以令人赞叹。如果我给他们看印刷体数字"6"，他们会说"6"，可是，如果我让他们从面前的 10 枚硬币中给我 6 枚时，他们却做不到，尽管每次让他们看闪卡上的"6"，或者印在书上的"6"、电子屏幕上的"6"，他们都可以准确地说出这是数字"6"。如果我只是满足于他们认识数字，我就会受到误导，以为他们发育中的大脑已经做好了学习数学的准备。

可以根据指令正确地答出数字和字母符号的名称，说出有限范围内特定图片的名称，这类能力我称之为"肤浅""局部"的知识。

THE INTUITIVE PARENT 直觉养育的奥秘

父母应该教给孩子，或者说让他们学习超出肤浅知识层面的知识，而不只是死记硬背考试内容。

为了突破肤浅学习，让孩子进入深刻的三维、全脑学习，父母应该在死记硬背之外为他们补充真实世界的知识。如果孩子已经通过二维的闪卡或者电子屏幕进行过死记硬背式的学习，那就更应该这样做，因为他们的大脑已经习惯了肤浅学习。这些孩子往往没有摸到过或者把玩过卡片和屏幕上刻画的那些东西，也没有以任何其他方式对这些东西进行过探索，因此没有机会强化他们背下来的知识。由于学习时坐在婴儿椅或者汽车座椅里，他们没有机会接触到所学习的物品，也就失去了以自己的方式了解这些物品的自由。其实，应该在孩子掌握了相关概念之后，再进行机械记忆。

弄明白机械学习以及"为考试而学"的实际学习情境也十分重要。家长、老师是孩子主要或者唯一的知识来源，也是答案正确与否的反馈来源，他们还决定了奖励的性质与落实方式。孩子的角色是坐在那儿，看家长和老师演示信息，听他们说出的词语，然后，为了得到奖品，复述他们所讲的内容。至此，情况已经很清楚了，这个过程不能解决孩子发起的任何问题。没有发生交互式学习！孩子学到的是，只要原封不动说出家长、老师教的东西，就是成功。这种方法不能培养恒心和韧性，因为这样一来，如果孩子没看见老师或者家长提供的奖品，他为什么要继续努力？他已经习惯了另一个人在场敦促他、给他颁奖，只有在这种情境下，他才会进行尝试。

如果孩子碰到没有出现过的信息或者问题，情况会怎么样？在《关键教养报告》(*Nurture Shock*)① 一书中，波·布朗森（Po Bronson）谈到有些孩子在初入幼儿园时被视为"天才"。[6] 当然，绝大多数这类孩子都擅长回答考试问题，因为为了让他们有资格入选"天才计划"，父母早就让他们练习回答过这些问题了。考虑到现今的教育体系竞争态势严峻，我理解父母们对孩子考试成绩的关切。为

① 美国著名畅销书作家波·布朗森通过访问顶尖科学家，汇集近年来最前沿的儿童教育科研结论写成此书，一次性披露儿童发展研究领域的无数惊奇发现。本书中文简体字版已由湛庐文化策划、浙江人民出版社出版。——编者注

了孩子，大多数父母真是全力以赴。但是，受过良好考试培训的孩子可以进入优秀的学校，却并不等于他们在自信、韧性、毅力等终生品格方面也得到了良好的培养。如果教育者的教育观念低劣，设置了录取“天才”学生的错误考试系统，那又怎么能怪父母们为了让孩子进入其中的某处“圣地”而绞尽脑汁呢?

然而，正如布朗森指出的那样，与没有接受过这种训练的孩子相比，这些接受过训练的孩子在面对从未见过或者只了解部分信息的问题时，猜测解决方案的意愿比较低，往往呆坐着，等待大人给他们答案。可我们凭什么期待他们有别样的表现?那正是他们从小学习、早已熟悉至极的方式啊！他们的大脑早就习惯以这种方式进行连接了，并且这种行为一直能让他们得到奖励。

为了应付考试，为了考出好成绩以取得幼儿园“天才班”的入场券，这种方式还算凑合，但对于培养自信、韧性、毅力的品格以及对学习的终身热爱，这种方法行不行得通呢?这些孩子很少有机会以试错的方式进行学习，他们缺少失败后再成功的机会。因为家长和老师给他们提供正确答案，他们的知识建立在二维的肤浅学习基础上，所以在学校环境下，甚至在家里，他们都不具有在逆境中奋进和解决问题的经验。如果他们遇到的新问题与老师之前明确教过或者训练过的知识相类似，那一切都好办，他们可以迅速、准确地作答；但是，当新知识不同于之前学过的知识，或者以他们不懂的方式呈现时，他们的大脑就不那么灵光了，在试图预测正确答案或者寻找解决问题的方法时，他们通过机械学习和死记硬背获得的知识派不上用场。从广义上说，他们缺乏使用推理方法的内在动力。

THE INTUITIVE PARENT

问题的不同呈现方式

我在范德堡大学医学院的工作需要主持一些心理测试。在一项广泛使用的成绩测试中，数学问题以垂直和水平两种方式呈现。孩子需要解决这样的问题：

$$\begin{array}{r} 3 \\ (1)\quad +5 \\ \hline ? \end{array}$$

（2）3+5=？

当然，这两道题的答案都是 8。但是，当问题以水平而不是垂直形式呈现时，接受闪卡训练的孩子答不上来的情况并不少见。而且，这些孩子在看到图片上排成一行的 3 辆车和排在下一行的 5 辆车时，也无法正确回答“这幅图上有几辆车？”的问题。我推测可能是因为许多闪卡是以垂直形式表现题目的，孩子们熟悉这种呈现问题的方式，也“知道”答案。实际上，可以推想，他们发育中的视觉皮层似乎不明白数学问题实际包含的成分，也没有掌握潜在的概念，所以，当题目从垂直格式变成水平格式后，这么一点小小的改变就废掉了他们正确回答问题的能力。

WHY THE BEST THING FOR YOUR CHILD IS YOU

许多幼儿园和一年级的孩子可以数到 3，并正确选择 3 个项目，也可以数到 5，并正确选择 5 个项目。但是，除了认识图片上垂直形式的问题，他们还得知道“+”的意思是把这些数字加在一起，垂直形式下面的横线和“=”是一回事，垂直形式问题的答案写在横线下面，水平形式问题的答案则写在等号右边。换句话说，如果孩子懂得数学符号背后的概念，以及“+”和“=”的含义，那么，问题呈现的形式就无关紧要了。他们会认出问题的实质，并提供答案。

有解决问题经验的孩子在参加这类考试时明显更自信，更有毅力。他们会对自己说这样的话：“这个题型我还没有学过，但是它看起来跟另外一个问题很相似。”或者：“我试着把这些数字加起来，看起来我应该把它们加起来。”他们似乎本能地知道正确答案，思维非常清晰。他们大多会说这样的话："我想这是对的，但我只能靠猜了。"相反，习惯了靠机械记忆学习的孩子往往会跳过看不懂的问题，甚至有的孩子这样对我这个考官说："我不知道这道题怎么做。"或者："你教我吧，这道题我不会做。"

诚然，孩子可以表示他们不会解决不曾遇到过的问题。这个特别的数学测试涉及的内容还有三角函数，而认识正弦、余弦、切线的幼儿园或者一年级小朋友为数极少。但令我震惊的是，即便只是以稍微不同的形式呈现他们能够正确回答的问题，比如从水平形式变为垂直形式，习惯于机械记忆与闪卡学习的孩子也会跟我说："你教我吧，这道题我不会做。"他们几乎不肯费心去琢磨一下新形式是怎么回事。如果他们遇到闪卡上没见过的题，往往就一筹莫展，想不出正确答案，即便他们实际上具备解答这道问题的肤浅知识。更糟糕的是，他们似乎完全不相信自己可以解决问题，要么连猜都不猜，要么浅尝辄止，不肯多动脑筋，思考其他的解决办法；要么很快就解出答案，要么就干脆直接放弃，他们似乎不相信可以靠自己想出解决问题的方法。

人类天生聪明，只要有机会，就会在不同的情况下展现推理能力。[7] 然而我们要记住，推理能力意味着将已知的知识及方法应用于新的情况，而学习只是教学的副产品。

THE INTUITIVE PARENT 直觉养育的奥秘

如果我们教孩子对闪卡或者预制电子节目做出反应，那这些就是他学习到的内容。如果我们教孩子自己去探索事物，通过尝试和犯错了解事物的功能和用途，那他就获得了解决问题的能力。

这个发现过程是学习的基础，是形成推理能力的关键。家长知道球是滚动的球形体，可以把这个事实告诉孩子，孩子也能记住"球是圆的，可以滚动"

这些字眼，但是，另一个孩子依靠自己发现了球的这些特性，并将词语与这些概念联系了起来，那么，与前面那个只会死记硬背事实的孩子相比，这个孩子掌握的知识更为深刻。他意识到，圆形意味着球比其他形状的物体更能保持运动状态。当孩子发现这些物体的特质时，就是在一旁观看孩子玩耍的家长给他们提供标签的恰当时机，父母可以趁机告诉孩子球体、圆形、滚动，以及块体、立方体、不能滚动，这时，这些概念对孩子来说就有了真实、三维的意义。

你可以“滚动”块体，但是它不会很好地保持运动状态，对不对？这一点你是知道的，你也可以告诉孩子，但是，对他的大脑发育更好的方法是给他一个块体、一个球体，其余的顺其自然。然后，对孩子的学习和大脑连接具有最佳影响的时候，就是你为他提供输入的绝佳时刻。如果你花时间跟孩子在一起，懂得遵从他的兴趣和指示，当他推动块体、滚动球体时，便是发表这番评论的绝佳时刻：“滚，滚球球。”孩子也可以通过丢球体、丢块体发现两者的运动方式不同。因为家长已经知道这两者的不同，所以很容易忽视这个事实。

THE INTUITIVE PARENT 直觉养育的奥秘

从大脑发育与解决问题的角度讲，当孩子依靠自己发现某种规律时，就是他的欢庆时刻。

幼儿的大脑会学到：“哦，我用同样的方法操作两个物体，它们的表现不一样！”“啊，这个形状不一样，它保持运动的时间长多了！”当他再接触到长方体、足球形状的物体时，他就有了知识基础，可以推断足球形状物体的运动方式，并且有办法测试这一推论：滚动球，或者丢球。相反，因为接受过训练，机械学习的孩子可以鹦鹉学舌地说出“球会滚动”这个答案，但是给他一个足球状的物体，他就难以回答“它会做什么？”的问题，只能由他人告诉他答案，然后他会记住这个答案。

不应得的表扬不要给，当心好事变坏事

多年来，传统的智慧认为，应该利用一切机会表扬孩子，因为这有助于增强孩子的自信和自尊。然而，在 2015 年《西南》(*Southwest*) 杂志题为《够了！表扬沉重不堪，我们为什么还不停止？》[8] 的封面文章中，海迪·史蒂文斯（Heidi Stevens）写道：**"思考失败是孩子成长的关键，但他们身陷山呼海啸般的恭维。"** 可既然表扬对孩子有好处，为什么家长还要吝于表扬呢？近年来，新的研究表明，错误的表扬及泛滥的表扬实际上有损儿童的自尊心。更糟糕的是，不应得的表扬与非特定的表扬还会妨碍韧性与毅力的自然形成。

THE INTUITIVE PARENT 直觉养育的科学

WHY THE BEST THING FOR YOUR CHILD IS YOU

斯坦福大学的卡罗尔·德韦克（Carol Dweck）是该领域顶尖的研究者。[9] 她完成了一项以五年级学童为对象的研究，结果表明，错误的表扬实际上会事与愿违。研究者给出的问题需要孩子们努力思索才能回答出来，不过题目相对简单，大多数孩子都能正确回答。随后，研究者表扬一半的学生聪明，表扬另一半学生努力。接下来，孩子们可以自己选择是做难度更高的题目，还是难度与第一套试卷相似、他们已经知道自己会做的题目，也就是说，后一套题目不会让他们学到新东西。结果，得到努力表扬的学生中，有 90% 跃跃欲试想做更难的题目，而获赞聪明的学生绝大部分坚持做已知会做的试题。科学家认为，"聪明"、"很棒"或者"天才"之类的赞扬实际上会导致孩子避免犯错误，以免破坏"聪明"的形象。

适度表扬说起来容易做起来难。布朗森在《关键教养报告》[10] 中坦承，他感到自己很难减少和修正这种表扬儿子的方式，即便他知道这样的表扬对孩子

不好。无论发生什么情况，父母都希望孩子觉得自己了不起，但是我们必须要平衡表扬与促进发展的需要。在表扬这件事上，“好东西不嫌多”这个古老的说法其实是不对的。太多的表扬会把好事变成坏事。

重要的是：我们要知道应该在什么时候表扬、什么时候不表扬，知道应采取什么样的表扬方式，又要避免什么样的表扬方式。如果为一点寻常小事表扬孩子，比如：“哇！太好啦，你今天早晨自己醒了！”那你的表扬就会失去奖励的力量，而沦为背景噪声。既然尝试与否都能得到表扬，那何必还要费心？非特定的表扬如“你太棒了！”之类的也有损孩子的自信心，因为他无从知道这句话的意思：为什么太棒了？相对于什么？也不知道怎样才能做到“太棒了”。

怎样才能使表扬成为积极的奖励？为什么表扬有提升自信、韧性与毅力的功效？记住，奖励必须能有助于提高目标行为，否则就不是奖励！实际上，如果目标行为减少了，那么，你所认为的奖励其实就是惩罚。针对“你真聪明”“你真棒”这类形式的表扬的研究表明，即便这些话语是积极的，期待的行为却会减少，如更多的智力操练或者持续的良好行为，所以表扬其实起到了惩罚的作用。也请记住，无论任何形式的奖励，如果给得太频繁，就会失去影响行为的力量。形容这种情形的术语是厌腻（satiation），太多的表扬就会产生厌腻的效果。有些孩子才六七岁就已经“屏蔽”爱子心切的父母的表扬了：他们腻烦了表扬。[11]

也请记住，父母的关注和回应是直觉式养育的题中应有之义，本身就具有强大的奖励效果。当孩子给你看他最新的手指画时，请克制住想说“你就是下一个毕加索！”的冲动，尤其是如果你看不出来，那不妨问问他画的是什么，为什么用这些颜色，画的时候是怎么想的，等等。一言以蔽之，对他的画表现出真正的兴趣。这就是“表扬互动”，这就是直觉式养育风格。所有人，尤其是孩子，都喜欢别人对自己和自己在做的事情感兴趣、表现出好奇。我们会被这样的人所吸引。

表扬的目的是让孩子增加你所期待的行为，在上面这个案例中，便是让孩子以积极的方式创造性地表达自己。最终，你希望孩子获得表达自己的自信，坚持他创造性的努力，以及在遇到挫折、挑战和他人的不同看法时，能有韧性。比如有人会说："我为什么不能说你画的是一头大象？"长远来看，培养孩子自尊的是那些行为和能力，而不是空洞的表扬。

也请记住，孩子在做事时，哪怕做错了，哪怕没有达到预期目标，你表达出的关注和兴趣本身也是一种表扬。

THE INTUITIVE PARENT 直觉养育的奥秘

这种时候其实正是奖励他的恒心和韧性的宝贵机会，表扬孩子投入的努力，鼓励他继续努力，或者建议他换一种方法。你的持续参与会让孩子明白，犯个错误并不是什么世界末日，不至于让你觉得他不那么聪明、不那么"棒"。

直觉型父母专注于耐心地培养孩子，直至其成年。自信、韧性、毅力是重要的终身素质，无论是在学校、在运动场上，还是结交朋友，具备这些素质都对孩子大有裨益。当孩子成年后，无论是踏上工作岗位、上大学，还是追求有意义的事业、构筑忠诚的关系，这些素质依然重要。当他们成为父母后，这些素质更是非常有用！那么，在孩子成长的过程中，应该如何培养他们的自信、韧性和毅力？

可以鼓励幼儿和低龄的孩子做一些简单的事情，比方说，让他给你拿鞋、收拾玩具、叠衣服、给花园除草，等等。通过观察和参与，他们会认识到，这些事情是日常生活的一部分。

THE INTUITIVE PARENT

劳动的美好时光

多年前，我在家中后院里修一个很大的露台，让孩子们帮我拿钉子、打下手。我跟他们说，我们一块儿修露台。我得承认，让他们参与劳动意味着耗时更长，但我们共同制造了一些美好的回忆。成年的孩子回到家，有时还会聊起当年一起修露台的趣事。我刷油漆、修水管、修理汽车时，也会让他们帮忙。小时候，他们不觉得这些事情单调乏味，反而很愿意出力。当然，随着时间的推移，情况会发生改变。

关于修理汽车，还有些小插曲。请小心：掉螺丝、伤到手指关节、被排气管烫伤，这些事都令人非常沮丧。不过当然，汽车会因此遭到我的严词呵斥，使用上流社会不用的一些直白词语，这些话孩子一听就会，转身就去学给他们的妈妈听！

WHY THE BEST THING FOR YOUR CHILD IS YOU

等孩子年龄稍大，就可以让他们承担更多的责任。我家的孩子轮流负责洗碗、扫地、叠衣物、修剪草坪及其他维持家庭运转的事情。我们要求所有孩子，不分男女，“个人承担个人的责任”，轮流完成各项任务。有时候他们会不高兴，甚至有怨言，但他们都知道这没用，也不能因此逃避责任。其实，我家有一条行之有效的规则：**我总是愿意倾听任何抱怨，但那只能是在任务完成之后。**孩子们有时会在做事之前抱怨，而我的做法是告诉他们，做完事情以后再说。当然，事后他们就很少再找我抱怨了。

直觉型父母也会给孩子示范正直与良好的体育精神，并培养孩子这些品质。和年幼的孩子一起玩简单的游戏，让他们明白需要遵守规则。如果他们作弊，你要知道，孩子偶尔作弊再正常不过了，但你得让他们知道这不符合规则，而且，靠作弊取胜也没什么成就感。游戏结束后，一定要祝贺赢家，并要求孩子也这么做。激烈竞争、拼命想赢的劲头很好，比尔·盖茨小时候就是这样，但能够驾驭情绪、学会输得优雅，也很重要。为他人的成功喝彩更是极为重要，当兄弟姐妹、朋友、同学取得成绩时，无论是在球场还是在课堂上，都要给孩子示范如何真心为赢家高兴，而不是嫉妒甚至嫉恨。

THE INTUITIVE PARENT

“猪晚餐”

有时候，以荒唐的做法来给孩子展现恶劣的态度与糟糕的体育道德也很奏效。有次晚餐桌上，几个孩子举止很不礼貌。我和妻子很难一一纠正他们，毕竟他们有 7 个人。于是我心生一计，模仿他们糟糕的举止。我们搬到露台上吃饭，这顿饭变成了“猪晚餐”，大家都很不客气。过程很有趣，但是也充分说明了礼貌的重要性。

WHY THE BEST THING FOR YOUR CHILD IS YOU

青少年时期可能特别具有挑战性，因为挑战极限是这个年龄段孩子的天性。这个阶段的发展“任务”就是脱离父母，走向独立。开始的时候，他们好像是在反抗依然供养他们的父母，反抗父母制定的所有规则。你之前可能为培养孩子的韧性付出了艰辛的努力，现在孩子向你证明，他很好地掌握了这项能力，坚持不懈地考验你的耐心和边界！这时候，与其不断唠叨，或者发出你无意坚持到底的通牒，不如制定并执行一些简单的规矩。如果孩子先前拥有某些特权，那只有在你真的取消了他的特权时，才会有效。但是请记住，你的目的是帮助孩子形成良好的性格，而不是为了维护你的权威而随意滥用权力。

当然，这一切都是从孩子呱呱坠地时就开始实施直觉式养育的结果。如果孩子从小就学习这些品质，那他自然会越来越懂规矩，有责任感和自信心。因为他们的智慧建立在真实知识的基础上，因为他们从小在犯错的时候都能得到父母的鼓励，继续努力并成功克服挑战和挫折，因此，自信、韧性和毅力会成为他们终生性格的一部分。

THE INTUITIVE PARENT
直觉养育要点回顾

☑ 除了智力以外，直觉型父母还会有意识地培养孩子的信心、韧性和毅力。他们把自己当成孩子学习过程中的伙伴，鼓励孩子独立尝试，从而让孩子明白，错误是学习的自然组成部分，失败不是什么大不了的事。

☑ 直觉型父母以身作则，让孩子明白工作是日常生活的正常部分，从小鼓励孩子参与劳动，培养孩子的责任心，并要求孩子努力完成与他的发育水平相适宜的任务。父母会给孩子布置完成家务的任务，并有意识地执行纪律，在这个意义上，所有孩子都对家庭负有责任。

☑ 直觉型父母示范并要求孩子支持别人付出的努力，赞美别人取得的成绩。

☑ 在符合家庭文化要求的前提下，允许竞争，但父母要示范并要求孩子体现良好的体育精神，要赢得优雅，更要输得优雅。

☑ 直觉式养育的目标是培养孩子良好的性格和终身的人际交往能力。错误的表扬有碍自信、韧性与毅力的发展，其实是对这些品质的打击。父母对孩子的真实兴趣应该产生于自然的交流，以及对孩子做出的反应，这些具有强大的激励作用，是自然的赞美。

☑ 表扬孩子真正的努力，而不是空洞的特质。告诉孩子："你的尝试很好，能换一种方法做吗？"而不要说："你真是个天才！"只要孩子不停止尝试，错误便是学习的机会。

☑ 最后，很重要的一点是，在事情进展得不顺利时，让孩子知道他们可以做得更好，以此培养乐观精神。当孩子情绪低落时，父母可以表示理解，但为了培养自信、韧性和毅力，必须让他学会克服消极情绪、怀疑与沮丧，因为这些负面情绪是生活中不可避免的自然组成部分。

THE INTUITIVE PARENT

07

增加好行为，减少坏行为，熊孩子也不难搞

WHY THE BEST THING FOR YOUR CHILD IS YOU

大脑是个神奇的器官，是人体的“指挥中心”，保障我们在各种环境下生存和发展。借助神经可塑性，在遇到新的挑战时，它可以根据接收到的信息进行重装。科学家早已把大脑视为统计计算机器：[1] 为了做出最佳决定，强化个人在特定环境下的发展并赢得生存的竞争，它采集巨量的信息，然后进行处理、过滤。

这一过程的核心不仅是大脑接收信息的数量，也包括信息的质量。当孩子遇到新情况、新问题时，直觉型父母会陪伴孩子，与他交流，自然而然地使孩子的大脑具备适应性，从而使他们大脑中潜在的基本特质得到最大化的开发。简单来说，为了进行正确连接，大脑需要准确的信息输入，包括对真实后果的体验。真实后果是探索的副产品，包括错误、成功、失败、结果和无果。

孩子的大脑需要真实准确的结果反馈

“真实后果”的意思是，孩子的行为结果是自然且真实的。如果孩子试图解开一道数学题，或者拼写一个单词，结果做错了，那么他需要知道这个结果。

如果觉得有必要，可以表扬孩子付出了努力，但是永远不要在孩子失误时说他做得对。我的大儿子上小学时是篮球队队员。有一次比赛，他的球队一败涂地。比赛结束后，很多家长围着小队员们，夸他们打得好。这时，我的另一个孩子说："哇，你们输得好惨啊！"这是直截了当、不加掩饰的实情。**当孩子错了的时候，无须呵责，但必须给他发育中的大脑以准确的反馈。**

然而在当今世界，父母往往被一些流行的说法、错误的观念和信息误导，不经意地给孩子的大脑灌输了虚假信息，妨碍大脑的正常发育。回顾一下学习理论可能有助于我们理解强化、奖励与后果的意义和影响。

学习理论研究的是人类及其心理从周遭环境中获得新资讯的途径。20 世纪，与神经科学领域的革命一样，学习理论领域也发生了科学革命，其中可以为父母提供大量有益的新知识。第一，学习理论告诉父母应如何教育子女，并表明父母的教育如何影响子女的发展；第二，帮助父母理解子女行为不符合期望的原因，并给出改变这些行为的方法。这两点都可以帮助你更好地理解孩子大脑的工作方式，以及如何以积极的方式改变他们的思维习惯，也帮助直觉型父母认识到，为什么有些学习，即便是"书上说的"，也会有差错。

发育中的大脑习惯于根据不同的时间感来"堆集"发生的事情，这时会有大量的神经电路参与这项任务，[2] 对于无意间同时发生的、互不相关的事情也是一样。例如，想象一下：有个婴儿对洪亮的声音比较敏感，一次妈妈喂他吃豌豆时，爸爸开动了吸尘器，他的大脑误以为是吃豌豆的行为造成了吸尘器的可怕声音，所以他以后可能会拒绝吃豌豆，虽然他以前很喜欢吃。大脑自然地把各种事件联系在一起，并学习哪些事情是积极的，哪些是消极的，以此在未来多做积极的事情，避免消极的事情。

因此，事情发生的时间很重要，这样大脑才能正常、准确地把行为与结果联系起来，这就是因果关系。在本例中，因为时间巧合的原因，孩子错误地相信吸尘器的声音是他吃豌豆引起的。直觉型父母观察到这种盲目的学习后，如果还希望孩子将来继续吃豌豆，那么，为了防止错误联想再次发生，就不要在他吃豌豆时使用吸尘器，或者制造其他噪声。另一方面，有时这种迷信会不经意地发生，此时，直觉型父母会马上解除这些事情之间的联系，比如吸尘器噪声与吃豌豆之间的联系。具体做法是，等宝宝再吃豌豆时，不用吸尘器，而是把吃豌豆与一件正面积极的事情联系起来，如微笑、鼓励，说些让他安心的话。

为了探究学习的这一面及其对行为的深刻影响，我们首先把学习分解为基本的部分，把你能看到和听到的孩子的行为与他说的话都作为“目标行为”。伸手拿积木是一个行为，叫妈妈是一个行为，哭闹是一个行为，发脾气更是需要引起关注的行为。透过孩子的行为可以推测他的情绪和情感，例如，婴儿哭闹的时候，可以推测他心情不好、饥饿、疲倦或者有其他令他感到不适的内在状况。这些思想为研究儿童发展的科学家提供了测量与了解行为的框架。

科学家发现，孩子的任何行为都可以在某些情况下增加、减少或保持不变。下面我会做更深入的介绍。学习原则告诉父母，什么情况下孩子的行为能够增加、减少或保持不变，以及这背后的原因。由于直觉型父母的目标是增加孩子的好行为，减少不良行为，因此，这些知识十分宝贵。

惧怕白色毛皮大衣的小男孩儿

为了解学习原则，第一步要做的是确定目标行为。父母希望孩子学到什么样的行为？必须认真琢磨这一问题，以了解影响那个行为保持、增加或减少的各种因素。学习科学为我们实现这一目标提供了高度精确的工具。

为阐述方便，我以动物为例，因为动物的行为比人类更为直接，也更容易控制。假设研究大鼠行为的科学家想要训练大鼠掀动杠杆。由于大鼠天生不会掀杠杆，也就是说，这不是它的本能行为，所以得教它学习这项技能。好在学习理论提供了训练范式，可以让我们很快教会大鼠掀动杠杆。

THE INTUITIVE PARENT 直觉养育的科学

研究人员观察到大鼠在笼子里转来转去。探索笼子是大鼠的本能行为，无须训练。当看到大鼠自发甚至随意地朝安装在笼子里的杠杆走去时，研究人员会往杠杆附近的食槽里放一些食物。注意，研究人员只是顺从大鼠自发产生的、能导向目标行为的倾向，而不是抓住大鼠，把它放到杠杆的位置，也不是强行把大鼠的爪子放到杠杆上。由于大鼠的饮食受到了严格控制，处于饥肠辘辘的状态，所以它随即奔向食槽，狼吞虎咽地吃起来。毫不奇怪，大鼠很快就会再次重复爬向杠杆的行为，因为这个行为会给它带来奖励。它认识到，向那个方向爬的结果是有东西吃。

由于训练目标是教大鼠掀杠杆，而不只是让它转身往杠杆的方向走，所以，在下一步的训练中，得等大鼠走近杠杆时，研究人员才会给它食物。最终，通过塑造的过程，大鼠只有做出了进一步接近掀杠杆这一目标行为的动作，直至最终真正掀动了杠杆时，才能得到食物奖励。从那以后，老鼠只有掀动杠杆，才有得吃。

这一目标行为便于科学家进行量化。他们只需观察和计算在特定时间范围内以及特定条件下，大鼠掀动杠杆的次数。猜猜看，以这种掀动杠杆得到奖励的方式训练大鼠，大鼠掀动杠杆的次数发生了什么变化？训练开始之前，掀动杠杆的次数为零；学会掀动杠杆以后，大鼠便一连几十次重复这个行为，直到筋疲力尽才作罢。当然，当大鼠不再处于饥饿状态，需求已经得到满足的时候，奖励就不再有吸引力，掀动杠杆的次数也就随之减少。

人也是如此。当父母对孩子的奖励达到令他们感到满意的状态时，奖励就不再有增加行为的作用，反而会破坏孩子为赢得奖励而完成行为的动力。这就是我在上一章说过的：对孩子而言，父母过多的表扬不再成为奖励，如果孩子知道，无论努力与否都可以得到表扬，那表扬就更不能成其为奖励了。

这个学习事例的关键要素是目标行为（掀杠杆）、奖励（食物）与奖励的偶然性。研究人员必须测算好投放食物的时间，确保大鼠能进行目标行为，或者产生可以被导向目标行为的初步行为，否则，学习过程就行不通，大鼠也不会掀动杠杆。如果时间节奏没掌握好，大鼠因为目标行为之外的其他行为得到了奖励，那么它学习掀杠杆的步伐就会受阻。同样的情况也会发生在人类身上。

现在，我们借由一个 8 个月大牙牙学语的婴儿，以及他富有直觉的家长的反应，来看看奖励机制是如何运作的。婴儿学语的初步表现是发出“咿咿呀呀”，或者“da-ba-da-du-ga”之类的声音。家长听到这些声音后，以看着孩子微笑的方式作为奖励。父母往往会对孩子说话，假装他的“咿呀”声是有意义的谈话。父母以类似于逐步教大鼠掀杠杆的过程，本能地教孩子把这些“咿呀”声变成真正的话语。假如本例中的婴儿说“da-ga”，他的爸爸可以看着他，笑着说：“Dada! 你会说爸爸。”婴儿喜欢爸爸对他的关注，又说了一串“da-da-da-da”，他的爸爸则说：“是的，爸爸！”爸爸的奖励鼓励他做出了更多的尝试，进而得到爸爸更欢快的反应。

我爷爷的绰号是“Poppa”，我学到这个名字的部分原因是，对于婴儿来说，这个音好发、易学。小尼娜快 1 岁时，我带了她一周。我也用这种方式回应她，几天以后，她就可以清楚地说“Poppa”，并把我和我的照片称作“Poppa”。

人类的确和动物，尤其是其他灵长类动物，拥有一些共同的行为与神经处理过程，但把实验室里学到的东西用到自身的养育策略上是有局限性的。

THE INTUITIVE PARENT 直觉养育的科学

以约翰·华生（John Watson）教授与他的研究生助手罗莎莉·雷纳（Rosalie Raynor）1920 年做的那项臭名昭著的“小阿尔伯特”实验为例。他们用响亮、惊人的噪声教幼儿对无害的东西产生恐惧。被称为“阿尔伯特 B.”的孩子是当地医院一位护士的儿子，[3] 按今天的标准来说，他接受的这项实验极不人道。

华生和雷纳使用的条件技术最早是俄国心理学家巴浦洛夫发明的。巴浦洛夫给狗喂食之前，先给它们听铃声，经过训练，这些狗听见铃声就会流口水。华生和雷纳先给小阿尔伯特看一只白色的老鼠，确定他对老鼠不具有本能的畏惧，然后两人把一根叮当作响的铁棒和老鼠一起给他看。开始的时候，他没有表现出对老鼠的畏惧，然后他们让铁棒发出声音，那声音把孩子吓得够呛，从此以后，他一看见白色的老鼠就哇哇大哭。经过训练后，即便华生和雷纳不让铁棒发出声音，孩子还是一看见老鼠就哇哇大哭。

小阿尔伯特的大脑将恐怖的铁棒声与白色老鼠联系在一起：他的头脑把对响亮声音的惊恐反应转移到了老鼠身上。但更为重要的是，华生和雷纳发现，从那之后，小阿尔伯特看见白色的兔子、白色的狗甚至白色的毛皮大衣，也会失声大哭。小阿尔伯特的大脑把恐怖的噪声与所有具有白色皮毛或毛发性质的事物联系了起来。虽然当时没人认识到，但这其实也证明了神经可塑性。

小阿尔伯特实验以及后来对配对的研究，即在行为与结果或原因与事件之间建立牢固甚至错误的联想，这些研究证明，这种性质的训练可以导致大脑情绪控制中枢活跃，即便情感内容本身并不出现。同时也证明，人的情绪反应可以转移到本来并没有产生那些反应的物体或者情形上，正如将对发出噪声的铁棒的恐惧转移到老鼠身上，然后又转移到毛皮大衣上。简而言之，华生和雷纳发现，学习技术可以改变人类大脑的情绪反应。在现代生活中，父母们常常可以看到这类习得性联想，例如，吸尘器这种无害的东西会导致幼儿产生恐惧感。孩子最初可能只是害怕吸尘器发出的噪声，后来他看见吸尘器或者吸尘器的图片就止不住害怕，即便机器并未开启，也并没有产生噪声。

这种学习技术显然也可以用来操控人的情绪，从而妨碍人的正常发展。人为设定条件，让孩子对无害的事情做出不适当或者不正确的反应，这种不自然的暗示可以扭曲大脑功能。让孩子对兔子或者毛皮大衣产生歇斯底里的恐惧，这种做法合乎道德和情理吗？这种做法有怎样的长期负面后果？

这种实验证明，**孩子发育中的大脑会把恐惧或者高兴之类的情绪转移到普通无害的东西上**。这个发现到今天仍然广泛地应用于广告中。其实，华生后来离开了大学，到广告公司任高管，成了以“性魅力”招徕顾客、售卖产品的先驱。他率先提出在广告中呈现漂亮女性使用产品的情形，让潜在的顾客产生情绪反应。与小阿尔伯特的案例一样，他的想法是把情绪反应，这里指被漂亮女性吸引，与本身不一定有吸引力的产品组合起来，让潜在顾客把积极的情绪反应转移到香烟、啤酒、剃须刀以及公司希望销售的任何产品上。这种技术能有效地诱使顾客的大脑把对漂亮模特的积极感受转移到产品上来。

今天，这种技术常常被用来向你的孩子推销最新的玩具、游戏或者早餐营养麦片，只不过成人广告中的漂亮女人被代之以可爱的卡通人物，或者“快乐儿童”之类符合孩子情感诉求的东西。研究者研究了儿童电视节目播放期间插播的 147 条高卡路里食品广告，发现这些广告使用情感诉求，把快乐、有趣、玩耍、同伴接受与社会提升、酷和时尚等积极情绪与产品相联系。[4]思想准备充分的直觉型家长早就料到广告发布方在企图影响孩子的大脑连接，让他们缠着家长买最新的玩具、游戏、零食。毕竟小阿尔伯特实验已显示出这种学习是多么的有效、持久！

等到孩子学会说话后，直觉型家长可以给他们解释和说明行为与结果的前后关系。[5]例如，可以让孩子相信吸尘器不会伤人。我的外孙女尼娜小时候就畏惧吸尘器。她 18 个月大的时候，她的爸爸妈妈曾耐心地告诉她没问题，吸尘器不会伤害她。再靠近吸尘器时，她还是会紧张，但不再歇斯底里地号啕了。除了口头保证，父母还可以给予孩子情感支持，如抱抱他、冲他微笑，或者采取其他肢体动作。

父母也可以告诉孩子是否可以购买他们想要的玩具。先警告一下：由于相信喜欢的玩具会带来喜悦，加之被锁定在当下的时间感中，年龄小的孩子可能非常执拗。但直觉型父母能理解：第一，执拗，可能包括撒泼，都只是暂时的，是基于条件，而不是事实；第二，如果孩子一撒泼或者胡闹就妥协让步，就等于奖励了他的这种行为，因此会增加这类行为的发生；第三，应该帮助孩子形成对冲动购买的抵抗力，这对孩子来说具有重要的积极长期影响。当孩子接触到广告时，父母双方要预先做好保持一致的应对策略。

只有人类的父母才会与孩子进行口头沟通，为孩子提供情感支持，对孩子的发育产生强大的影响。记住，永远不要把科学家用于训练动物、用动物做实验的严格条件用在孩子身上。动物训练和条件技术无法考虑到人类情感的复杂性与关联性。一个人从小孩子成长为功能良好、心智健全的成年人，在这个过程中，他的脑回路做好了学习正常情绪反应的准备，而这类技术只会起到干扰作用，绝不推荐父母使用！人类既是社会动物，也是情感动物，冷漠地把学习过程与父母养育的社会支持、情感环境相隔离，可能会产生毁灭性的后果，就像小阿尔伯特实验发生的情况一样。我从来没把孩子当成巴浦洛夫、华生或者斯金纳实验室中的动物那样培养，尽管身为科学家，我知道那是怎么做的。

父母有必要了解条件生效的方式，因为有了这样的知识，才能认识到孩子是否学到了无益的东西，也才有能力挽回局面，让事态回归正轨。这种意识也有助于父母成为聪明的消费者，对各种教育软件、教育产品及教学技术进行批判性的评估，判断它们是否会以自己不希望孩子接受的方式，改变他们的正常学习与条件过程，并根据孩子的大脑会发生怎样的情况，做出明智的决定。

如同巴浦洛夫的狗和华生的小阿尔伯特实验及广告所显示的那样，学习也会改变大脑对行为的反应。当掀动杠杆与食物这样的奖励相联系时，大鼠大脑里与食物相联系的愉悦中枢便随即启动，并在大鼠掀动杠杆时得到转移。即便不给大鼠食物，至少在一段时间内，它也还是会继续掀动杠杆，或者进行其他任何与食物相联系的行为。这时，掀动杠杆的行为传递给大脑的信息便与食物相同。而且，一旦接受过掀动杠杆的训练，即便过了很长一段时间，只要在大鼠感到饥饿时给它食物奖励，它很快就会恢复这个行为。大脑可塑性意味着，大脑已经与掀动杠杆的行为建立了联系，至少在一定程度上，使得大脑与掀动杠杆相联系的条件永久地改变了大鼠的大脑。

幸亏涉及人类的时候，父母的错误并不会永久性地破坏儿童的发展，毕竟，所有的父母都会犯错。如果孩子的大脑没有办法克服父母的各种错误，那我们这个物种早就消亡了！

但是，我们在采取新的学习方式和激励方式连接孩子的大脑时，如使用视频和机械记忆，应该想想这些做法对孩子的大脑有着怎样的长期后果。大鼠掀动杠杆并不是自然发生的行为，也不会演变成大鼠在正常环境下的行为方式，同样的道理，父母在教孩子人类以前从未体验过的全新方式时，也应该想清楚正常的学习方式与条件反应是什么，以及新的方式会造成怎样的改变。一方面，人类特别善于把新技术纳入自己的日常生活；另一方面，在不当的发育阶段，不加鉴别地使用新技术可能会产生意想不到的、有潜在危害的后果。

例如，针对婴幼儿训练的视频与电视节目鱼目混珠，在他们的大脑建立起与自然条件的联系之前，可能给孩子发育中的大脑造成意料之外的条件与情绪反应。华生和雷纳改变了小阿尔伯特对白鼠的恐惧反应，那么，与父母之间的正常社会联系和自然发生的奖励是否也能像那样被改变呢？在建立起正常的情感联系和学习通路之前，用电脑屏幕和闪卡硬往孩子头脑中灌输知识，从而取代孩子正常的尝试－犯错式学习与天然的好奇心，这种做法有着怎样的长期后果？对于设定条件让孩子去做的事情，父母应该保持清醒的头脑，认真想想自己的教育决策。

THE INTUITIVE PARENT

机械学习与好奇心

有一次，我和妻子考虑让我们的小女儿进入一个学习环境相当严格的学校。我们喜欢那所学校的总体文化氛围，校长也非常出色，但我们参观的那个班由一位教官风格的老师带领。孩子们没有机会提问，不论是什么课，教学方式显然都以机械背诵为主。学生答错问题或者违反课堂纪律时，老师一定会立即以口头批评和严厉的眼神予以惩罚。我在本书其他地方也说过，机械学习在教学和儿童发展中有其地位，比方说，在孩子对事实背后的概念有所了解以后，机械学习可以便于他们运用事实。但我们担心在女儿当时的那个发育阶段，那所学校的特定环境可能会永远地改变或者取代她天然的好奇心与推理能力。

我已无法得知如果让她进入那所学校会有什么害处或者好处，因为我们最终为她选择了另一所学校。现在她在一个富有学术挑战性的大学预科高中表现得非常优秀，已经得到了她心仪大学的录取通知书，并且充分保持了她的好奇心。这里的关键是，在做决定的过程中，我和妻子认真思考了她接受教育的学习与条件环境，以及会对她大脑的情绪反应与愉悦中枢产生的影响。

WHY THE BEST THING FOR YOUR CHILD IS YOU

善用强化机制，增加孩子的目标行为

为了帮助父母更好地理解学习、条件、情绪反应与愉悦中枢之间的关系，我有必要再次使用动物模型，阐述学习过程中行为的增加与减少。

当一种特定的目标行为被教授给孩子，让他学习时，会产生几种可能的结果。如果目标行为增加，我们就把这个过程称为“强化”。只要出现行为增加的情况，那么，无论家长抑或其他任何人是否觉得这是一种奖励，这都是一种强化。理解这一点很重要。强化的来源可以是外在的，比如父母的表扬、得到一块饼干，或者玩一会儿心爱的玩具，也可以是内在的，比如满足好奇心、学习愿望，等等。此外，强化有正负之分。

THE INTUITIVE PARENT 直觉养育的科学

在大鼠学习的研究中，食物是掀动杠杆的结果，其作用是强化掀动杠杆这个目标行为，这一事实已被行为频率的增加所证明。如果食物的刺激起到了增加目标行为的作用，目标行为进而又增加了刺激的频率，那么，我们就说这是“正强化”(positive reinforcement)。

假设我们改变学习范式。我们用另外一只大鼠来试试，这只大鼠以前没有学过掀动杠杆这一目标行为。现在，笼子里的强光每 10 秒钟闪一下，给大鼠造成干扰，它每次掀动杠杆得到的不是食物，而是会让闪光终止，这是掀动杠杆的结果。猜一猜，这回目标行为发生了什么变化？与食物奖励能增加掀动杠杆的次数一样，这种强化也同样增加了目标行为，但这种学习被称为“负强化”(negative reinforcement)，因为大鼠行为所导致的结果是减少了它厌恶的闪光刺激。当目标行为增加而刺激减少时，我们就说这是“负强化”。

为避免阳光刺眼，人们配戴太阳镜，这就属于负强化；如果戴太阳镜不是为了避免阳光刺眼，而是为了显得酷，为了得到同伴好评，那就是一种正强化。涂防晒霜避免晒伤也是一种负强化。为了帮助你区分正强化与负强化，请记住第一个词，也就是“正”或者“负”，是指刺激的作用；第二个则是目标行为的变化情况，结果可能是增加，也可能是减少，我们也由此知道强化是正的还是负的。

那么，大鼠的学习范式与人类婴幼儿和儿童教育又有什么相干？原来，人类学习的很多方面都遵循着相同的原则。人类的正强化结果包括得到他人的注意和赞同、获得心爱的食物或玩具、有机会参加向往的活动以及其他许多刺激。人类也会通过观看他人因某种行为得到奖励而进行学习。所以，当婴儿发出声音时，妈妈就对他说话、微笑，那么妈妈就是在给予他正强化，进而增加婴儿的发声行为。当婴儿发出“哇哇”声，父母马上给他喝水，那么“哇哇”这个词就通过正强化得到了学习。当幼儿给家长拿来一本书，家长立即放下手上的事情，跟孩子一起阅读，那么读书这个行为就得到了正强化。

负强化在养育中也能发挥作用。假设我们要求孩子吃蔬菜，他哭着把蔬菜推开。如果这个行为的结果是他最终可以不吃蔬菜，因为父母不想伤他的感情，那么请猜一猜，他为达到目的而哭闹的频率会怎样变化？作为一种负强化，他的哭闹行为会增加，而吃蔬菜或者做父母要他做的其他事情这一结果就会减少甚至完全终止。对孩子来说，这个学习过程与遇到闪烁灯光的大鼠是一样的。是父母教会了孩子，让他意识到，哭闹可以避免自己不喜欢的结果发生，在这个例子里就是吃蔬菜。学习理论告诉父母，当孩子知道哭闹就可以不必吃蔬菜以后，他会通过哭闹，或者，根据年龄，可能会发脾气、"顶嘴"、冲出房间等，来逃避他不想做的事情，如打扫房间、洗碗，除非父母采取行动，解决他从"拒绝吃蔬菜"中学到的这一意料之外的结果。

我在儿童工作中遇到过很多这类事情。父母担心坚持让孩子吃蔬菜，不给他吃他喜欢的披萨、薯条、炸鸡块或者甜点，孩子的感情会受到伤害。我接待的孩子大多脾气古怪，善于使用负强化迫使父母给他们买喜欢的食物，要不就拒绝吃东西。从表面上看，正强化和负强化有相同的结果，都增加了目标行为。然而，动物的生理反应显示，当学习过程涉及负强化的时候，就连大脑中与压力相关的化学物质水平都会升高。避免讨厌的结果所造成的压力比得到食物要大得多。人的情况也是如此。在我们试图避免讨厌的事情，即经历负强化过程时，[6] 会出现代表压力的生理标志，如心率加快、出汗、皮质醇分泌增加。正强化会刺激大脑的愉悦中枢，而负强化则会启动压力中枢。

当然，负强化有时也是人类学习的有益部分。例如，"穿上大衣出门，不然会感冒"就是负强化的实际案例。目标行为是冷天出门穿大衣，结果是不被冻伤，至少是不会挨冻。在这个例子中，避免了不挨冻这一结果后，目标行为会增加。我们都必须做避免不良后果发生的事情，例如，为了避免破产，我们得上班赚钱。我们当然也希望孩子学到这一点。但是一般而言，我们最好帮助孩子学会使用正强化。如果有选择，尽量使用恰当的奖励，比如实至名归的表扬、自然产生的积极结果等，少用令人讨厌的负强化。

对成人来讲也是如此。如果老板表扬和提拔勤奋工作、业绩出色的员工，那么，生产力与工作满意度将会得到提升；相反，老板对员工大呼小叫、以解雇威胁员工的做法也可以提高生产力，但同时也会增加压力，降低员工的工作满意度，从而给企业带来意料之外的消极后果。

消灭孩子的坏行为，“惩罚”手段要用对

正强化和负强化帮助父母了解了增加目标行为的因素，那如何减少目标行为呢？有时我们希望限制或者根除孩子的不良行为，如吐食物、动手打兄弟姐妹或者发脾气。

动物学习模型依然可以给我们帮助。想象一下，大鼠曾经学会掀动杠杆可以得到食物，可如果它得到的不是食物，而是电击，那它的目标行为会发生什么变化？当然会减少，而且减少的速度很快。这种方式就是“惩罚”。惩罚一词在当今社会具有负面含义，父母一听到这个词，脑子里就浮现出毒打孩子之类的不人道行为，令人悲哀的是，新闻中经常出现这样的报道。[7]然而在学习理论中，凡是会导致行为减少这一结果的都被称为惩罚。[8]惩罚的实际事例包括暂停，在这个暂停的时间段内，行为不端的孩子被要求静坐一段时间，或者必须做一件他厌恶的事情。因为打弟弟而受到呵斥，这属于另一种形式的惩罚。

注意，这些做法只有真正减少了不良的目标行为，才能称其为惩罚。对一个孩子的有效惩罚，对另一个孩子不一定有效。如果我命令小女儿回到她自己的房间，她绝对马上就会哭成泪人儿，而我的其他几个孩子则把待在自己的房间视为奖励！我的小儿子喜欢画画，所以回房间对他来说根本就构不成惩罚。但是，如果命他坐在餐厅一角打发这个时间，并且不许画画，这样的暂停对他

就是有效的。

减少目标行为的另一种方式是我们所谓的“消退”（extinction）。当过去学到的行为不再得到奖励的时候，就会出现消退的情况。由于掀动杠杆不是大鼠的本能行为，只要研究人员不再投递食物给掀动杠杆的大鼠，那它掀动杠杆的频率就会慢慢降低直至为零，回到训练之前的状态。一种行为在奖励终止以后减少并最终停止，就说明这种行为“消退”了。[9] 消退不同于惩罚，不会涉及施加让人讨厌的刺激，而只是拿掉奖励。

奖励还是惩罚

我们来看看惩罚和消退是如何影响人类行为的。我的一项工作是帮助说话困难的孩子变得口齿清晰，也就是帮助他们学习准确地发音，类似于电影《窈窕淑女》中的亨利·希金斯教授，不过我不是希金斯教授，不会往孩子们嘴里放石子！有一次，我接待的一个孩子不会发“l”音。我采用正强化学习法，每当他正确发出了“l”音，就给他一张贴纸。这个孩子逐渐学会了发“l”音，说话的整体水平也提高了。这在很大程度上要归功于贴纸的积极效果。

第二个学期，这孩子换了一个医生。这位医生告诉我，他发“l”音的准确率下降了。我问及她采用的方法，她说像我一样，在说话训练中，每当孩子正确发出了“l”音，就奖励他贴纸。那么，问题出在哪里呢？

我询问孩子怎么回事，然后弄清了问题的本源。之前我给他的是他非常喜欢的《忍者神龟》卡通贴纸。而之后那位医生认为这些卡通人物过于暴力，就给了他另一部卡通片《巴尼》的贴纸。巴尼是一头温顺的傻乎乎的紫色恐龙，教学龄前儿童礼貌之类的积极课程。我问孩子为什么不喜欢这部卡通片的贴纸，他说巴尼没有忍者神龟那样的武器。对这个男孩来说，这部卡通片的贴纸不仅没有正强化作用，倒像是一种惩罚。

尽管那位医生有良好的动机，但是从学习理论的角度讲，她实际上是在惩罚孩子正确发“l”音的行为。虽然她以为她运用了正强化，但孩子的目标行为因此而减少了，那她的方法就不是正强化。对这个男孩而言，巴尼贴纸不像忍者神龟贴纸，不能成为奖励。不可否认，作为结果，巴尼贴纸可能可以增加另一些孩子的目标行为，这也可能是那位医生过往的经验。但在这个案例中，对于这个孩子，这些贴纸不构成强化，而是惩罚。因而落实结果（巴尼贴纸）后，目标行为（正确发“l”音）便减少了。

在把“回房间”作为对我女儿和儿子的惩罚的例子中，回房间只对我女儿是惩罚，让她回房间的做法减少了她的不良行为。但对于我儿子，回房间对他的不良行为没有效果，所以就算不上惩罚。不管我是否认为让他回房间对他是惩罚，这不重要，因为对他来说，这并不是惩罚。为了有效减少他的不良行为，我得使用不同的结果，比如罚他在餐厅一角静坐。

以上案例说明，当对于学习与某种结果的奖励价值抱有想当然的认识，并压倒了现实时，会发生什么情况。你认为某件事是积极的或消极的观念并不一定符合学习范式。务必看看孩子是否真的会按照你希望的方式学习，结果可能跟你想的南辕北辙。

在养育子女的过程中，这种情况时有发生。对于结果会怎么样，我们常常先入为主或者怀有偏见，以为学习会以我们想象的方式发生，可现实却总会造成干扰。我们以为的奖励可能是惩罚，而我们以为的惩罚倒可能是奖励。**如果**

想要确切了解情况，唯一的途径就是实际观察教育结果。如果目标行为增加，那就是得到了强化。不论我们认为应该发生什么，那一定都是正强化或者负强化所致；不论我们的看法怎样，只要目标行为减少，就是惩罚或者消退所致。

THE INTUITIVE PARENT 失败的惩罚

我想起一个自闭症儿童的治疗经历。为了让他进入常规学校，我使用行为学习原则帮他控制脾气。开学之前，他在家里早就不发脾气了，可上学以后，他又开始情绪失控，而且发作的频率还增加了。我去学校看他，给他做了“功能性行为分析”(functional behavioral analysis)。原来，他在学校发脾气的结果是被带离教室，一个人待在“暂停室”里。他的老师告诉我，对他进行暂停处理的目的是减少他发脾气行为的频率。

暂停处理是老师旨在减少他目标行为即发脾气的结果。由于其他孩子觉得被赶出教室、一个人待在暂停室是一种让人讨厌的结果，老师便以为这种办法对这个孩子也有效。而实际上，我的研究证明，暂停处理是对他坏脾气的奖励。实施结果之后，他的目标行为反而增加了。自闭症儿童的社交动力比较低，当他发现发脾气可以得到暂停处理，摆脱他不喜欢的社交场合，那他当然会频繁发脾气了。简而言之，暂停处理对他来说是一种理想的结果，就像食物投递之于揿动杠杆的大鼠一样，是一种正强化。

无论家长或者老师以为会发生怎样的情况，如果孩子发脾气的次数增加了，那就表示这种行为得到了强化。同样，如果词汇学习效果下降了，那就说明这个行为受到了惩罚或者消退。所有处于增加状态的行为或多或少都得到了正强化或者负强化，所有减少中的行为也都受到了惩罚或者消退。

有必要不时检查一下我们关于学习的假设，仔细观察孩子目标行为的变化情况。如果我们希望孩子学习阅读，那我们的鼓励增加他的这个目标行为了吗？如果没有，那就需要改变结果，即奖励的方式。孩子独自解决问题的情况在减少吗？如果减少了，那么这个行为是如何受到惩罚，或者如何出现消退的？我们怎样做可以让孩子打扫房间？记住，增加目标行为的唯一途径是正强化或者负强化。我们可以通过表扬或者其他奖励进行正强化，塑造并激励孩子打扫房间的行为，或者防止令人讨厌的行为发生："如果你打扫自己的房间，那就不用洗碗。"或者："如果你打扫你的房间，那今天晚上就可以不吃卷心菜。"我喜欢吃卷心菜，但恰好我家有几个孩子不爱吃。

对父母来说，更有趣的是，同一个家庭的每个孩子对同样的结果有大相径庭的反应。我前面谈到的暂停处理是这样，还有其他的例子：对我最小的孩子来说，严厉的目光就是有效的惩罚，会导致这个结果的行为通常会减少；而对于我的另一些孩子，严厉的眼神根本不是惩罚，因为这对他们的行为没有任何影响；对于我那个比较桀骜不驯的孩子，我严厉的表情似乎反倒强化了他的顽皮劲头，为了减少这个孩子的不良行为，我只好另想他法。

把握奖惩频率，事半功倍养出听话好孩子

你可能难免会问：为了增加或者减少目标行为，该如何掌握奖励或者惩罚的频率？作为家长，为了教育孩子，我要像海洋世界的驯兽员那样，随身携带一口袋巧克力或者其他奖品吗？是不是每次孩子有良好的行为表现，我就得马上给予奖励？学习科学可以回答这些问题，而且，幸亏答案对直觉型父母不成问题。我们再次借大鼠揿杠杆的例子来阐述这些问题。

给大鼠投递食物的办法有很多种。可以每揿一次杠杆就发给它食物，也可以是间隔 1 次、3 次、4 次发给它食物，诸如此类。根据预先设定的持续模式投

递食物的方案叫作“固定间隔”，这种方式使得大鼠可以准确预测哪一次掀动杠杆可以得到食物。但是，要保持掀动杠杆之类的习得性行为，“变动间隔”才是最佳的食物投递方案，因为以这种方式投递食物，大鼠无法准确预测哪一次掀动杠杆可以获得食物。变动奖励的方案才是最佳学习条件。

这对父母来说是极大的好消息，这意味着他们不用像“直升机”一样不停地在孩子头顶盘旋，不用每次孩子一表现出期待的行为，就赶紧给予奖励，也不用计算孩子表现良好行为的特定次数，以便按照固定方案给予奖励。只要不定期的奖励能够维持或者增加孩子的目标行为，那强化就是有效的。事实上，**间断性的变动奖励方案有它的好处。父母可以采用灵活的方案，合理给予奖励，无须亦步亦趋地按照预设方案行事。**

惩罚可就不一样了。因为惩罚产生的是压力反应而不是愉悦反应，一以贯之施加的结果比间断、变动的方案更有效，也更人道。常识也告诉我们，如果孩子的不良行为之前得到的是某种奖励，就像那个不想吃蔬菜的孩子，一哭闹就能得逞，那么就需要一以贯之的结果才能减少他的目标行为，而如果孩子的不良行为仍然会得到间断性的奖励，也就是说，有时候他仍然可以不吃蔬菜，我在前面已经讲过，这会维持甚至增加孩子的不良行为。而且，如果不能预测一个行为什么时候会导致讨厌的结果，孩子会承受很大的压力，这种压力的消极结果可能还会超出特定的目标行为。

THE INTUITIVE PARENT 直觉养育的奥秘

父母需要想清楚，希望通过正强化增加孩子的哪些行为，一定要定期给予奖励；同样也要想清楚，希望减少孩子的哪些行为，然后保持警惕，确保一以贯之地落实结果。

在双亲家庭中，父母需要就增加或减少孩子的哪些目标行为达成共识，并保证双方在给予奖励和执行结果上步调一致。如果父母对孩子目标行为的反应是可预测的，那孩子的学习会更有效，在行为和神经上的压力反应都比较小。而且，有些孩子善于引发父母间的冲突，以此干扰学习过程。

如果我和妻子无法对减少某种目标行为的重要性达成共识，或者对目标行为的结果有异议，我们就先搁置那个行为，处理我们能达成共识的行为。虽说每个家长自身也都不可能保持 100% 的前后一致，然而就对不良行为的反应与学习目标的奖励上，父母双方还是应该尽量形成一套都能认可的策略。这不仅有助于降低孩子的压力水平，也能减少父母自身的压力。有了共同策略，父母就做好了准备，可以平静、理性地对孩子的需要做出反应，避免夫妻双方在充满挑战的规训时刻发生纷争。如果父母不能就增加或者减少孩子的哪些行为达成共识，那最好就去处理他们有共识的目标行为，对于这个目标应该教孩子什么、有什么正强化或负强化的结果，他们有共识。父母双方都还有机会认真思考对方的观点，总是来得及让孩子学习双方当初没有形成共识的行为，等双方都准备妥当，再团结一致解决那个行为也不晚。

奖励应该怎么进行呢？我们需要随身携带糖果和点心以便持续奖励孩子，建立正确的大脑连接吗？这很有助于正在流行的儿童肥胖症。当然，回答是不必。能够刺激人类大脑愉悦中枢的结果数不胜数。父母的认可、微笑、关注、口头表扬，以及得到玩具、拥抱，还有去公园、去游泳池、去爷爷奶奶家……这些都是潜在的奖励，都可以起到正强化的作用。毋庸置疑，食物也是有力的奖赏，当孩子表现得当时，偶尔给他们吃点零食也未尝不可。

需要小心的是，频繁地给孩子买蛋筒冰激凌或者给予其他任何奖励，除了增加卡路里外，还会让孩子产生厌腻，以至于他不再为了赢得奖励而继续目标行为。或者更糟糕的情况是，即便没有付出努力，他也要求得到奖励，否则就尖叫、发脾气或者采取其他不好的行为。永远不要强化孩子发脾气之类的不良行为，因为哪怕偶尔给予奖励，这种行为发生的频率和强度也会增加。如果孩子因为大发脾气或者其他不良行为而得到奖励，他当时可能会安静下来，你可以走出商店而不至于引来围观，或者不至于造成其他同机乘客的愤怒，但是这很可能会使你的孩子在不久的将来发更大的脾气，而且可能在更糟糕的时间，并且有意加大情绪崩溃的强度。体会消极后果的人可不是孩子，而是你！

实际上，在这种情形下，孩子就掌握了主动权，成了训练员，而不是父母。尽管他不是恶意的，但是也聪明地使用了负强化而增加了获得糖果或玩具之类奖励的机会，用他令人讨厌的行为控制了父母的行为。你要想清楚：从孩子的视角来看，目标行为是你给他一块糖果、一块炸鸡或者一个心仪的玩具，为了促使你采取目标行为，他尖叫、哭闹，以此训练你满足他的要求，以免他发出令你心烦的哭叫声，或者缩短他哭叫的持续时间！这下你就成了掀动杠杆、让闪光灯停止的大鼠！

别让孩子成为训练员！父母从一开始就要尽力控制脾气，等孩子的情绪平息后，再以拥抱和安慰的语言奖励他。你要奖励的是孩子平静下来的行为，而不是发脾气的行为。我会在第 10 章进一步讨论脾气，包括孩子从中学到的重要教训，以及我在养育孩子的过程中处理脾气的经验。

另一个重要原则是，反应是可以调节的，也可以把结果变为其他奖励。这就是从积极的一面看待华生的小阿尔伯特实验，它也会自然地发生在婴儿身上。例如，妈妈在喂宝宝的时候，同时紧紧抱着他，也许还会轻言细语地跟他说话。华生用老鼠和响亮的铁棒敲击声共同引起小阿尔伯特的恐惧反应，然后又让他把对老鼠的恐惧与所有白色毛皮的东西联系起来，而妈妈则让婴儿把吃奶的愉悦与被妈妈紧紧抱着、听她安慰的声音和话语联系起来。

这种自然学习对人类很重要，因为这一过程将主要奖励（食物）与次要奖励（拥抱和令人安心的话语）相联系，这意味着，拥抱和令人安心的话语产生了主要奖励导致的那种生理反应。这与小阿尔伯特和巴浦洛夫的狗之类的实验类似，但又是以特殊、幸福的方式进行的，同时也建立了母婴之间的情感联系。

由于这种强大的条件自然地发生在照料婴儿的过程中，它的意义就容易被忽视。而事实上，喂养婴儿时自然、本能的拥抱，轻言细语的絮叨，以及这些能教给孩子的东西，也为他的终身学习奠定了基础。这比让孩子的大脑习惯机械学习，或加快他们的知识获取进程要重要得多。给婴儿喂奶，紧紧抱着他，用妈妈或爸爸特殊的甜蜜声音跟他说话，一定要鼓励自己一下：从神经回路的角度讲，你正是在为宝宝形成终身积极学习的习惯打下基础。这是教育 DVD、闪卡、电视节目乃至最有才华的职业教育家、儿童心理学家、儿童发展专家永远都做不到的。

THE INTUITIVE PARENT
直觉养育要点回顾

☑ 发育中的大脑需要真实、正确的信息输入，你的孩子也是如此。要永远对他们呵护、人性、积极，但不要欺骗孩子，不要明明做错了，却说他做得对。

☑ 理解正确的话，学习原则对直觉型父母很有帮助。注意观察，检查你的养育方式是否符合你的期望。随时思考孩子学到了什么东西。

☑ 记住，对一个孩子而言是奖励或者惩罚的，对另一个孩子可能不是。你或许认为某样东西是奖励或者惩罚，但结果并不一定是那样。

☑ 想想孩子不良行为的结果。如果他一哭就可以不吃蔬菜，或者一发脾气就不用做家务，如果他得逞了，那他哭闹、发脾气的行为就得到了奖励。孩子从小就需要知道，这些行为不会让他如愿以偿。

☑ 正强化、负强化、惩罚和消退都是有效的学习技术。然而，如果有可能，最好使用正强化，而不是惩罚或者负强化，因为这两种形式的学习会提高孩子的压力水平。

☑ 然而，不可能完全避免负强化与惩罚。有时候，负强化必须是直觉型父母工具箱里的一部分。这些方法一定得是人性化的，不要辱骂，也不要体罚，而应该以平静、低调、中性的语气表达。

☑ 在实施惩罚或结果之时，不要羞辱孩子。孩子会把你羞辱的语气视为消极后果，也许短期内可以有效改变目标行为，但羞辱可能会对孩子的情感发展和你们的亲子关系造成许多意料之外的伤害性后果。记住，孩子行为不端是因为他还没学会如何表现，而不是因为“坏”，或者不值得你无条件的爱。

☑ 把孩子的良好表现看在眼里，并给予他表扬，当他忍住脾气时，给予他关注和表扬。

☑ 生气的时候，先安静下来，然后再实施结果。这一点总是说起来容易做起来难，但始终是理想的目标。

☑ 不要试图同时处理孩子的所有行为，要进行优先排序，一次只针对一两项高优先级的行为。在增加好的行为与减少不良行为之间保持平衡，孩子会因为好的行为得到表扬的机会，这样的机会应该不少于因不良行为受到批评和惩罚的次数，表扬最好多于批评和惩罚。当孩子有了进步以后，再把下一个行为提上日程。如果你试图一次减少太多不良行为，孩子可能会得到错误的印象，以为你把他看成了缺点太多的坏孩子。

☑ 制定策略。对孩子的行为有所预期，这样你行动起来就可以游刃有余。如果你打算带着孩子去商店购物，会路过糖果摊或者玩具店，要做好思想准备，孩子可能会哭闹，你要提前想好对策。

THE INTUITIVE PARENT

08

学校教育一统化，孩子的个性如何守护

WHY THE BEST THING FOR YOUR CHILD IS YOU

1961 年秋天，我跨进了幼儿园的大门。第一天上幼儿园，我步行到家附近一条繁忙的街道去乘坐停在街角的蓝鸟牌校车，当时，我因为自己独自走了不到 200 米的路而感到很是自豪。我那时还有一个月才满 5 岁，比班上其他同学都小，大多数同学都满 5 岁了，有的都已经 6 岁了，连女孩子们都比我高大。由于我 3 岁半才开始说话，所以我的表达能力和理解能力都较为滞后，也有些害羞。

50 年前的幼儿园

我的学校生活并不复杂：8 点钟上校车，8:30 到学校，11:30 回家吃午饭。我上的是上午班，从中午到下午 3:30 还有一个下午班。当时正是美国婴儿潮的尾声，所以班上人数很多。我们班上有近 30 个孩子，1960 年，按照全美公立学校各年级师生的平均比，每个班不到 26 个学生。[1]

一到学校，就有位和善的老师过来迎接我们，指给我们看挂衣服的地方。教室里没有桌椅，瓷砖地板上铺了一块巨大的椭圆形碎布地毯。靠墙的书架上只有几本书，大多是图画书，没有黑板，墙上挂着字母表，书架上方是阿拉伯数字，从 1 到 10。

不过，书架上放的大部分都是些奇妙的东西，有贝壳、坚果和种子，还有种类繁多、颜色各异的树叶，长方形玻璃容器里装着地鼠蛇、仓鼠、豚鼠、老鼠，以及一只扁而圆、被我们叫作有角蟾蜍的角蜥，最棒的是一只活生生的狼蛛，这至少对男孩子来说是件很棒的事。还有两个水族馆，一个养着鱼，另一个养着青蛙和蝌蚪。

幼儿园坐落在一个小小的区域里，用篱笆围起来，跟学校其他 6 个年级隔开。院子里有 A、B 两间并排的教室，规模、布局和陈设一模一样。游乐场上有小秋千、跷跷板、滑梯和一座小型的旋转木马，还有很多三轮车、手推车和滑板车。游乐场的地面是坚硬的泥巴，周围是一圈 1.2 米宽的人行道，我们在上面骑车、推拉带轮子的玩具。

我们的学习计划包括两次课间休息、一次小睡、一次点心时间和一次阅读时间，还有一项内容是老师站在玻璃容器和水族馆边，给我们讲解里面的动物和鱼。我们的点心有饼干、方形蛋糕和纸盒牛奶。

小睡以后，孩子们围着老师，听她朗读一个很短的故事。老师不要求我们坐成一圈儿，所以有些人，比如我，就在教室里走来走去，一边听故事，一边观赏动物和鱼，只要不说话就行。老师每读完一页，就把书转过来，让我们看那一页上面的图画。

老师不要求我们读书、写字、做作业。我们画画、用糨糊和彩色卡纸制作各种东西，有时候还用冰棒棍儿制作“艺术品”，也会用老师给我们的石膏和模具制作小雕像。我们把制作的东西带回家后，妈妈们似乎都很珍视。

那个时候，幼儿园的工作重点是让孩子适应学校，让他们接触高年级老师会教的阅读、数学等内容。教育指导哲学是培养每个孩子潜在的好奇心，为未来初中和高中阶段更为结构化的教学打下基础，探索和学会思考被认为比机械记忆重要得多。的确，我们那时不用考试，唯一需要记住的是家庭住址和电话号码，老师反复训练我们牢记，以防跟同学和家人走散时，能够联系到家人。这种早期教育方法并不是我个人的独特经历，[2] 而是沿用了上百年的幼儿园标准做法。[3]

竞争加剧的今天，揠苗助长是否必然

对今天的孩子来说，情况已经大不相同了。作为儿童发展专家，我的工作需要我定期去幼儿园参观、访问，我看到的变化可谓触目惊心。我参观的所有幼儿园都有桌椅，无论根据四五岁孩子的发育水平，对他们的合理要求应该是什么。孩子花大量时间坐在课桌前，完成数字、字母作业。教室文化与陈设也发生了改变：学习活动是强制性的，所以老师读故事的时候，孩子们必须安安静静坐着听。玻璃容器和水族馆是我对幼儿园最美好的回忆，可惜，它们都不见了踪影。但愿老师在教室里养一只狼蛛！今天的幼儿园孩子到期末的时候要会读、会写，并且需要完成的数学问题难度不小，有些内容在 20 世纪 80 年代的时候，还是一年级小学生的期末任务。[4]

THE INTUITIVE PARENT 直觉养育的科学

20 世纪 80 年代后期，一篇教师调查文章报告了当时幼儿园孩子在毕业时需要达到的能力，包括：标注身体部位，如头、鼻子、嘴巴等；认识主要颜色、主要形状，如三角形、方形、圆形；能从 1 数到 20；能根据大小依次排列 3 个物体；握笔姿势正确；认识 26 个英文

> 字母；会使用糨糊和胶水；说得出一周中星期一到星期日。学习习惯规定，幼儿园毕业的儿童应该规规矩矩地和同学坐在一起，注意力集中在老师身上，不干扰同学，懂得适当等待。[5]
>
> 这也许预示了 20 世纪末和 21 世纪初即将到来的揠苗助长式的加速推进运动，这项研究也表明，大多数幼儿园老师都增加了这些毕业能力的培养，并把这些要求提前到了更小的年龄段。[6] 如今，刚上幼儿园的孩子需要掌握的知识，是 20 年前的孩子在幼儿园毕业时才会掌握的学习内容。

翻阅着这些材料，我不禁怀疑，日托班高昂的费用是否也是导致学习进程急剧加速的一个原因。学校竞相收取高昂学费，一味向中产阶级父母推销更高层次的学习内容。从科学的角度讲，这个假设几乎难以检测，但是有间接的线索证明，收费的确对这股潮流起到了推波助澜的作用。[7]

除了认识形状和字母，如今幼儿园的学习项目清单罗列出来有：

- 从 1 数到 50；
- 写出数字 1 ～ 50；
- 数 10 样物品；
- 1 ～ 5 的加减法；
- 用印刷体写出自己的姓名；
- 读出高频词；
- 模仿样本写一篇作文。

其中多数项目都是几十年前小学一年级的教学内容。对于当今幼儿园的孩子来说，更为艰巨的任务是，他们还必须“阅读理解教学测评工具① 或在线标准

① 如 DIBELS、SM、AR、STAR Reader、Wright Group。

化考试（Measure of Academic Progress，简称 MAP）测定难度系数为 75% 的阅读材料”，因为这些都是儿童必须参加的标准化考试。提出这些标准的学区要求父母阅读并签署一份文件，申明他们了解孩子需要达到的毕业标准。

现在的幼儿园是管制严格、高度组织化的企业，往往会设置符合《共同核心标准》（*Common Corestate Standards*，以下简称《标准》）的课程。这份《标准》规定了各年级学生在数学、社会科学、科学、英语及语言艺术等科目上需要达到的标准，[8] 幼儿园也不例外。《标准》对幼儿园数学能力有如下规定：“教学实践应该集中在两个关键领域：一是呈现并对比整数；二是描述形状和空间。幼儿园的孩子应该花更多的时间学习数字，而不是其他内容”。[9]《标准》的一般核心内容与我多年前在幼儿园体验到的一样：老师会带着我们数蝌蚪、树叶、石头等，给我们看各种物体，告诉我们物体的形状。但在那时，这些内容不是以基于训练的教学方式进行介绍或者讲授的，我们只是在具体的叙事氛围中接触到了这些概念。

如今，我们当时经历的那种直观的培养方式已经被讲述式教学及“掌握”考试材料的期许所取代。《标准》对学前班儿童的规定取代了旧时学校使用物体教整数、描述空间形状的做法。《标准》规定了孩子需要学习的特定“知识模块”，包括“计算与基数”、“运算与代数思维”、“数字与十进制”以及“几何”和“数学实践”。[10] 这些科目又进一步分割成支持每个模块的教学内容。

例如，“数学实践”强制规定儿童应该具备以下 8 项能力：

- 理解物体并坚持不懈地解决问题；
- 抽象推理与定量分析；
- 构建可行的辩论并批判他人的推理；
- 采用数学模型；
- 战略性地使用恰当工具；

- 注意精确度；
- 寻找并使用结构；
- 寻找并表达反复推理的规律。

上述能力已经远远超过了许多 4 ～ 6 岁孩子的能力水平。的确，采用强制手段与训练方法，我们有可能让这个年龄段的孩子死记硬背并记住这些东西，但他们几乎难以掌握概念背后潜在的道理。然而，当国家强制性的考试被当作成功的衡量标准时，老师就只得要求学生死记硬背考试内容，而不注重培养所学内容之外的独立思考能力。

读到这里，父母们可能会想："但是同 20 世纪 60 年代相比，当今世界复杂多了！为了参与全球竞争，我的孩子必须在幼儿园就做好接受这些知识的准备。"或者："我知道这不合理，但幼儿园的其他孩子也是这么做的，我得让孩子做好准备，争取在这种背景下出类拔萃。"

有必要迎面解决这两个问题。首先，1961 年我上幼儿园的时候，距离阿波罗登月差不多还有 10 年，互联网、台式电脑和笔记本电脑、智能手机、平板电脑之类的要么还没有发明出来，要么得在几十年以后才被广泛使用。我们连计算器都没有！幼儿园老师还没有想出《共同核心标准》课程，也没有使用超出她想象力的发明和知识来专门帮助我们。

但 20 世纪 60 年代的教育乐观地意识到未来的世界将变得更加复杂，认为必须培养和塑造孩子学会思考与推理的能力，以便他们了解新发明，并在更加复杂的未来轻松应用各种新发明。除了鼓励学生发展解决问题的能力，教育者还采取明确的做法鼓励他们独立思考。这可能说明了这样一个事实：尽管我那几个十多二十几岁的孩子仍对我投以不屑的眼光，但我可以并且确实在工作和休闲活动中有效地使用了智能手机、笔记本电脑和其他现代技术设备。而且谢天谢地，我已经不再使用计算尺进行复杂的数学计算了！

在 20 世纪 60 年代，众所周知，阅读是接触所有奇妙知识的关键，这些知识不仅指到 1961 年为止已知的知识，也包括人类尚未发现和尚无人书写的知识。据全美考试数据显示，1961 年时就读幼儿园的孩子在升入高中时的阅读理解水平比今天的孩子要高得多，即便那时没有“预识字课”，而且直到小学二年级才开始正式的阅读教学。[11] 不仅如此，由于那时的孩子需要背诵的知识较少，因此他们需要充分理解各种概念。在掌握作为下一阶段学习基础的核心知识之前，孩子们不可以超前学习。

1961 年，在发达国家中，美国的幼儿园孩子学习成绩位居榜首。近年来，美国孩子采用死记硬背的方法，试图错误地加速学习进程，超出了对 4 ～ 6 岁孩子的合理要求，结果在全球发达国家孩子的学习成绩排名中，反而掉到了第 8 名。排名的急剧下降发生在过去 20 ～ 25 年间，这段时间，恰好是推动低龄儿童学习这些技能的教育哲学在美国大行其道的时期。[12]

THE INTUITIVE PARENT 直觉养育的奥秘

如果你培养孩子的推理能力，重视以符合儿童发育节奏的合理方式培养他们的数学与阅读能力，那么比起大脑尚且幼稚、还没准备好就被强行灌输“知识”的孩子，你的孩子更具竞争优势。

幼儿园就要进名校？先看适不适合你家孩子

正如对幼儿园孩子的学业要求急剧提高一样，美国的教育对从小学到初中各年级学生的要求也在水涨船高，完全无视儿童发展和准备情况之间的自然差异。也许你认为，既然全美都在推动让低龄儿童学习高深的概念，那肯定有大量的科学研究支持这种做法。但事实上并不存在这样的文献，反倒有大量研究指出，加快智力发展的做法实际上会适得其反。最近，全世界最负盛名的科学期刊《科学》发表文章，质疑在中学阶段给学生教授大学甚至研究院水平的细胞生物学知识的做法，认为中学生的大脑尚未发育成熟，理解不了如此艰深的知识。如果孩子们还没有接触过细胞结构、化学以及生物学的基础知识，没有掌握解决相关领域问题的能力，那么，机械背诵高尔基氏体之类的特征有什么意义？

在题为“淡化科学教育”的论文中，《科学》总编辑布鲁斯·艾伯茨（Bruce Alberts）博士敏锐地捕捉到了这一问题。艾伯茨博士不仅是《科学》期刊的总编辑，也是加州大学圣迭戈分校生物化学与生物物理学系荣誉教授，本身就是杰出的科学家。他还担任过加州科学教育审查委员会委员，有足够的资格就当前面向儿童的科学教育方式发表评论。艾伯茨教授写道：

> 少有人了解科学家针对儿童学习复杂科学概念的研究结论，社会上有一种强烈的倾向，认为科学课程越“严格”越好。虽然“严格”看似是有价值的目标，但这一持续流行的观点所产生的结果令人遗憾，由于科学课程会过早地传授复杂概念，而且传授过程中明显过于强调规则、程序和死记硬背，我的孙子们都觉得，“科学”就是在七年级的时候，说得出细胞各部分的名称，记得住高尔基氏体及内质网之类的名词。但迄今为止，那些热心科学的人并没能让大多数学校传授给孩子真正的科学知识。是不是该重新部署不同的策略了？[13]

对于艾伯茨博士的问题，答案是响亮的“是”！的确到了重新考虑策略的时候了，因为这种情况不仅发生在科学教育中，而是从幼儿园开始，整个教育行业概莫如是。更恶劣的是，“过于强调规则、程序和死记硬背”的做法已经波及到摇篮里的婴儿，表现为给父母“有益的指导”，让他们帮助宝宝为未来的学业要求“做好准备”。[14] 更糟糕的是，这种方法要求低龄儿童在家里和幼儿园完成“课业”，占据了大量常识与直觉养育的时间。

遗憾的是，当今社会有几个因素造成教育重点从发展推理能力变成发展“死记硬背的能力”。首先扑面而来的便是高涨的压力，社会文化普遍认为孩子的大脑从小就要做好进行传统学校学习的“准备”。[15]很多人怀疑这种做法是否明智，一些著名学者公开表示担心，认为这些做法会给孩子造成伤害，抑制智力的发展。[16]但所谓的学业成功是一项高风险的事业，从孩子一出生，甚至在他们出生之前，爸爸妈妈们就已经为此大伤脑筋了。

THE INTUITIVE PARENT

竞争激烈的幼儿园

有一天，我发现范德堡大学医学院一位平时十分低调、平和的教授同事变得烦躁不安。我问他出了什么事，他说儿子正在参加入学考试。不是大学，甚至不是高中“磁校”，而是幼儿园入学考试！这所幼儿园隶属一家很有名望的私立学校，纳什维尔地区很多富人和大学教授的孩子云集于此。为了有机会支付每年 1.8 万美元的幼儿园学费，以期将来有机会给知名私立高中支付每年超过 2 万美元的学费，好让孩子有机会进入收费高达 4 万美元甚至更贵的“好”大学，这些父母显然进行着激烈的竞争。这所学校的幼儿园入学要求极高，所以园方可以精挑细选“最优秀”的孩子，这种做法错误地把流行的幼儿园准备测试（kindergarden readiness test）作为了入学考试。因为父母们都在积极教孩子备考，所以幼儿园要求的考分逐年看涨。

WHY THE BEST THING FOR YOUR CHILD IS YOU

父母们居然为了幼儿园“资格”考试而焦虑不安，这似乎有些荒唐，但我的同事真心地认为，孩子的整个未来都取决于那天是否考得够好，是否能够进入那所著名的幼儿园。想想真令人悲哀，虽然那所学校的确不同凡响，但纳什维尔地区还有其他很多很好的选择。我告诉同事，一些高中，包括一些公立学校的大学入学率并不亚于他儿子“申请”的那所学校，有时候还更好。不过他对我的话无动于衷。显然，即使他儿子最后去了另一所学校，那也不是什么世界末日，甚至还可能“因祸得福”，说不定那所学校更能理解聪明、能干的孩子具有不同的发展模式，允许他有更多的时间，在那些他需要更多时间去学习的方面，逐渐成熟起来。

我还向同事指出，许多家长像他那样一心想让孩子去那所学校的幼儿园，为此，他们会让孩子推迟一年入园，也就是说，他们会让孩子 6 岁时再申请那所幼儿园，而不是通常的 5 岁。让自己的孩子比其他孩子年长一岁再上幼儿园，这对这些家庭有利，而且，他儿子参加的考试不考虑年龄因素，因此他是在与比他年长的孩子同场竞技。我还了解到，这位同事和他同为范德堡大学教授的妻子已经为应付这次考试，对他们的儿子进行了将近一年的训练。

整个故事在我看来就是个悲剧。倒不是因为这是在错误观念指导下，人为加快学习进程的非常个案，而是因为，这种局面是人为造成的，却让父母背负着真实的压力。你以为这个可怜的孩子意识不到父母为他能否考出好成绩而担心不已吗？如果他进不了这所学校，那这件事会如何影响他对教育和学习的看法？

成功的逆转

最近，我测试了一位没能进入该校幼儿园的学生。她当时在该校的入学考试中“考砸了”，去了另一所没那么挑剔的学校，九年级时又转入该校。我认识她的时候，她刚上中学，有一些科目学起来比较困难。她的父母都是专业人士，对她未来的学业前景忧心如焚。我的测试显示，她记忆力一般，但思维水平远高于平均水平。只是由于小学和中学时期接受的教育都强调死记硬背，所以她看起来不那么聪明，真正的问题在于，她在学校被迫学习的东西与她的真实潜力不相匹配。

我劝她的父母和学校别再强迫她完成没完没了的作业，别让她进行机械记忆，而让她专心发展推理和解决问题的能力，致力于科学及愉快的阅读。后来发生了戏剧性的变化！她的成绩马上有了显著提高，因为她理解考试项目的能力增强了。她曾经考不进那所学校的幼儿园，现在却是那所学校的高中生，各科成绩优异，标准考试成绩拔尖。而且，她充满自信，非常愉快，跟初中时代判若两人。她的父母让她从机械背诵式的学习向锻炼思维能力的方向发展，从而激活了有意义的学习，使得她在那所竞争异常激烈的高中名列前茅。无疑，在大学及未来的生活中，她将继续受益于这些新发现的能力。

幼儿园入学考试和高利害关系的测试是新近出现的做法。[17] 早在 20 世纪 80 年代，科罗拉多大学的洛丽·谢泼德（Lorrie Shepard）教授和玛丽·史密斯（Mary Smith）教授就已经对这种加速度的趋势表示叹惋，指出幼儿园和小学一年级的学业要求比 20 年前显著提高了，并且还在加码，尽管这个事实摆在那里："一味地强调阅读和算术，即使对那些优胜的孩子，这种狭隘的做法都有害，对于被视为失败者的孩子来说，危害就更大了。"

从那时起，事态已经发展到了这样的境地：就像我那位同事希望儿子去那所著名私立学校的情况一样，为了提高孩子的考试成绩，全美各地都有家长推迟孩子上幼儿园的时间。2006 年，美国兰德公司的社会科学家阿什勒莎·达塔尔（Ashlesha Datar）做了一项研究，对比"准时"上幼儿园的孩子与延迟一年上幼儿园的孩子。达塔尔教授的报告说："我发现，参加幼儿园入学考试时，推迟一年上幼儿园，孩子的成绩就能显著提高。更重要的是，在学校的头两年里，他们的测试成绩也比正常入园的孩子高出很多。”[18]

考虑一下这项研究的启示。仅仅是推迟了一年，孩子的幼儿园入学考试成绩就显著提高了，是因为孩子更聪明了吗？他比一年前的潜力更大了吗？不是！这只能说明学校教得速度太快、内容太多。为了让孩子接受本来应该是年龄更大的孩子才学习的内容，这些父母的应对方式只能是等待孩子更成熟，或者等待他们的大脑发育得更充分。

加速测试对男孩子的影响大得不成比例。研究显示，幼儿园入学考试中，成绩最好的是年龄较大的女生。[19] 的确，无论男孩女孩，只要参加入学考试的年龄超过了正常入学年龄，成绩都要好得多，而年长女生与年幼男生之间的成绩差异则更为明显。在正常年龄参加幼儿园入学考试的男孩与年龄稍大的男孩相比，处于非常不利的地位，如果与延迟一年入园的女孩相比，那就更不必说了。虽然他们也很聪明，身体和智力的发展也都达标。

不难想象，如果是在今天，我的境遇会怎样：我上幼儿园的时候还不到 5 岁呢！在今天的教育环境下，我妈妈的做法如果明智，那就不是让我晚一年上幼儿园，而是晚两年，那么，我就不应该 4 岁上幼儿园，而应该等到 6 岁再去。那是很大的发育差异，也令人悲哀地证明，上幼儿园已经变成了“风险”多么高的事情。

THE INTUITIVE PARENT 直觉养育的奥秘

早在 1989 年，史密斯教授和谢泼德教授就曾预言，在孩子对探索发现和学习有积极性且兴致勃勃的年龄，应该允许他们按照自己的节奏学习，幼儿园教孩子“应考”，让他们接受严重超前的教学，这种做法会破坏自然的学习过程。[20]

且不论幼儿园采用何种类型的智力测试预测孩子的长期智力，这种想法本身就荒诞不经。学术界早就知道，**学龄前和学龄早期的智力测试成绩不能准确预测一个人后期的智力水平。**[21]

THE INTUITIVE PARENT 直觉养育的科学

35 年前，科罗拉多大学教授肯 · 霍普金斯（Ken Hopkins）和明尼苏达大学教授格伦 · 布拉赫特（Glenn Bracht）对智商评分的稳定性做了研究。研究对象从一年级到十一年级，即高中二年级，连续 10 年，每年接受两位教授的智商测试。结果显示，从一年级到二年级、三年级，样本中的孩子们得分变化很大，很不稳定，到四年级期末，也就是 10 到 11 岁以后，他们的智力水平才趋于稳定。

孩子在幼儿园和小学低年级的智商分数不稳定，这项发现不断地得到了证实。[22] 宾夕法尼亚美国学院（The American College of Financial Services）的迈克尔 · 罗什科夫斯基（Michael J.Roszkowski）教授的研究旨在考察孩子在不同时期智商测试的结果是否相同。他的发现与之前的报告高度吻合：重新测试时，孩子的智商分数变化很大。他发现，68% 的孩子四年级时的智商分数比一年级时高，分数变化最大的一个孩子增加了 27 分！简单地说，3 年以后，这个孩子的智商分数从 103 分上升到 130 分，从智商平平一跃成为天才。

想想看，这对幼儿园入学考试来说意味着什么：如果学校错误地相信早期智力测试可以准确预测这个孩子的长期潜力，那他们就会误判这个非常聪明的学生。

入学考试并不可靠，但学校还在继续进行，有些家长希望孩子在适龄时进入一所好幼儿园，在这样的压力下，他们在孩子年龄很小，恨不得还在襁褓之中时，就开始训练他们成为“成功的”考生。父母自己动手“教孩子应考”，在孩子幼儿时期就教他们词汇、数字、字母以及幼儿园考试涉及的其他内容，而婴幼儿的大脑根本还不能领会与整合这些知识。

要不要帮孩子做作业？学会在教育流水线中见机行事

简而言之，父母必须面对当代教育的两大挑战： 第一，早在孩子的大脑发育不完全、没做好准备之前，越来越不理性的超前教育在迫使孩子学习，也迫使父母教孩子学习知识； 第二，一刀切、以年龄而非能力水平为基础的流水线式教学。

针对挑战，有几种潜在的解决方法，这些方法大致归为两类。第一，父母可以在现行的公立或私立学校系统内见机行事，与孩子的老师一起努力，改变教学方法与课程设置，满足孩子的需求；第二种方法是寻求另类教育。这两种办法都可能成功。其实所有的好老师都可以凭本能自然而然地满足学生的智力要求。可惜美国的联邦、州和学区对公立学校的课程实行微观管理，这种方式也波及到了私立学校，所以，即便是最好的老师也难以听从直觉，以最好的方式吸引和教导一个个学生。但这并非无计可施。我和妻子的做法是积极参与，保证我们的孩子在学校得到这种教育。

THE INTUITIVE PARENT
帮孩子做作业

我们的小女儿简上小学时，新任负责人要求纳什维尔地区的公立学校执行学区标准。其中一项新要求是强制学生完成一些具体的作业，于是简每天带回家的作业量剧增。更糟糕的是，从儿童发展的角度来看，这些作业包含的课程内容毫无意义。例如，二年级的数学作业要求说出时间、进行编号以及加减乘除法的运算。除了提高分数，这些作业没有内在章法，也没什么道理可言。

当时简已经做好了学习加减法的准备，我知道在熟练掌握加减法之前，她没必要学习乘除法。于是我约见了她的老师，要求调整她的家庭作业，使作业内容集中在她当时需要的范围内，免得把她搞得晕头转向。由于学区强制要求学生提交家庭作业，所以，当简完成了加减法的作业以后，我会帮她完成其余作业，并签上我的名字，无须就谁完成作业一事弄虚作假。

WHY THE BEST THING FOR YOUR CHILD IS YOU

我当然不是这个学区、这个国家唯一一个帮女儿做家庭作业的家长。至少我清楚地表明我这么做了！多项研究表明，当前有些家长帮孩子完成75%甚至全部的家庭作业。实际上，这些家长都是出于与我相同的理由。[23] 现在的学校布置的家庭作业实在是太多了，而且内容又混乱得一塌糊涂，所以父母只得站在一旁，直接或间接帮孩子完成作业。

幸亏，凭着直觉式养育的原则，我和简的老师合作，保证她得到她所需要的数学教育。我的做法得到了良好的效果，到高中的时候，简就可以无须我帮助，独自完成绝大多数数学作业，并表现出很强的能力。我询问了她班上其他同学的家长，发现他们中大多数人仍在给孩子提供广泛的帮助。

THE INTUITIVE PARENT 直觉养育的奥秘

与老师交流，尽量让孩子的功课个性化。一个有益的策略是观察孩子做作业，看看他们可以轻松完成哪些项目，哪些项目比较困难，哪

些题目根本做不出来，然后跟老师协商，让孩子完成容易的题目和中等难度的题目，那些太难的题目则等到孩子准备好了再说。

为解决当前教育实践与孩子的教育需求不相匹配的问题，直觉型父母的第二个办法是寻求另类教育机构。这类机构可以是蒙台梭利、华德福，以及其他提供个性化课程、能满足每个孩子的发展要求的学校。美国的许多学区都有特许学校和“磁校”，提供有别于一刀切式教育的另类教育，许多城市也有私立学校可供选择。我有几个孩子上的公立“磁校”，这些学校都很不错。

还有一些直觉型父母把在家教育作为备选方案。历史上，家庭学校的建立主要是因为担心公立学校的课程不包含宗教信仰和价值观。而近年来，在家教育的主要目的是根据孩子个人的学习风格，培养他们的学业能力。在家教育并非适合所有孩子，而且在家里，家长与教师这两个角色的界限也比较模糊。

不过从另一方面讲，我想对已经踏上这条路的家长说，在家教育也可能比其他教育类型更好。当初，在教育系统中没有符合需要的学校时，我们一度在家教育过几个孩子。我负责地理、数学和科学课，而我的妻子是在家教育的主要老师，承担了其他课程，包括历史、文学、社会科学等。对我们来说，这是不得已情况下的最后一招，并不是我们的主要教育方法。然而，在孩子们成长的那个阶段，在找不到合适学校的情况下，能够为他们提供这个选择和课程，实在是太好了。

其他的另类学校可以是私立学校或者与宗教有关的学校，如天主教学校、贵格会学校、犹太学校等。但是要做好思想准备，这类学校中，有些对流水线教育和“按照工作表学习”的强调不亚于公立学校，甚至更严重，所以，一定要预先了解清楚学校的教学内容与教学方法，不要假设私立学校和教会学校就一定适合你的孩子。

无论采取哪种方案，关键是积极参与孩子的教育。仅仅把孩子交给学校，相信他们最后会受到良好的教育，这样的想法和做法是非常危险的！

THE INTUITIVE PARENT
直觉养育要点回顾

- ☑ 对太多的家长与孩子而言，早期教育已经成为风险很高、压力很大的事情。
- ☑ 做好成为孩子学校教育合作伙伴的准备，如果直觉和常识让你觉得有必要，请大胆要求老师做出调整，尤其是涉及家庭作业之时。
- ☑ 美国教育制度和《共同核心标准》旨在提高考试成绩，而不保证你的孩子能获得成功的积极学习体验。“应试教育”会导致学科内容零散化、无意义化。请确保你的孩子在学习下一阶段的知识时，已经信心十足地掌握了当前的基本知识，如加法、字母名称等。
- ☑ 如果孩子提前做好了学习下一阶段内容的准备，不要阻拦他。大多数孩子都会出现学习某些功课的速度超过其他功课的现象，比如阅读超过了数学。我有个孩子三年级时的阅读能力只达到了二年级的水平，但他会做五年级的数学题。很少有孩子可以做到每门功课都准确地达到年级要求的水平。让他根据自己的水平进行学习，无论他的水平是超出了同年级同学，还是不及同年级同学。
- ☑ 如果你找不到适合孩子的公立学校，在家庭经济条件允许的情况下，完全可以让他去读另类学校，如蒙台梭利、华德福，以及私立学校和教会学校。

THE
INTUITIVE
PARENT

09

培育孩子，你是不是也有“一夜暴富”的心

WHY
THE BEST
THING
FOR YOUR CHILD IS YOU

如今，电视和报纸常常报道一些骇人听闻的故事和数据，各种折磨着孩子的发展障碍与学习障碍的患病率正逐年攀升。2014 年春，全美媒体的头条新闻发布消息称，每 68 名儿童中就有一名自闭症谱系障碍（autism spectrum disorder，简称 ASD）患者。[1] 注意力缺陷多动障碍（attention-deficit hyperactivity disorder，简称 ADHD）的情况更糟。2013 年 3 月，《纽约时报》报道，在学龄儿童中，临床诊断患 ADHD 的比例达 11%；[2] 高中男生的患病率达 13.2%，这个数字在过去 10 年间增加了 40%，[3] 在校男生服用 ADHD 药物已不算稀奇。[4]

自闭症、发展与学习障碍以及注意力缺陷问题真实存在，有些孩子天生就有轻度到重度的障碍，需要父母的额外关照，有时还需要医生的帮助，以纠正障碍给孩子生活造成的影响。在本章末尾，我会谈到父母在什么情况下应该寻求外援，以及在孩子确实面对严重的发展挑战时，应如何施行直觉式养育。但是，我想先谈谈，为什么所有父母都应该关心 ASD 和 ADHD 患儿急剧增加的原因。

多动症？自闭症？元凶或许就在身边

导致 ASD 和 ADHD 发病率飙升的原因可能有几个。关于 ADHD，美国一直存在诊断是否过度的争议。[5]但除了过去被漏诊的儿童得到了更好的诊断以外，诊断的主观性、孩子看电视和视频时间的增加以及制药公司的营销策略，可能也是发病率飙升的重要因素。可我们是不是也应该认真审视一下，看看强行让婴幼儿尚未成熟的大脑去做他们还没准备好的事情，有着怎样的不利影响？本章着重讨论 ASD、ADHD 及其他类型的学习障碍，探索这种推动发展极限的观念有怎样的危险、副作用及意料之外的后果。

当今社会，有关学习的流行观点似乎认为，针对婴幼儿与学龄前儿童的任何加速专项训练都具有超乎其他学习类型的“价值”，起码是有良性效果的，顶多也就是无效。换言之，人们认为提前对学龄前儿童甚至婴幼儿进行语音训练之类的做法具有潜在的效果，起码没有坏处。但针对这些看似聪明的“一夜暴富”计划所做的研究表明，情况并非如此。

父母使用词语训练视频和 DVD 辅导婴儿，目的是希望孩子将来上学时有竞争优势。这种想法有什么错呢？毕竟在过去 100 多年里，许多研究证明，较大的词汇量意味着更好的学业表现、更强的阅读能力[6]与更高的[7]智商。[8]那么，希望孩子通过观看视频、DVD 和软件来认识物品和图片，从而提高词汇量，这会有什么危害呢？

THE INTUITIVE PARENT 直觉养育的科学

2010 年，弗吉尼亚大学的朱迪 · 德洛克（Judy S.DeLoache）与同事在《心理科学》发表文章，就这一话题给出了耐人寻味的答案。德洛克教授把一群 12 ～ 18 个月大的幼儿分成观看词汇学习 DVD 的

> 对照组与不看 DVD 的控制组，对他们进行对比研究。这个年龄段的孩子学习新词的速度很快，常常展现出“词语爆炸”的本事，特别适合作为科学研究对象，帮助科学家了解词汇学习视频之类的电子产品对孩子词语学习的影响。
>
> 德洛克的研究结论让很多人大吃一惊：观看词汇学习 DVD 的对照组儿童并没有比控制组儿童学会更多的单词，说明旨在让孩子通过观看节目来加快词语学习的尝试没有达到效果。更令人震惊的是，“控制组儿童学习词语的情况更好。他们没有使用视频，而完全是由父母通过日常活动完成的”。[9] 换言之，观看词汇学习 DVD 的孩子掌握的单词量不及那些只是与父母进行正常、自然、直觉式互动的孩子。

这个发现直接支持了本书的主要观点：孩子在日常的自然活动中与父母或照料者进行互动，是最好的学习方式。

除了计算每个孩子学到的词语之外，德洛克教授也对父母做了调查，询问他们认为自己的孩子学到了多少词语。她报告说：“另一个重要的结果是，那些喜欢 DVD 方式的父母倾向于高估孩子的学习情况。”[10] 这些父母估计的孩子从词汇学习 DVD 中学到的词语比他们实际学到的多。你可以想象，这些父母也会让其他父母知道自己的孩子在看词汇学习 DVD，即便实际情况是，他们的孩子学习词语的状况不及那些以正常、本能方式学习词语的孩子。我们可以进一步想象，有些父母听说了词汇学习 DVD，感受到来自同伴的压力，于是也给自己的孩子买了 DVD，或者，至少会因为没有给孩子提供这种特殊训练而心怀愧疚。而真实情况是，父母的看法与孩子的实际情况并不吻合。

乔治妮 · 特罗塞斯（Georgene Troseth）与她在范德堡大学皮博迪教育学院的同事长期研究儿童使用 DVD 学习的效果。他们的发现与德洛克博士一致，也就是说，总体而言，**幼儿使用 DVD 学习的效果不如与父母或照料者进行日常互动的效果好**。此外，她还指出，**使用 DVD 学习的孩子不像日常互动的孩子那样善于社交**。[11] 如果孩子把时间用来观看 DVD 或者盯着电脑屏幕，那他就没那么多时间与人交流，也就难怪与看视频、电脑、DVD 比较少，同父母、兄弟姐妹和同伴交往比较多的孩子相比，这些孩子的社会交往能力发展速度较慢。[12]

这些研究结论都说明，以词汇学习 DVD 的形式加快孩子的神经发展，出发点虽好，却误入了歧途，容易导致延误孩子词语发展与社交能力发展的意外后果，但父母们宁愿认为孩子使用 DVD 的学习效果比实际效果好。那么，人为加快社会总体发展的努力是否也在其他领域产生了潜在的负面后果，而我们却以为自己的方法比实际效果要好呢?

警惕阅读早慧的假象

我在第 4 章中谈到过，阅读早慧障碍指孩子在读词方面有时达到了早熟的水平，可以读出来，但并不明白词义。这种障碍常见于自闭症儿童。自闭症儿童往往对字母特别着迷，每天可以花几个小时看字母，学习字母代表的声音符号。

我认识的一些自闭症儿童几乎可以读出所有英语单词，有些 2 岁大的孩子就会读“大象”“过山车”“恐龙”“半岛”之类的词语，甚至可以读出我给他们看的任何打印出来的单词。父母往往因此认为自己的孩子绝顶聪明。某种程度上来讲，的确如此，因为大多数 2 岁的孩子根本不识字，甚至不明白声音与字母的关系，所以这些孩子的确相当早熟。然而父母最初的兴奋很快便会烟消云散，因为他们意识到，孩子花了太多时间在字母和数字上，结果错过了其他很多重要的学习机会。这是自闭症儿童常有的情况。从社交能力发展和其他诸多认知能力发展的角度来讲，小小年纪就把时间用来学习字母是有代价的。

这些父母并没有强迫自闭症孩子学习拼写或朗读词语，而是在给孩子阅读的自然过程中，发现孩子特别喜欢字母。这些孩子老是要求父母一再重复字母，还可能把印有字母的积木拿给父母，让父母教他们读。身为父母，自然会满足孩子这些要求，谁也不该为此责怪他们，他们只是顺应孩子的兴趣而已。由于自闭症儿童兴趣范围狭窄，不像其他孩子那么喜欢社交，因而许多孩子与父母之间的互动都是以孩子喜欢的事物为中心，比如字母。

那么，没有自闭症的孩子情况又如何呢？如果在孩子表现出对字母的兴趣之前就教他们字母，那会发生什么情况呢？在孩子知道由字母组成的词语的意思之前给他们看字母会怎么样？会不会诱发阅读早慧？

THE INTUITIVE PARENT 直觉养育的奥秘

过早地教孩子读字母，由于字母脱离了有意义的语境，可能会以类似阅读早慧的诡异方式妨碍孩子阅读理解能力的发展。孩子可以说出字母、读出单词，但是对所读词语的意思并不了解。

阅读流畅的读者，即那些理解所读内容的读者，是如何处理文本的呢？因为意思促成理解，所以阅读流畅的读者只要浏览一下，就能在文本和语境的基础上大致理解内容的意思。更重要的是，他们不是一个字母一个字母阅读的！逐个看下面这行字母，并把每个字母都读出来，每次读一个字母。

L o o k a t e a c h l e t t e r t o r e a d e a c h o n e . O n e a t a t i m e

这种读法既劳神又缓慢。默读每个字母，再把每个字母读出声来，然后把一个个语音组合成单词，这种读法让人很难明白单词的含义，很难把这些单词组合成有意义的句子。但如果你懂英语，稍微思考一下就可以看出那个句子的意思。

正如这个句子所说的，一个字母一个字母地读，速度非常缓慢，效率十分低下。但如果在孩子不理解词义、更不理解语言的情况下，在他们自然掌握词语之前，或者在他们发展出能够理解字母构成词语含义的神经基础之前，就迫使他们“阅读”，那会发生什么情况呢？他们的大脑会不会倾向于辛苦地辨认、无意识地默读每一个字母的发音，用这种方式来读单词呢？有些伴有阅读问题的学习障碍儿童往往对自己阅读的文本内容感到云里雾里。在美国，有这些学习障碍的儿童正在不断增多，[13] 至少占到学龄儿童的 5%。[14]

这是一道难题。教育改革者认为，让低龄儿童接受语音训练和文本阅读训练有助于提高他们的阅读能力，按照推断，也应该能减少学习障碍。我不免怀疑，在儿童能够理解潜在的语音结构之前硬性地教他们学习以字母和语音为基础的符号系统，会不会在一定程度上增加了学习障碍的患病率。

根据美国中央情报局（Central Intelligence Agency）2013 年发布的《世界年鉴》（*World Facebook*），芬兰、瑞典、丹麦、挪威等斯堪的纳维亚半岛地区国家的儿童总体识字率高于美国，而这些国家的孩子开始学习阅读的时间比美国的孩子要晚得多。[15] 尽管各国认定障碍的方法有别，不容易进行直接对比，但调查表明，这些斯堪的纳维亚半岛地区国家孩子的学习障碍发病率与美国相比的确也低得多。[16] 对这些数据的保守解读证明，早早开始阅读教育并不一定意味着更高的识字率，也与降低学习障碍发病率无关。但还需要做进一步研究才能确定，等孩子年龄较大、语言能力得到更加充分的发展之后才开始阅读，是否可以降低学习障碍发病率。

对于教孩子阅读的直觉型父母，如果个别孩子较早展现出语言天赋，想要理解阅读的内容，那没有理由加以制止。而另一方面，很显然，迫使孩子早早阅读不一定对孩子成年后的长期阅读能力有所助益，迫使大脑发育尚不成熟的孩子训练阅读可能会导致意料之外的后果，使他们的大脑在处理文本与理解符号意义时效率低下。

好动还是多动？别轻易给孩子贴标签

《纽约时报》发表了一篇关于 ADHD 和学前教育的专栏文章，资深教师林恩·休斯（Lynn Hughes）致信该报编辑，指出：

> 作为有 47 年教龄的小学教师，我发现有关注意力缺陷多动障碍的许多观点过于狭隘，令人不安。我有没有教过符合 ADHD 症状的学生？有。他们一旦用药，症状就会得到非常显著的改善。
>
> 但是，很多学生只是好动，他们会留意到许多我们忽视的事物，如窗户外面的食槽上出现了一只鸟，或者教室里飞进了一只帝王蝶，并为之兴奋叫好；做作业的时候，他们宁肯站着，而不愿意坐下，活动时间一长，他们就要休息一下，而往往喝口水就行了。他们很健康。
>
> 人与人之间千差万别，传统课堂的要求并不适合所有人，尤其在孩子年龄较小、控制力较弱的时候。我们不要只是盯着孩子，也要看看我们给他们安排的环境。学前班不是个只能不声不响做作业、一动不动的地方。那正是孩子探索世界的时候，应该允许他们提出成千上万个问题，创造一场学习和嬉戏相结合、自我主导的冒险。
>
> 小孩子需要丰富且充满刺激的环境，要允许他们动来动去。在那样的环境下，即使是那少数几个真正需要诊断、或许需要干预的孩子，也会有上佳表现。[17]

与很多兢兢业业的老师一样，休斯女士明白孩子们需要学习什么东西，也知道该如何教他们学习。她理解一刀切的课堂不会成功，指望所有学前班的孩子乖乖坐着、被动学习根本不切实际。最重要的是，她提出了这一可能性，即ADHD的“流行”一定程度上要归咎于我们基于错误观念的做法，即迫使孩子按自然规律正常发育的大脑学习过多的东西。

美国精神病学会（American Psychiatric Association）颁布的《精神障碍诊断与统计手册（第五版）》（*Diagnostic Statistical Manual of Mental Disorders*，简称*DSM*-5）把ADHD定义为3种类型：第一，不能抑制干扰、不能集中精力，称为注意力不集中型；第二，不能抑制活动的冲动，称为多动-冲动型；第三，两种类型的结合，称为混合型。正如本章开头所说，ADHD的发病率与服用ADHD药物的儿童数量正以惊人的速度增加。

增加的原因何在？[18] 特定的原因尚不清楚，但最近的研究显示，这些患儿大脑中负责通过突触将神经冲动从一个神经细胞传递给另一个神经细胞的某些化学物质可能被打乱了。这些神经递质在突触中的数量可能减少或者增加了，而突触，就是我们在第2章中说过的，神经细胞间的空间，信息通过它们在细胞间传递。

ADHD无疑是一种真正的病症，有些孩子也的确难以集中注意力或抑制动来动去的冲动，药物有时对这些孩子有帮助。多动-冲动型ADHD患儿真的是东奔西跑，即便是对他们来说非常具有激励性的任务，最多也只能吸引他们几分钟的注意。他们进入一个房间，看看这个玩具，摸摸那个玩具，一样都玩不长，很快就把房间搞得乱七八糟。关键的诊断指标是，即使是他们喜欢的活动也无法让他们静下来，而不是只有无聊、乏味的活动才不能吸引他们的注意。实践中，这很容易辨别，因为孩子明明玩的是非常有趣的玩具，但还是不断站起来，东转转西走走，过一会儿再回过头来接着玩，这种情况连旁人看起来都觉得累。同样，注意力不集中型ADHD患儿也不能抑制干扰。他们玩着心爱有趣的玩具，但只要房间里有响动，或者听见室外的声音，他们就没法继续玩下去。

任何人都难以集中精力做无聊的重复性工作。[19] 有些人能坚持做下去是因为有较强的动力，而另一些人除非兴致盎然，[20] 否则就会放弃。这种情形可见于需要机械记忆而不是流体推理的任务中。在对学生的无聊感所做的研究中，科学家威廉·米库拉斯（William Mikulas）和斯蒂芬·沃达诺维奇 (Stephen Vodanovich) 指出，任务复杂性直接影响注意力；在这里，无聊与注意力水平的降低有关。[21] 需要的思维能力越多，注意力就越集中，这不奇怪。可惜，记忆不是积极思维型任务，与无聊感水平的升高有关，因此注意力水平不高。

这一发现可延伸到教育领域。拉尼·卡涅夫斯基（Lannie Kanevsky）和泰西·凯利（Tacey Keighley）对一些天才学生进行了采访，发现"本研究中的所有学生都提到，希望学习具有复杂性。他们寻求新奇、抽象、开放式的练习，觉得大多数作业似曾相识、虚假做作，具象而脱离现实，过分简单，令人厌烦"。有一位学生的话最好地概括了这一点："在学校，唯一的任务就是死记硬背。那是他们唯一要求你做的事。他们不要求你理解，只要你记住 2+2=4，而不告诉你为什么。没人征求我们的意见，没人问我们问题，他们从来没想过问问为什么是这样？你知道，我们就是做作业、交作业，他们就是批改作业，然后给我们一个分数。就这样。"[22]

针对负责注意力的大脑回路的研究真是引人入胜。[23] 科学家发现有两个交互的系统同时介入多个大脑中枢和多种水平的信息加工。**一个系统专门负责处理大脑接收的海量信息，从中发现重要信号**。想象你在丛林中行进，各种声音灌满双耳：猴子在枝头交头接耳，风吹树叶簌簌作响，鸟儿在林间歌咏；林中风景也令你眼花缭乱：美丽的花朵、宽阔的树干、墨绿的苔藓，藤蔓像瀑布一样挂在树上，昆虫飞来飞去。大量的信息涌入，大脑需要进行处理和解释。

这时，前方树丛中传来一个微弱的声音，是豹子扑向猎物之前发出的那种声音。你会怎么样？你的大脑最好能立刻识别、注意并高度重视这个信号，否则你的 DNA 可能就没有机会传下去啦！大脑的注意力回路会监测持续不断的信息流，一旦有高优先级的信号传入，马上集中注意力。

ADHD 患儿的大脑却会优先传递错误信号。安全无害的背景声音吸引了本该留给重要信号的注意力。在丛林豹子的例子中，听见前方树叶的沙沙声后，大脑本该提高压力水平，让整个身体做好逃跑准备。但是，如果鸟儿一啼叫大脑就做出这样的反应呢？那精神和身体就不断处于“红色警戒”状态，有这种大脑的孩子就会表现得神经质、紧张。

第二个注意力系统旨在帮助我们有目的地把注意力集中在一些物体或者活动上，这样我们就可以把注意力放在我们选择的特定刺激上。例如，置身丛林间，我们听见一种特别的鸟鸣声，想对它的来源和属性做更多的了解。我们的大脑可以抑制周围的“背景”声音和景色，以便集中精神聆听感兴趣的鸟声，寻找信号源头，希望一瞥那歌喉婉转的鸟儿的芳姿。想象一下，假如负责这项任务的神经回路无法过滤干扰信息会怎样？我想搜寻那只有趣的鸟，但无法抑制对猴子交头接耳声和过往风声的注意。这样一来，我就很难把鸟儿的叫声与其他信号区分开，也就很难聆听和找到鸟儿的踪影了。

无怪乎 ADHD 患儿不易按照寻常方式学习，常常丢失重要信息。除非最大限度地排除干扰，否则他们没法注意老师在课堂上或者父母在家中提供的相关输入，必须给他们一遍遍反复讲解功课内容，让他们多次接触关键信息。他们要么注意力游离在别处，要么跑来跑去，根本就没在注意。

这里有一些重要的警告。许多诊断为或者被视为患有 ADHD 的孩子在大多数情况下表现完全正常，只有在学校时才痛苦不堪。请记住，ADHD 的基本定义明确指出，有关症状必须在多种环境下发生。所以，如果一个孩子只有在学校才“扭来扭去”、注意力不集中，在别的地方都不是这样，那么，他就不符合 ADHD 的诊断标准。直截了当地说，老师和学校不应该是 ADHD 诊断的唯一依据。与我合作过的许多家长说，老师和其他教职员常常认为孩子患有 ADHD，解决办法就是给他们吃药。

THE INTUITIVE PARENT 直觉养育的奥秘

实际上，现代学校的组织方式才是导致儿童多动和注意力不集中这两个 ADHD 症状的元凶。

我们来看看学校是怎样不经意地让并未患有 ADHD 的孩子看起来好像患有 ADHD 的，尤其是男孩。

想象你在学习一门新的语言，比方说德语。老师只讲长长的德语句子，其他同学也会讲德语，而你对德语的理解非常有限……你的感觉怎么样？不难想象，在这样的学习环境下，你难免会“动来动去”，注意力不集中。另一方面，如果老师一开始先使用你能理解的简单词语和短语，根据你的学习速度设计课程，你的注意力就能够集中，也不会像那样动来动去了，你会专心许多。对于你不熟悉的科目，比如化学、物理、数学，哪怕用母语讲解，情况也是一样。如果老师教的内容远远超出你的能力范围，你就会动来动去，不那么专心。你可能很想学习，努力集中注意力一段时间，但你越来越不理解老师讲的内容，而不是越来越理解，然后，就可能在某个时候停止尝试。你会频频看表，瞅瞅窗外，坐立不安，注意力降低。

我不禁想，许多孩子在学校是否也经历了类似情形？正常的学习风格有许多种，但是每个孩子的特定风格不一定完全符合老师所采用的方法。例如，看看两三岁、正处于发育状态的典型儿童，你会发现他们总在自然地频繁改变活动项目。与我们对幼儿行为的合理期待相比较，这些孩子并不存在多动或者注意力不集中的问题。

但是，如果我们把他们当作中学生进行教育，情况又会怎样呢？要求这些闹闹嚷嚷，但其他方面都很正常的小男孩、小女孩安安静静坐在课桌前，或者围成一圈，听老师连续讲几十分钟，这要求合理吗？如果一个孩子没做好上学的准备，却被强迫坐在教室里，完成超出能力范围的功课或者书面作业，如果我们把还不会做这些事情的孩子称为 ADHD 患者，让他们服用精神药物，这合理吗？这等于是把只懂几个德语单词、不能专心听德语老师说长句子的你说成是 ADHD 患者，而解决问题的办法不是让老师退一步，把功课变得简单些，而是要你吃药、让你安静坐着听课，以符合课堂要求。

以初中甚至高中的教学方法教学龄前儿童语法乃至中学的课程内容，这会不会是造成美国 ADHD 诊断增加、儿童服用刺激性药物增加的重要原因呢？目前还不知道这一问题的答案，但显然值得做进一步的科学研究证明。

ADHD 流行的另一个原因可能是使用 DVD、视频和电脑教育低龄儿童。我不禁想，以这种二维、机械的方式训练孩子的大脑，给他们提供可以预测的学习例程，促进的是死记硬背而不是流体推理和解决问题能力的发展。一个孩子耗费大量时间，使用预先制定好的电脑教学方案进行被动学习，然后被丢进学校，而学校的教学在三维空间内进行，他要听活生生的老师上课，跟他互动、解决问题，这样一来，孩子会怎么样？他的大脑从小就习惯了使用电脑视频或者 DVD 进行学习，难以适应和习惯新的学习环境。他的社交能力发展可能也会比较滞后，因为他大量时间都生活在虚拟现实中。这是否也是学校里 ADHD 患儿增多的原因？这一问题也值得研究。

自闭症，可能是早教产品的副作用

自闭症与 ASD 逐渐成为热门话题，美国儿童的发病率急剧增加，与 ADHD 一样，过去几十年新增病例的数量令人咂舌。下面是美国疾病控制与预防中心（Centers for Disease Control，简称 CDC）历年记录的 ASD 发病率状况：

> 1978 年，每 1 万名儿童的发病率大约是 3 例；[24] 1990 年，每 1 万名儿童的发病率大约也是 3 例；1996 年，每 1 万名儿童的发病率跃升到了 34 例；2004 年，发病率翻了一倍，每 1 万名儿童的发病率达到 80 例。[25] 2015 年，估计每 1 万名儿童的发病率是 147 例，也就是说，每 68 名儿童中就有一名自闭症患儿。[26] 自 1990 年以来，自闭症发病率几乎增加了 5 倍，虽然同 ADHD 的发病率增长数字比起来微不足道，但仍然触目惊心。美国疾病控制与预防中心的数据显示，每 42 名男童中就有 1 名自闭症患儿，也就是说，每 100 名男童中就至少有 2 人患有自闭症。[27] 看这个势头，估计未来 5 年 ASD 的发病率将成倍增加。

可以肯定，随着诊断标准的变化，对儿童进行诊断的时间也提前了，所以，无法确定发病率的增加有多少是由于诊断标准的改变所致，有多少是由于诊断方法变得更为精确所致。还要注意的是，自闭症定义的范围拓宽了，20 世纪 70 年代～ 90 年代时不会被诊断为自闭症的孩子，根据现在宽泛的自闭症谱系标准，都会被诊断为自闭症患者。另一方面，可能美国自闭症的核心发病率也的确增加了。

自闭症是一种发展障碍，表现为与他人进行社会交往的动力低下，严格遵循惯例，如果惯例被打破，就会闹脾气，甚至情绪崩溃，大多数患者伴有语言障碍。另外，许多自闭症儿童存在某种程度的智力缺陷。汤姆 · 克鲁斯和达斯汀 · 霍夫曼主演的电影《雨人》刻画了一位自闭症患者，霍夫曼在片中惟妙惟肖地扮演了一位患有高功能型自闭症的成人，一举夺得奥斯卡奖。

自闭症儿童很难抚养。与一般婴幼儿与学龄前儿童不同，他们缺少社交动力，即便知道怎么表达，也不愿开口。自闭症孩子的妈妈尤其容易感到内疚，因为在 20 世纪 50 年代和 60 年代，医学界和公众广泛接受的理论认为，孩子患上自闭症是由于父母，尤其是妈妈给他的情感温暖不够，这种观点今天仍然有市场。其实这种理论早就被彻底推翻了。自闭症显然不是父母导致的。由于这个话题仍然敏感，在谈到自闭症与过早教给孩子过多知识的做法之间的关系时，我会非常谨慎。我特别希望读到这里的妈妈们不要错误地以为孩子的自闭症是由于自己过早教他识字导致的，或者是因为孩子接触了太多的电脑游戏。不过我想说明，DVD 或者电脑学习的方式对自闭症的孩子特别有害。这些学习方式会使孩子的社交要求降低、社会交往局限，可能导致孩子出现一些分裂的小技能和机械的学习方式。由于这些孩子特别喜欢这类学习活动，还可能加剧他们的自闭症状况。

自闭症患儿钟爱例程，远比一般的孩子喜欢反复做同一件事情。他们也喜欢所做的事情具有可预测性且千篇一律。例如，我治疗过的自闭症孩子喜欢字母，特别是打印出来的字母。比如看一页书上所有的字母“o”，就像其他字母一样，它们看起来一模一样，完全可以预测。这种可预测性和相同性似乎令他们感到特别开心，甚至可以连续几个小时盯着字母或者其他让他们着迷的东西。这意味着自闭症儿童会成为认识字母的专家，可惜，也意味着他们错过了与别人交流和接触的学习机会。

自闭症孩子也喜欢反复听同样的东西，可能是音乐，比如某些特定的歌曲，或者听视频、DVD 里面的对话。许多自闭症孩子喜欢学别人说话，会复述他们听到的内容，即便那些内容与当前交谈的话题无关。他们之所以反复听同样的东西，尤其是录音和视频，是因为里面的声音、音符或者短语一成不变。如果我把“The ball is rolling.”（球在滚）这句话多说两遍，那我每次的说法都不会完全一致。可能会压缩成“The ball’s rolling”，也可能会把重音放在“is”上强调这个词，或者用升调表示提问。但是自闭症孩子看的DVD、听的录音每次都会以同样的方式重复单词和短语。

现在再想一想DVD和电脑游戏的属性，想一想为什么它们特别吸引自闭症的孩子：他们可以自己打开DVD或者电脑，不需要开口请父母或者其他人帮忙；每次播放，视频和音频的内容都一成不变，满足了他们对例程和相同性的喜好；学习这些材料不牵涉其他人，正好他不想跟别人说话。而且，尽管过去十来年许多电脑游戏里的“声音”仍然机械、单调，但自闭症的孩子似乎就喜欢这种声音。总而言之，有自闭症倾向的婴幼儿特别喜欢预制的学习节目，而不那么喜欢与父母和兄弟姐妹进行自然的交流。

更为广泛的自闭症谱系障碍情况又如何呢？如果孩子在其他方面没有自闭症，表现得也不像“雨人”，但他们的大脑从小就习惯于机器教学，而不是跟人学习，那他们会不会被错误地归入宽泛的ASD呢？记住，如果一个孩子只是喜欢电脑、DVD，但擅长社会交往、各方面发展正常，那么，有经验的医生绝不会把他说成自闭症患者。另一方面，针对使用DVD、电脑学习词语的婴幼儿的研究发现，使用这些媒介学习的孩子不那么合群，这当然是自闭症的一个特征。这些游戏和教学材料特意设计得能够吸引住孩子的注意力：色彩丰富、声音洪亮、看起来很有趣，比爸爸妈妈有趣多了。

THE INTUITIVE PARENT 直觉养育的奥秘

我不免怀疑，不符合自闭症传统定义，但没有一般的孩子那么合群的孩子被归入自闭症范围的情况增加了，会不会是因为早期长时间看教育DVD和电脑加剧了他们的这些症状呢？

让幼小的孩子接触这些新技术以及加速他们学习进程的做法形成了一种“自然实验”，可以验证这些新技术是否改变了儿童发育方式，加剧了ADHD、学习障碍及自闭症的发展。在临床上，我与患儿的父母努力增加他们的社会交往，降低肤浅学习，减少他们沉溺新技术的方式与时间，改善他们的表现。

此外，类似《天才宝宝》DVD、培养记忆的教育材料及其他机械学习练习显然都降低了这些孩子，尤其是自闭症患儿的推理能力和解决问题的能力。仔细观察你的孩子，如果他常常受到视频或者游戏的吸引，与人的联系减少，那么明智的做法是拿走平板电脑和视频播放工具。对他有益的做法是，增加他与别人的交往和与自然的互动，同时采取回应式互动的方式。当然，如果你怀疑孩子有自闭症、ADHD或者其他临床疾病，请立即找儿科医生或家庭医生就诊。

幼时进行机械学习，在大脑学会与人交流之前进行电子学习，这些做法是否导致了这些病症的激增？这是一个开放性的问题。然而，对于孩子应该如何学习、学习什么东西，父母需要保持敏感，同时，也要密切关注未来的教学产品与教育目标、技术是否能满足孩子的学习需要，是否与孩子的学习风格相吻合。

聪明家长不会相信“万金油”疗法

我在范德堡大学医学院工作了25年。临床上，我的部分工作内容是帮助有学习障碍的孩子学习，这部分工作涉及ASD、ADHD患儿，以及有学习障碍的孩子。以我所见，有言语和语言障碍的孩子进入学校后，大多数都表现出了学习障碍，包括阅读问题。

我自己有个孩子在幼儿园的时候听不懂别人说话，像我治疗的大多数患儿一样，他在学习阅读时，也需要特殊帮助。在进入高年级之前，他的阅读能力落后于同学，这并不奇怪。然而上大学以后，他成了阅读能力很强的学生，最终顺利毕业。

概而言之，作为临床医生，我熟悉这些病症，而且作为家长，我也曾坐在病人的位置上。最后，因为我曾研究过如何帮助这些孩子学习，出任过多个研究审查小组的专家，评审这一课题的研究，所以，我非常幸运能有机会知道哪些方法可以帮到这些孩子，也许更重要的是，知道哪些方法对他们徒劳无益！

在养育学习风格不同于其他小伙伴的孩子时，直觉式养育方法显得更为重要。但是，当孩子出现发展障碍、学习障碍或迟滞、注意缺陷问题，或者同时出现以上几种问题时，这些父母特别容易成为某些可疑治疗方法与教学技术的受害者。这些东西毫无价值，甚至对孩子有害。在对这些病症的理解和治疗方面，医学界已经做出了卓越发现，取得了长足进步，因此，每当看到孩子宝贵的学习时间和有限的家庭资源被浪费在无效的“时尚治疗”上，我都感到特别痛心。实际上，目前的确已经有一些很健康的治疗方法，但是父母得先了解情况，保持怀疑态度，确保孩子获得正确的帮助。

直觉式养育的一个关键原则是，在激发孩子的学习上，没有捷径，也没有灵丹妙药。通过本书前面的章节我们已经了解，孩子会学习我们教给他的东西。这句话看似简单，其实相当深刻，尤其是对有疾患的孩子来说。如果你的孩子有阅读障碍，那就集中精力对他进行阅读辅导。

THE INTUITIVE PARENT 直觉养育的奥秘

对于阅读障碍以及有其他阅读问题的孩子来说，最好的教学方法是什么？关于这个问题，父母与协助他们工作的医生得有创意才行。

例如，我经手治疗的很多孩子没有音韵意识，因此无法有效地把字母组合成有意义的单词。这些孩子阅读速度缓慢，很难理解读到的内容。你可以想象，等孩子小学毕业，进入初中后，这个问题会相当棘手；如果问题延续到高中，那就更麻烦了。我的临床工作以及很多科学文献都表明，可以有效地教会大多数这类孩子阅读全词。也就是说，要尽量减少孩子使用语音读出单词的做法，直接教他读整个单词。[28] 许多孩子的确是用基于语音的方法阅读，但对于难以使用标准教学方式学会阅读的孩子，就得采用其他的方法。当然，阅读教学一般应该包括阅读理解、语音及解码，这对所有孩子都一样，但是，需要调整阅读障碍儿童的课程，需要针对他们的学习提供辅导或特殊教法。

THE INTUITIVE PARENT 直觉养育的奥秘

对于学习方式与一般孩子不同的孩子来说，针对他们理解不了的概念和学习内容，应该提供专门教学，教给他们真正需要学习的东西。还有什么比这一观点更有道理、更符合直觉的呢？ [29]

另一方面，有人可能会向这些绝望的父母推销与阅读无关的“特殊技能”、工具、训练项目，尽管没有证据支持这些项目，甚至还有证据证明它们毫无用处。[30]

THE INTUITIVE PARENT 直觉养育的科学

棱镜眼镜就是一个这样的例子。有些医生推荐有阅读问题的孩子佩戴这种眼镜，同时做“眼球追踪”练习。有几项研究证明，棱镜眼镜并不能提高阅读能力，也不像其设计目的及原理所说的那样，可以改善眼睛聚合不足的问题。2005 年，英国发表的一项临床实验表明，“对于治疗 9 ～ 18 岁儿童的眼睛聚合问题，棱镜眼镜在缓解症状、改善集合近点方面，并不比安慰型阅读眼镜更有效”。[31] 用大白话说就是，这种特殊的眼镜对于改善聚合问题毫无帮助！尽管如此，我那些患儿的父母却都告诉我，医生向他们推荐棱镜眼镜，认为他们应该用这种眼镜帮助有阅读型学习障碍的孩子。

由于语音是阅读的重要组成部分，已经有好几个教学与电脑训练项目教声音辨别、字母辨识、基于语音的排序及其他语音“加工”能力，而且都声称自己的产品可以改善孩子的阅读能力。

好多学校购买了这些软件，用于“资源教室”或者特殊阅读课。然而，如同棱镜眼镜一样，科学研究证明，这些训练并不能提高孩子的阅读能力，而且，临床实验结果也完全推翻了这类产品制造商的承诺，否定了对这类产品信心十足的医生。例如，2004 年，针对促进言语加工能力的听力软件，科学家做了临床测试，发现通过使用，孩子的确学会了辨别读音以及进行语音排序，他们学会了软件教他们的东西，“但这些技能并未转化为更广泛的语言习得能力或实际阅读能力”。[32]

直觉型父母富有常识，他们认识到，在批判的眼光下，有些方法纯属怪异。

THE INTUITIVE PARENT 直觉养育的科学

有一个软件叫“互动节拍器”。商家以医生为对象，发起了凌厉的宣传攻势，声称他们的产品可以治疗 ADHD、诵读困难、自闭症、阅读障碍、听觉处理障碍、帕金森氏病及其他综合征。[33] 实际“治疗”就是教患者跟随电脑节拍拍手跺脚。我不怀疑这可以教孩子跟随电脑节拍拍手跺脚，但这怎么能够教孩子学会阅读、社交、谈话和理解呢？拍手和跺脚与学习阅读、社交和谈话毫不相干！

商家称这款软件可以治疗自闭症，那就更荒谬了。[34]“互动节拍器”网站声称：“自闭症的病因还不被人充分了解，但早期干预显然能给孩子带来巨大的改变。传统疗法已经给很多家庭带来了良好的效果，互动节拍器训练将把疗效提升到下一个层次。”

这种说法令人心碎，作为一名帮助自闭症儿童家庭的临床医生，我从自身经验获知，绝望的情绪是如何使得父母们轻而易举成为这类可疑断言的牺牲品的。事实上，上百项研究证明，行为治疗方法基本上就是教ASD患儿阅读以及如何说话、如何理解别人的话、如何控制脾气、如何与人交往、如何减轻他所面对的各种挑战，非常有效。[35]但是，没有一项临床实验证明互动节拍器可以教给孩子这些能力。事实上，可以想到，互动节拍器至少会加重一种自闭症症状。许多自闭症儿童热衷于重复行动，有些孩子以同样的方式反复挥舞双手。不能不怀疑，互动节拍器的拍手练习是不是反倒奖励并恶化了他们的重复性行为。还没人对此进行测试，但这是一个应该予以研究的合理假设。

如果有人向你保证某种药物可以治疗ADHD、失用症或运动障碍、包括阿斯伯格综合征和广泛性发育障碍在内的自闭症谱系障碍、脑伤、经手术或者化疗之后的脑瘤、听觉处理障碍、“语言学习失调”、截肢、非言语学习障碍、口吃与儿童中风、帕金森氏病、中风与成人脊髓损伤，等等，你肯定会高度怀疑，觉得这是“万金油”。但互动节拍器网站竟然宣称他们的产品对以上所有病症都有疗效，这甚至不是药，而只是电脑学习软件。[36]

为什么有人会相信他们的声明，甚至购买这个产品，让孩子执行这个计划？正如真正的万金油一样，他们根本没有任何证据，就把一点小小的效果吹得神乎其神。据2013年全美广播电台的一个报道，[37]最初的万金油是从中国水蛇中提取出来的，富含ω-3脂肪酸。那是一种外用软膏，可以缓解关节炎和滑囊炎的症状。后来，万金油成了包治百病的药，与它最初的功效八竿子打不着。因此，“万金油”一词指包治百病、价值可疑的产品与治疗措施。听起来是不是很耳熟？

就互动节拍器而言，这一“真理的胚芽”与治疗无关。这种方法基于可靠的科学发现：许多残障人士以及运动神经疾病患者，如帕金森氏病患者、脑瘫患者，动作和节奏缓慢、很不稳定。但这个科学事实并不能证明教人跟随节拍器拍手跺脚可以治病，或者有其他功效，除了拍手跺脚能力以外。有些自闭症儿童节奏感很强、动作很协调，尽管也有很多自闭症儿童并非如此。教他们拍手跺脚真的很不恰当，因为 ASD 儿童的主要问题是怠于社交、兴趣范围狭窄，包括重复性行为。

THE INTUITIVE PARENT 直觉养育的奥秘

大脑研究和行为研究发现，在很多事情上，自闭症儿童做得不像其他孩子那么好，但是没有一种“能力”或者万金油、电脑软件可以治愈自闭症、ADHD 或者学习障碍。互动节拍器当然更做不到！

然而，吹捧万金油好处的人可不少。父母接触到的万金油治疗方法种类繁多，但凡孩子有一点进步，哪怕不是“治疗”的效果，他们也自然归功于万金油显效，即便孩子同时还接受了其他疗效确切的治疗。2015 年 2 月 18 日，《纽约时报》报道，纽约市公立学校的儿童得到了一些基于感官的治疗，[38] 其中包括负重压力背心。老师和父母认为这种背心能使学生注意力更集中。这些类型的治疗往往被用于多种病症，包括被认为由“感官统合”失调引起的 ASD、ADHD 和学习障碍。

那临床科学如何看待感官统合的“诊断”和“治疗”呢？2012 年 6 月，著名医学期刊《儿科学》发表了有关感官统合诊断与治疗的政策声明：

> 基于感官的治疗越来越广泛地为职业治疗师所采用，有时候其他类型的治疗师也用这种方法治疗儿童发展与行为障碍。感官治疗包括提供前庭系统、本体感受以及听觉与触觉的输入等对感官系统进行组织的活动。用于提供这些输入的有刷子、秋千、球以及其他特别设计的治疗与娱乐设备。然而，并不清楚有感官问题的儿童是否真的存在大脑感觉传导通路“障碍”，也不清楚这些缺陷是否与其他发展与行为障碍有关。由于没有普遍采用的诊断框架，一般不应诊断为感官处理障碍。[39]

这份感官“诊断”的治疗声明说明：“父母应该知道，关于感官统合治疗效果的研究数量有限，尚无定论。”[40]

就负重背心及其对专注和注意力的影响，我们了解到的情况非常直接：多项研究证明无效！也就是说，针对负重背心的科学研究回顾得出的结论是：

> 使用感官统合疗法的治疗师可能把负重背心作为干预策略，推荐儿童使用，称负重背心有助于解决注意力不集中、多动、刻板与行为笨拙等问题。本文回顾了 7 项有关负重背心的研究。研究数量有限，有一些方法上的欠缺，但整体而言，负重背心没有效果。[41]

注意，与互动节拍器一样，这种方法的倡导者吹嘘它有多种功效，但治疗目的与 ASD、ADHD、学习障碍儿童需要学习的实际技能相去甚远。总而言之，尽管上了报纸头条，尽管纽约市的学校广泛采用，而且还在增加，但是并没有诊断标准，也没有可靠证据表明这些技术真的改善了 ADHD、ASD、学习障碍及其他学习困难的核心症状。

也有针对学习差异的“万金油”项目，有时它们会产生灾难性的后果。这类项目在用于 ASD、ADHD 之类的情况时，问题特别大，因为我们都还不知道造成孩子学习差异的原因，而“万金油”推销员却正好借此机会，发布和宣传与其可疑的疗效相匹配的虚假原因。

THE INTUITIVE PARENT 直觉养育的科学

英国医生安德鲁·韦克菲尔德（Andrew Wakefield）提出，自闭症是由疫苗导致的。这个如今已经没人再相信的理论是一个相当具有戏剧性的案例。1998 年，著名医学期刊《柳叶刀》（*The Lancet*）发表了一篇科学论文，认为麻疹、腮腺炎、风疹（合称 MMR）的联合疫苗与自闭症之间存在关联。[42] 韦克菲尔德是这篇文章的第一作者。这篇报告对美国和欧洲的家庭产生了深远影响，至今阴魂不散：父母担心让孩子注射 MMR 疫苗会提高孩子患自闭症的危险，结果导致许多国家的疫苗接种率下降，在有些地方，这些威胁生命的严重疾病卷土重来，即便在过去很少发现这些疾病的国家，发病率也提高了。[43] 几位名人也加入了这项事业，扩大了媒体对这个理论的报道，其中最著名的是演员、模特珍妮·麦卡锡（Jenny McCarthy），至今许多父母仍然害怕让孩子接种疫苗，有些父母担心孩子的自闭症是婴幼儿时期接种 MMR 疫苗所致。

由于这篇文章漏洞百出，《柳叶刀》后来发表了撤回声明，予以撤除。[44] 韦克菲尔德医生的行医执照也被吊销，《英国医学期刊》指出，他的研究涉嫌欺诈。[45] 现在情况已经明了，“疫苗 - 自闭症关系”的故事就是最糟糕的一种“万金油”。但对于存在学习差异的孩子来说，作为他们的直觉型父母，这份虚假报告的影响应该是一个值得谨记的教训。

没有不能教的孩子，只有没用对的方法

与直觉式养育的其他诸多方面一样，帮助有障碍的孩子学习的首要原则非常直接，且极具直觉意义：**发现孩子擅长做的事情，利用这一优势去解决他的不足。**父母应该为孩子寻找那种认为问题可以解决、愿意费心发现孩子独特资质的医生。老实说，我还从来没有遇见过一个无法教育的孩子，只是需要医生进入那个孩子的个性化学习模式。我接诊过一些有严重障碍的孩子，他们学习进步缓慢。尽管如此，只要有一个集中的学习计划，在父母及其他家庭成员的帮助下，他们也可以进行学习并取得进步。总会有希望存在，总能找到积极进步的方法！

借助常识和直觉式养育，许多 ASD、ADHD 患儿以及有其他学习障碍的孩子可以学得很快。实际上，有些孩子的学习“问题”被教育制度夸大了，因为美国现行的教育制度奉行一刀切的教学方式，这种没有灵活性的教育方式加剧了问题的严重程度。但将教育方式从“通过听讲进行学习”变为“通过动手进行学习”以后，这些孩子会取得很大的进步。

一般而言，父母应该寻找喜欢教孩子的医生和老师，而且这些人要愿意寻找解决学习差异问题的办法，而不是坚持削足适履。与这些专业人士交谈的内容不仅应该包括那些阻碍孩子学习的“红旗”，也应该包括能展示他们优势的“绿旗”。

THE INTUITIVE PARENT 直觉养育的奥秘

每指出孩子不会做的一件事，至少也要找出一件孩子会做的事，给孩子制订的学习计划要把学习与他擅长的事情联系起来。

家长如果担心孩子有 ASD、ADHD、智力障碍、学习障碍或者其他发展障碍，可以采取以下几个步骤。首先，也是最重要的一点，这一点怎么强调都不为过，就是父母应该和家庭医生或儿科医生一起进行一次医学评估，检查孩子的学习差异是否是医学问题所致。这一点至关重要，谁也不应该假设从医疗的角度看，孩子没有问题。我曾让有学习差异的患儿做医学检查，结果有些人查出患有脑瘤、癫痫、腹腔疾病、创伤性脑损伤等病症。

几年前，我接诊了一位来自纽约的病人。他被另一位医生诊断为 ASD。我坚持让他的妈妈带他看家庭医生，医生安排他做了神经系统的检查。很快，我接到他妈妈打来的电话，感谢我救了她儿子的命！原来他的 ASD 症状是脑瘤所致，如果不及时治疗，性命不保。

很多诊断和治疗学习差异的医生都拥有硕士学位，甚至像我一样是博士，但我们既没有接受过做医学检查的训练，也没这个资格。这可能会令家长迷惑不解。完成了医师培训的医生和完成了博士训练的临床心理学家及其他发展问题专家都被称为"doctor"，但我们各自拥有的专业知识是很不一样的。要想正确理解学习差异，这两种专业知识都需要。医生可以评估孩子的身体状况，而心理学家、学习专家、发展专家则负责测试孩子的思维能力和学习模式。另外，一般情况下，只有医生才能开药方。

经医生检查，确定孩子的学习差异不是医学问题所致之后，应该安排心理学家或发展专家对他进行综合评估。这一类别的检查可能还需要言语和语言病理学专家及阅读专家之类特殊教育专家的参与，如果父母担心孩子的听说能力或其他方面的能力的话。如果孩子小肌肉运动技能有困难，比如书写，往往还应请职业治疗师介入。在进行诊断性交谈之前，一定要与医生讨论你的担忧。最重要的是，你需要了解评估过程中会做哪些测试，以及这些测试针对的是哪些学习差异。遗憾的是，只把评估当作"确定"预先认定的某种结论的情况并不少见。许多家长报告称，他们求诊的医生或中心着重于发现孩子是否有 ASD 或者 ADHD，而不测试其他项目，完成确定性诊断以后，就要求孩子接受预先制定的干预方案。所以，寻求评估和答案的时候，千万要小心！

成套测试一定要包含非言语认知能力测试，因为言语成分过重的测试比如复杂的言语指示可能会遮蔽孩子的实际学习潜力。除了之前谈到的那些认知能力以外，成套测试还应当包括听力理解和词汇测评；也应该给孩子做成就测验，如阅读、写字和数学能力；最后，还应进行临床测试，如针对自闭症的“自闭症诊断观察量表”（Antism Diagnostic Obervation Schedule，简称 ADOS-2），该量表评估孩子是否有特殊的 ASD、ADHD 或者学习障碍症状。

然后就可以汇总认知能力测试、成就测验、临床学习障碍测试等各种信息，在此基础上为孩子制订恰当的学习计划。评估目的绝不能仅仅是为了落实预先认定的 ASD、ADHD、学习障碍或者感官统合缺陷之类有争议的诊断。营养不良、听觉处理障碍或者其他不在《精神障碍诊断统计手册（第五版）》范围内的诊断，也常常导致可疑或者毫无价值的治疗，如互动节拍器、负重背心、感官刷拭以及临床研究效果有限甚至毫无效果的昂贵的特殊饮食、维生素治疗等。

最重要的是，一定要请发展专家做鉴别诊断。有些临床医生几乎把所有学习差异儿童视为同样的病人，然后推荐一刀切的治疗方案。也许下面的情况可以说明这一点。假设你因为发高烧去看医生，她说：“你发高烧，我给你服用阿斯匹林。”因为根据她的经验，阿斯匹林治疗高烧有效。如果你除了有高烧症状，其他方面状况良好，那倒没什么，可是，高烧是多种疾病的表征，可能是因为感冒或者流感，也可能是因为更为严重的疾病，如脑膜炎、阑尾炎、链球菌感染、耳道感染及葡萄球菌感染等，甚至可能是埃博拉！脑膜炎要积极住院治疗，要用强效抗生素，而阑尾炎需要动手术，埃博拉则需要隔离并使用不同于脑膜炎的药物，等等。你希望并且相信医生会考虑到所有这些可能性，据此进行鉴别诊断，然后再依据你特定的健康状况进行适合的治疗。

不幸的是，在对学习差异的诊断中，医生的关注点常常只在于确诊患儿需要接受特殊教育或者特别方案，而不考虑这些症状是否有另外的解释。我遇到过各种采用一刀切疗法的临床医生，所以，父母在带孩子就医之前，需要先做一些功课。另一方面，优秀的临床医生大有人在，包括大多数医生，以及特殊教育专家、心理学家、言语病理学家、职业治疗师、学习专家，等等。关键是，你找的医生不应给具有某种特殊症状的所有儿童贴上同样的标签。

例如，语迟，即开口说话晚，是包括自闭症、智力障碍、听力缺失、语言障碍等在内的多种疾病共有的症状表现。[46] 然而，父母在寻求孩子语迟的原因时，不少医生的测试目的都只是想让孩子接受自闭症儿童教育或者自闭症治疗。有些来我诊室的父母大惑不解：专家明明说孩子没有自闭症，学校却又让孩子参加自闭症项目。怎么会这样呢？原因在于，专业人士采用的是广泛使用并已得到验证的方法进行鉴别诊断评估，比方说《精神障碍诊断统计手册（第五版）》推荐的方法，而学校和其他机构则凭着诊断清单，基于广泛的诊断标准，确定孩子是否符合自闭症的诊断条件。大多数语迟的孩子往往被安排进 ASD 项目，如果鉴别诊断不准确，则很容易把理解他人有困难的孩子安排到各种 ADHD 项目中。而这些孩子其实并不符合《精神障碍诊断统计手册（第五版）》中 ASD、ADHD 的诊断标准。

多年以前，当地的儿科医生会将语迟患儿转介到我这里接受干预。一个大型医疗集团的总裁告诉我，我接诊的所有患儿都得到了个性化的诊断和治疗建议，他们对此印象深刻。有些孩子有言语障碍，有些孩子难以理解他人的话，另一些孩子有自闭症，还有的孩子有广义的智力障碍，等等。他还告诉我，他们机构接触的另一些临床医生显然给所有孩子做出了同样的诊断，还给并不具有相同症状的孩子推荐同样的治疗方案。

直觉型父母应该怎么办呢？最干脆的回答就是在诊断之前先问这么几个问题：希望通过检查发现什么问题？所做的都是些什么检查？如果我的孩子听不懂别人说话，那对检查结果有什么影响？请介绍一下贵中心有哪些不同的诊断项目，你们的测试目的是为了确定孩子是否符合加入 ASD、ADHD、智力缺陷、学习障碍项目的条件吗？来贵中心接受检查的孩子得到确诊的比例是多少？也可以了解一下他们采用哪些治疗方法。如果该中心对所有孩子的诊断结论都是“处理障碍”“感官统合失调”或者节拍和节奏感混乱，并且不管孩子有什么症状，都把他们塞进这些预定的项目，那么，请另外寻求非一刀切的诊断与治疗方案。

临床医生最终应该为家长提供一份书面报告，内容包括孩子所做的各种测试、测试结果与治疗建议，并且应该与家长讨论诊断结论，告知家长得出这些结论的理由。例如，如果给出了 ASD、ADHD 的诊断，那临床医生应该说明发现了孩子的哪些行为和特质符合这些病症，以及做了哪些测试。应该邀请家长提问，即便家长有不同看法，也要表示尊重。

有时当我指出孩子有智力缺陷时，他们的家长并不同意。这种情况下，他们会列数孩子知道哪些事情、会做哪些事情。我从不否定他们，也不会以任何方式贬低他们的看法。我不会逼迫他们接受我的结论，而是尽最大努力回答他们的问题，说明我得出结论的过程与原因。如果他们还是不同意，我也不会强调我的观点，而是重点讨论他们认为孩子确实存在问题的方面，比方说，可能是说话与理解他人话语的问题，我会说：“那我们教孩子怎么说话、怎么理解别人的话吧，因为我们都认为他需要提高这些方面的能力。”如果我的诊断正确，那么随着时间的推移，孩子的智力障碍问题以及他在诸多方面比其他孩子学得慢的事实都会逐渐显现出来。

> THE INTUITIVE PARENT
> **医生与家长的关系**
>
> 几年前，我接诊了一个3岁男孩，他的父母都是专业人士。我告诉他们孩子有自闭症，他们一听就恼了，说我搞错了，并陈述了理由。他们发现孩子的说话能力的确滞后，所以接受了旨在教他说话的强化干预。一年后我回访这个家庭时，这个小男孩已经可以说一些简短的句子了，但他的社会动机显然低下、兴趣范围狭窄，这正是自闭症的标志。他父亲感谢我帮助孩子提高了说话能力，我回应了他的感谢，同时据实以告：现在情况比当时更清楚，他的儿子的确患有自闭症。不知道他是不是因为比一年前做好了更充分的心理准备，但我很感谢他至少愿意让孩子接受口头干预。没必要非让他们接受我的意见，冒让他们疏远我的风险！
>
> WHY THE BEST THING FOR YOUR CHILD IS YOU

一般而言，临床医生在做学习差异评估时，应该保持开放的心态，支持与他共同工作的患者家人。

对症治疗，与医生建立协作互助关系

完成鉴别诊断、临床医生陈述诊断理由后，接下来可能就会提议治疗方案。这时，父母也应该向医生提出问题，并得到解答。一般而言，治疗目的应该是直接改善孩子学习上的弱点，鼓励他们学习一些补偿性能力。例如，对于有阅读障碍的孩子来说，应该教他阅读与理解所读的内容，而不应该让他跟着节拍器学习拍手、忍受巨大压力、跳蹦床或者做任何与阅读无关的事情。如果孩子对噪声不耐受，那么让他对噪声脱敏是有价值的目标，具体做法应该是采取脱敏步骤，而不是尝试感官刷拭、穿负重背心之类的可疑技术。

THE INTUITIVE PARENT

害怕空调噪声的孩子

几年以前，我治疗的一位自闭症患儿对空调噪声怕得要死。他的反应非常强烈，只要一开空调，他就在屋里的墙上挖洞，最后竟真的把墙挖出一个洞来。有位临床医生诊断他患有感官统合缺损，提出的改善措施是让他穿负重背心、用软毛刷子刷手臂。结果这两种所谓的治疗都毫无效果。我打开空调，录下噪声，逐步让他脱敏。具体做法是，在他从事最喜欢的活动比如打游戏时，轻声播放噪声。他可以耐受低音量的噪声。几周以后，我逐渐增加音量，直到达到实际的空调噪声水平。这时，噪声已经不再令他烦扰了。我也与同事一起教这个孩子说话，不过，他父母最感激的还是可以在纳什维尔炎热、潮湿的夏天打开空调！科学研究已经证明，这种脱敏方法直接针对这个孩子的特殊敏感，是有效的。[47]同样，直觉型父母也能确定他们希望孩子学习的内容，然后直接教给孩子这些内容。

WHY THE BEST THING FOR YOUR CHILD IS YOU

如果老师或其他学习专家力荐某种 ADHD 药品，当然，他们不该这样做，那就问问他们是否真心希望改善孩子在课堂上的行为，也问问他们是否采取过其他措施。我治疗过很多 ADHD 儿童，不需要用药，而是用行为自我监控的办法教他们减少活动，增强注意力。我不反对必要的用药，显然，药物对很多 ADHD 患儿有帮助。[48]但科学文献表明，自我监控之类的行为干预措施对他们也很有效。[49]不过请注意，与 ASD 和学习障碍的情况一样，间接的训练方式如互动节拍器、“执行功能训练”、短时记忆训练等方法根本无济于事。一项针对各种研究的分析考察了这些训练项目，结论是：“短时记忆训练本身对短时记忆能力有中等程度的改善，而注意力训练则没有明显改善注意力，多种执行功能训练也没有显著提高目标执行功能。”[50]换言之，短时记忆训练改善了孩子的短时记忆能力，也就是你教什么，孩子就学什么，但并未提高广泛的“执行功能”。相反，研究发现，以学校为基础的治疗，比如教孩子安静地坐比较长的时间、教他们上课专心听讲、把老师布置的作业记在本子上、完成家庭作业等，能够有效地改善孩子的注意力，多动的情况也减少了。[51]直觉型父母本能地知道这是正确的做法：教患有 ADHD 的孩子如何监控和改善他们的 ADHD 症状，并最终改善 ADHD 病状！

如果你真打算让孩子尝试药物治疗，那么一定与医生讨论清楚疗效与潜在的副作用，一定不要在压力之下接受自己不赞成或者医生没解释清楚的治疗。作为父母，你们有权知道预期的疗效以及达成疗效所需要或者可能需要的时间。需要提出的问题有：我怎么知道治疗是否有效？如果治疗无效，我还可以让孩子尝试哪些别的办法？有没有让孩子在未来逐渐停止用药的计划？

THE INTUITIVE PARENT 直觉养育的奥秘

临床医生应该把父母视为干预过程的合作伙伴，而不是障碍或者对手，应该邀请他们以自己的方式参与治疗。

有些父母自身没有能力提供教导或者其他类型的干预，这不成问题。如果家庭治疗方案不可行，不要让家长感到内疚，发生这种情况的原因有很多。另一方面，要不断地给父母协助治疗的机会。根据我的经验，有些父母可以很深地介入干预，有些则做不到，不过绝大多数父母都热切地想要发挥作用，他们是帮助孩子解决学习差异问题的出色支持者、鼓舞者。无论如何，临床医生、导师、老师应该始终让父母了解干预目标、项目内容与孩子取得的进步，支持父母在自身能力范围内实施家庭治疗措施。

这不只是我的个人观点，许多科学研究都表明，培训父母是干预儿童学习差异的好办法。[52] 如果父母比较能干，那他们一定会成为医生的好帮手，定期为帮助孩子学习的各方人士提供资讯。

THE INTUITIVE PARENT
直觉养育要点回顾

- ☑ 当前，美国 ASD、ADHD 及学习障碍的发病率飞速攀升。人们不禁纳闷儿，在孩子的大脑准备好接受知识之前就迫使他们学习，这样的做法是否也是导致这一现象发生的原因之一。
- ☑ 芬兰等国儿童的发病率比美国低得多，而且孩子的学习效果还要好得多。巧的是，芬兰的教育者很有耐心，不急于教孩子学习，不赞同“越早越好”的观念。
- ☑ 如果你的孩子学习很困难，或者，如果老师认为孩子有 ADHD 或其他学习问题，一定要弄清楚问题是出在孩子的发育水平与当前学校一刀切的教育风格不相匹配上，还是孩子的确有 ASD、ADHD 或其他学习问题。问问自己，是否换个老师、班级、学校就可以解决问题了。我的很多“ADHD 小患者”仅仅换了更适合他们学习风格的课程，就不治而愈了。
- ☑ 孩子表现出学习差异，如语言障碍、ADHD、ASD，或者落后于发育指标，如开口说话的时间晚，那么，父母也不应该想当然地认定孩子没有问题，而应该与儿科医生或者家庭医生讨论自己的担忧。
- ☑ 如果为孩子安排了教育或心理评估，那么父母一定要坚持做鉴别诊断，需要考虑造成孩子学习差异的各种解释，而不仅仅是进行一次确认评估，即只是为了确定孩子患有 ASD、ADHD 之类预先认定的疾病类别，并让孩子接受相关治疗。

☑ 评估不仅应当包括临床测试，还需要做认知能力评估和成就测验，目的不只是发现孩子的不足（红旗），也要找出孩子的潜力（绿旗），并在此基础上做出针对孩子的个性化学习方案。

☑ 实施评估的临床医生应该给父母提供书面报告，愿意同父母讨论诊断结论并回答他们提出的任何问题。如果父母不同意临床医生的结论，不应该让他们觉得这是对医生结论的否认，或者觉得必须接受医生的结论。临床医生应该寻求与父母有共识的方面，并以此为干预的起点。

☑ 干预本身应该直接针对孩子的问题领域，而不是拿出一个通用或者无关痛痒的方案。例如，如果孩子有阅读型学习障碍，那应该教他阅读，重点是阅读理解和发音，而不是“听觉处理”“执行功能”“感官统合”及其他间接的方法与“治疗包”。

☑ 请注意，绝望的家长会遇到很多人向他们推介“万金油”方案。如果某种特殊饮食、基于软件的电脑学习方案或者“学习包”吹嘘可以解决多种不同的问题，那很可能并无实效。有效的治疗都是个性化的，会具体针对孩子独特的优势与弱势。

☑ 最后，不要卷入你死我活的教育竞争，从而迷失了对孩子真正重要的目标。直觉型父母不仅重视教育成就，也重视同孩子建立积极、互动的关系。无论孩子是否有 ASD、ADHD、智力障碍或者其他学习差异，永远不要忘记这一点。

THE INTUITIVE PARENT

10

追随直觉，孩子优秀，父母轻松

WHY
THE BEST
THING
FOR YOUR CHILD IS YOU

生儿育女是人生最深刻的一种体验，可惜压力和期盼剥夺了当代父母的喜悦感和满足感，令人唏嘘。

在公共健康与现代医学不断进步的今天，婴儿健康出生的比例大大提高，同时，导致前几代儿童夭亡的许多疾病已不复存在。今天，在美国出生的婴儿预期平均寿命为 79 岁，而在距今不到 70 年的第二次世界大战以前，个人平均寿命仅为 62 岁。

我的岳母生于 20 世纪 20 年代初，除了一个姐姐，她的两个弟弟都没能活到上幼儿园的年龄就夭折了。这在当时是寻常事。她的父母有一半的子女死于儿童疾病。难以想象他们该是多么痛苦和失落。如果我有三四个孩子在婴幼儿时期就早早夭亡，我的生活会是什么样子？仅是这么想一想，我的眼泪就要掉下来了。虽然我岳母家 50% 的婴幼儿死亡率高于当时的平均水平，但美国 1920 年的婴儿死亡统计数字表明，当年在美国出生的婴儿有 10% 没有活到 1 岁。而到了 2012 年，不满 1 岁便夭亡的婴儿仅为 6‰。6‰的婴儿死亡率仍不算低，美国的这一比例超过了摩纳哥、百慕大、新加坡、日本、瑞典和中国香港，这些国家和地区的婴儿死亡率都不到3‰。不过一般而言，在公共卫生基础比较发达的国家，生孩子已经比过去要安全多了。

多亏了有效的疫苗，曾经肆虐许多家庭的儿童疾病，如小儿麻痹症、麻疹、百日咳、破伤风等，在20世纪已经大大减少了。而且，医学科学常常可以挽救早产儿，哪怕他们出生时体重不到0.5千克。在几代人以前，极易导致婴儿残疾甚至死亡的那些疾病与其他健康状况，如今的儿科医生和儿童专家已有了很多办法去对付。我的子辈和孙辈受益于医学知识和医学技术的发展和进步，对此，我心怀感激。

现代社会的复杂性给如今的婴儿带来了巨大的好处，但与此同时，父母们却感到压力倍增。谁也不知道这个全球化、彼此相连、快速发展变化的世界将走向哪里。也许是这个问题造成的集体焦虑导致了错误的观念，父母认为必须要调整养育方式才能保证孩子有最好的出路。有关营养、学习、大脑发育的最新研究成果层出不穷，我们怎么可能跟得上这些新的研究步伐？而且，大部分家庭要么只由一位家长负责照看孩子，要么父母两人都要工作，而且工作时间漫长，陪伴孩子的时间很少。父母因此更重视陪伴孩子的时间，"有品质的时间"最重要，这种认识使父母恨不得把孩子需要知道的一切都塞进有限的陪伴时间里。教育领域的竞争日趋激烈，爸爸妈妈们认为让孩子进入"正确的"学校至关重要，所以从很早开始就想让孩子在学习训练上先声夺人，好像根本没有时间让宝宝按照他自己的节奏自然成长。毕竟，眼看就要上幼儿园了！

所幸，尽管养育孩子的压力确实存在，现代社会的种种要求也确实减少了我们陪伴孩子的时间，但是，并非必须巨细无遗地安排"品质时间"才有效。实际上，婴儿的大脑天生就是高效的学习器官，没必要进行细致入微的管理，非要让孩子按时甚至提前达到发育标准。放下恐慌，以自然、有趣的方式回应孩子，这才符合神经发展与自信培养的需要。

人人天生是父母

一生当中，最有成就感、最好玩的事情，莫过于养育一个孩子。从进化的角度讲，这是人最重要的一项活动，因为从广义上讲，父母是在延续人类这个物种。但是很多父母认为，必须让孩子在短时间内学习很多东西，并为此牺牲了宝贵的时间和回忆，以过度紧张的学习活动推进孩子的学习，真是得不偿失！

放松！照顾孩子的基本需求，喂他们吃东西，抱抱他们，同他们说话，跟他们一起玩，和他们一起开怀大笑……这些才是他们的真正需要。与你的生命一样，孩子的生命也将是快节奏的，伴随着很大的压力，早早就开始以目标为导向。而现在，放心吧，你只要陪着他，跟他自然地互动，就没有实现不了的目标。大自然赠予了你一个极好的礼物，在一段时间内，你只需要做一件事，并把它做好，那就是陪伴和照顾孩子。凝视入睡的婴儿，把他抱在怀里同他说话，陪他玩捉迷藏……再没什么比这更好的方法了。不要相信错误的观念，认为这些事情琐碎、没意义，不是连接婴儿大脑的有效方式。好好享受这些美妙的时光吧！

享受你的小宝宝

婴儿是这世间最可爱的创造发明。他们完全仰赖父母生存，无力顶嘴，也无法指责父母的照料方式。一旦饿了、累了或者身体不适，他们天生就有办法让你知道。当然，因为要不分昼夜地及时满足他们的要求，爸爸妈妈通常睡不好觉，因而丧失了很多享受婴儿的机会。好在婴儿通常睡得比较多，父母也有很多的时间可以小憩，或者处理生活中与婴儿无关的其他事情。单亲家长基本上全天候独自承担育儿责任，没人与他轮流照顾宝宝，只能见缝插针地寻找休息和喘息的机会。

许多家庭会寻求其他照顾婴儿的方式，比如可以请祖父母或其他家庭成员帮忙，日托也是一个选择。有些父母，尤其是妈妈常会担心，白天多数时间都是别人在照顾孩子，所以必须把“亲子时间”都用于“教育”。爸爸妈妈们担心日常照顾只能满足孩子的身体需要，而不足以满足他的教育需要。实际上，重视“品质时间”并不意味着家长需要变成注射了兴奋剂的“虎妈”，把一天的学习内容塞进那宝贵的一两个小时。日常保育工作无论是由父母还是由其他看护者来做，很大程度上都能够保障婴儿的大脑得到良好的连接。具有讽刺意味的是，有些父母担心陪伴宝宝的那一两个小时不足以满足他的学习需要，误以为需要给他们看特殊的软件和视频才能最大限度地促进他的智力发展。令人悲哀的是，这种神话进一步减少了宝宝与爸爸妈妈交流和共享快乐时光的机会。

其实，即便每天照顾婴儿的工作量很大，我们仍然有很多机会“观看”和“享受”婴儿的发展变化。即使有些父母与其他人共同照顾孩子，情况也是如此。记住，父母不需要在一年或三年之内让孩子的大脑达到成人的水平！不要让内疚感、不安全感扰乱你照顾孩子、同孩子互动的直觉和常识，尤其是在整日忙碌、陪伴孩子的时间非常有限的情况下。

THE INTUITIVE PARENT 直觉养育的奥秘

对于 6 个月大的孩子来说，玩“小猪”“小蜘蛛”“小馅饼”之类的游戏比看教育类 DVD 更有价值。一定要把你陪伴孩子的所有时间用来与他交流、玩耍。

宝宝来到世上的时候，大脑里早就预置了一套帮助他生存的条件反射机制，无须教他如何吮吸，而且你只要把手指或别的东西放进他的小手里，他自然就会紧紧抓住。他们会哭，也会在吃东西的时候发出舒服的声音。生孩子，尤其是生第一个孩子对新晋妈妈的身体挑战很大，分娩的疲惫和恢复使她们对这些时刻的记忆较为模糊。然而多年来，所有与我交谈过的妈妈都说，回忆起最初抱着新生儿喂奶的那些日子，心中满怀甜蜜。

THE INTUITIVE PARENT

创造生命的喜悦

我家的7个孩子出生时，我都在场，有切身体会。孩子出生后，妻子因阵痛和分娩神疲倦怠，卧床休息，我从护士手中接过孩子，一连几小时坐在椅子上，摇晃着他，对他说话。说什么内容无关紧要，无非是说"你来到了一个非常爱你的家庭，欢迎成为我家小动物园的一员"，还有做父亲如何兴奋之类的。实际上，后来我听说，我的第5个孩子出生后，接生他的那位很优秀的医生跟他的夫人说："那对夫妇都生第5个孩子了，可他们比好多生第一胎的夫妻都激动。"我想，他之所以有这种感觉，是因为我们的确非常感激这个孩子降临到我们家，而且，在生前面4个孩子的时候，我们已经学会了认真享受当下，尽情享受创造新生命的喜悦。每一天都很疲惫，感觉看不到尽头，所幸，孩子每分钟都在变化，从出生到满1周岁，时间快得令人难以置信。

WHY THE BEST THING FOR YOUR CHILD IS YOU

在那段时间里，孩子的发展变化令人感到惊讶。虽然婴儿在1岁左右才开始说话，但前期过程中会出现好多交流。虽说婴儿是非常无助的生物，但没过多久他就开始爬，开始四处张望，并咿呀学语了。生命的第一年里，他从只会千篇一律地哭，到发出各种不同的声音和类似说话的叽里咕噜声，到最终说出词语。在这一年里，他从几乎不能动弹，到会翻身、会爬行，甚至跃跃欲试地开始走路。在第一年的早期，婴儿只能吃母乳或者配方奶粉，过1周岁生日的时候，如果父母允许，他们就已经可以吃蛋糕及各种其他食物了。当然，这些显著的进步同时伴随着婴儿大脑的基本发育，他的大脑已经准备就绪，可以进行终身学习和思考了。

但这个发展过程相对缓慢，具有日常渐进的性质，容易被忽视。最近，一位年轻妈妈说她的宝宝很无趣，因为他的行为动作没什么变化。实际上，他可能每天都有变化，但是这些小小的变化不那么引人注目。直到这个婴儿 4 个月左右大时，这位年轻妈妈才注意到他的多般变化，并为之兴奋不已。我不希望有人误以为她对孩子没有兴趣，或者跟宝宝不亲，她之所以没发现婴儿的种种小变化，可能部分是因为睡眠不足，伴随初为人母而来的诸多调整把她搞得不知所措。

请注意宝宝的微小变化，那是很有价值的。例如，注意聆听哭声与叽里咕噜声之间的小小差异，试着模仿他们发出的那种声音；注意观察他们尝试抓住物品和玩儿玩具的方式，试着模仿他们的动作，同时用语言描述他们在做的事情。你的宝宝不能理解你的全部意思，但他们的大脑会处理这些信息以及你们之间的社交方式。睡觉时间、洗浴时间、喂食等日常例程各具意义，婴儿的行为与言语也会遵循规律，随着他一天天长大，他的大脑越来越善于控制和协调感觉与运动系统，这些日常例程会得到强化。实际上，**日常例程是儿童发育和大脑结构形成的基础**。

如果你每天只能陪伴宝宝一两个小时，那也没问题。不要觉得宝宝的每一个步骤都需要引导，更没必要争分夺秒。学会适应宝宝的独特性情、特质和日常例程，这样，你就会自然而然地回应宝宝。有些宝宝比较长于分析、小心谨慎：他们先观察一阵，一旦决定要尝试新事物后，便进步神速。我的一个孩子 12 个月大时已经完全会走路了，但她直到 16 个月大才停止爬行。可一旦开始走路，她就走得很稳当，一两个月后就开始跑了。她天生地比我的其他孩子更加谨慎、更善于分析。有些婴儿胆子比较大，他们更活跃，喜欢挑战发展极限。我有个侄女 9 个月就开始走路了，她经常摔倒，不止一次撞破脑袋，但她什么都想尽快尝试。

THE INTUITIVE PARENT 直觉养育的奥秘

你的目的是观察宝宝，了解他的独特能力，然后对此做出反应，顺势予以培养，而不是加快发展，或者让他们走上千篇一律的道路。

我那个侄女无须父母敦促便早早就开始自己走路了；而对于我女儿，即便她到 1 岁了还不会走路，敦促也没有意义，时间一到，她自然会迅速追上来。我母亲说我开始走路也很晚，我 1 岁的时候会在婴儿围栏里面走，但一出围栏就不肯走了。也许我像女儿一样小心谨慎。有趣的是，尼娜 16 个月大才开始走路，而且像她妈妈一样，会走以后，不到一个月就能撒开腿跑了。

培养观察力不仅充满乐趣，同时也是你对宝宝做出反应的基础，而且将来，你也需要靠你的观察力来帮助成长中的孩子学习。技术进步带给父母的另一个福音是，我们很容易获得相对便宜的照相机、摄像机、智能手机。等年龄大了，你会非常珍惜孩子成长过程中拍摄的照片。用智能手机录下孩子每天的活动也很有意思。一天结束后，等宝宝睡觉了，你可以拿这些给错过了宝宝精彩时刻的伴侣欣赏。此外，看上个月、上周甚至前一天宝宝做的事情，这种做法富有启发意义。回过头来，你会惊讶于宝宝的发展变化，而就在你满足他日常需求的时候，你们之间竟有那么多的互动，这也会令你感到吃惊。别忘了把这些照片和视频发给他们的祖父母，相信我，他们会非常喜欢的！

大多数婴儿会在第一年学会走路和说话，然而我们很容易忽视这是多么神奇的事情。还没等我们反应过来呢，那个不会走动、不会说话的婴儿就已经开始走路和说话了。注意观察这一过程中的点滴变化，尽量不要被烦琐、重复的日常照料工作所扰，以免忽视了婴儿取得的各种成绩。多照相、多录像！别让担忧和恐惧影响你与孩子的互动，更别让那些并不能恰当教育婴儿的“教育活动”取代了自然的互动。适合学龄儿童的“大脑游戏”和阅读方案不符合婴幼儿的自然学习风格，不能刺激孩子的大脑进行思考和推理。回应婴儿的凝视、抓拿、发音，这比把他们绑在婴儿座椅上，让他们看电脑和 DVD 要好得多。打开你自己的社交“开关”，跟孩子交流吧。

享受你蹒跚学步的幼儿

1 岁以后，婴儿的发展非常迅猛。宝宝 1 岁才开始走路，到 2 岁时，便已经会跑了，从只会说单个词语到能够使用短语，词汇量从几个增加到 200 多个。幼儿寻求新知识，对一切都感到好奇，因此会不断地问：“那是什么？”大多数幼儿的脾气还算合理，“可怕的两岁小人儿”那哭闹的把戏还没开始上演，这把戏能一直延续到三四岁。这个阶段，孩子的注意力围着父母转，模仿父母的手势、声音及遣词造句方式，随时需要父母给予引导与肯定。当然，孩子也会自己进行探索，所以父母要保持警惕，注意他的安全，因为他此时对危险的感觉发展得还不够充分。

这个阶段不适合让孩子坐下，训练他们做功课。幼儿的自然学习方式是四处走动、东看看西摸摸，对事物进行探索，同时父母要在一旁讲解、介绍，以此教育孩子。他会摸着一个陌生的物品眼望妈妈，希望妈妈告诉他那是什么东西。妈妈这时应该介绍物品的名称，稍作停顿，然后以简短的语句提供更多的信息。例如，孩子拿着小猫咪的饭碗时，你可以告诉他：“这是碗，是小猫咪的碗。”你也可以借机说明碗的用途、示范碗的玩法。妈妈可以模仿猫咪的叫声，假装用碗吃饭，爸爸可以接过碗，在手里旋转，用勺子敲碗，把碗放在地上滚动。如果孩子把碗捡起来，放在手里旋转，爸爸妈妈就可以模仿孩子的动作，而这往往会把孩子逗得咯咯直乐。

> **THE INTUITIVE PARENT 直觉养育的奥秘**
>
> **任何二维的词汇课都不可能复制这种自然、自发、趣味十足且信息含量丰富的三维互动效果。**

当然，猫从碗里吃饭的视频片段就不好说了。首先，你不知道孩子有没有在观看视频，而且看视频的时候，孩子并不能接触到真正的碗，所以他既摸不到碗，也无法把碗当作玩具，因此，他大脑中的运动中枢和感觉中枢就不能像现实中那样受到刺激。而视频也不知道孩子家的厨房地板上就有一只猫碗，所以不能启发孩子，让他把视频中的碗与现实中的碗联系起来，也不能同宝宝建立情感联系，无法鼓励他进行社会交往，更不能帮助他建立与深化关系纽带。而且，视频无法创造有趣好玩的学习体验，孩子不一定觉得看视频是有趣的活动。最后，视频内容不可能刚好符合孩子对碗的兴趣，不可能及时回应孩子想要了解碗的动机。视频不能确切地知道这个孩子已经做好了接受这些内容的准备，不能在最合适的时间播放相关内容，当然也就不可能恰到好处地刺激孩子的大脑发育。

只有父母和看护者才可能为孩子提供多方面的互动式学习，连接孩子的大脑，使他为学习和持续发展做好准备，适应真实世界的生活。

幼儿园：培养性格与好奇心

2～4岁孩子的情绪犹如六月的天，说变就变。“可怕的两岁小人儿”可不是浪得虚名！在这几年间，无论是大脑还是言语、行为，孩子在各方面都发展迅猛，令人目不暇接。言语发展方面，2岁的孩子会说“走拜拜”“还要饼饼”“妈妈我爱”之类的短语。4 岁的孩子可以轻松自如地说出含有五六个词语的句子，还会使用复杂的句法结构，例如：“我知道我们去哪儿”“你是全世界最棒的妈妈！”对了，差点儿忘了，如果某件事不如意，他们也会说：“你是全世界最坏的妈妈！”不过不用担心，大多数父母早晚都会听到这句话！

从 2 岁到 4 岁，游戏模式从探索物品、简单的游戏发展到纸牌游戏、棋盘游戏、假装游戏及其他社交取向的游戏。诚然，4 岁的孩子还没有形成复杂的同伴交往能力，也没有能力参与复杂的团队运动项目，但是与 2 岁的孩子相比，他们可以进行相对复杂的互动游戏活动。最初的假装游戏是以想象的方式使用物品，比如假装用杯子喝水，或者用叉子梳头，而后逐渐发展到角色扮演、模仿喜欢的洋娃娃穿衣打扮，或者模仿他人的动作，以及杜撰故事。当然，4 岁小孩既喜欢听大人讲童话故事和其他有幻想色彩的故事，也会自己编这类故事。

关于想象的神经科学研究意义非凡。简而言之，想象所激活的大脑中枢与真实事件发生时所激活的完全一样。

THE INTUITIVE PARENT 直觉养育的科学

如果我想象我在吃苹果，大脑中负责把苹果放进嘴里、咬和咀嚼的各个运动区域就会立刻全都活跃起来。无论我是真的在吃苹果，还是只是在想象吃苹果，我大脑顶部负责指挥手部动作的运动带都同样活跃。在我想象吃苹果的时候，负责咀嚼等日常运动的小脑顿时活跃起来，就好像我真的在吃苹果一样。

而且，想象做事所激发的大脑活跃程度甚至超过实际做事。真正吃苹果的时候，位于后脑枕叶部位的视觉中枢只是监测我的手是否拿到了苹果，是否真的把苹果放进了嘴里。我会注意到苹果的颜色，但是这一动作涉及的视觉处理相对很少。另一方面，如果我想象我在吃苹果，大脑的视觉中枢马上就会亮起来，就好像我在观看别人吃苹果的视频一样。吃苹果的想象也会触动语言中枢，而真正吃苹果时反倒没有这个效果。也就是说，让一个人想象吃苹果，大脑前部负责想起“苹果”和“吃”这些词语的意义中枢也亮了。如果我想象我在运动，那我的大脑会像我真的在运动一样“亮起来”，如果还能产生同样的身体效果，那该多好啊！

而且，如同流体推理和解决问题一样，想象也会涉及多个大脑中枢。从身体和心理发育的角度讲，此处的关键是，任何“大脑游戏”和特殊项目都不能取代幼儿真实的三维生活体验，因为这是未来想象力的基础。总之，除非我真的吃过苹果，否则我无法准确地想象吃苹果是怎么回事。孩子观看 DVD 和教育节目中的人吃苹果，只能获得看和听的经验。吃苹果的运动体验、味觉、嗅觉以及其他细节，DVD 和教育节目提供不了。这意味着连接大脑各个中枢的神经通路得不到发展，它们之间的统合也就无从谈起。

一方面，幼儿可以以“硬连接”的死记硬背方式回答词语问题，在做发展测试时，也可以取得很好的成绩。而另一方面，人为促进记忆的做法会阻断推理思维和形象思维，干扰孩子真正了解词语的多重微妙特征，长远的代价是牺牲他们的流体推理能力、解决问题能力与想象力的发展。所以，是陪伴幼儿玩他们感兴趣的物品，还是以死记硬背的方式学习教学内容？答案一目了然：在真实生活中培养幼儿、与他一起玩耍嬉戏要有意义得多，这些活动符合他当下的智力、身体和情感的发展状态。

淡定面对哭闹任性，教孩子学做情绪的主人

在要求得不到满足时，几乎所有幼儿都会哭闹。孩子闹脾气的原因有很多，其中之一是他们还不会用语言表达需求，而由于他们的时间感基本局限于此时此地，延迟满足或者要求不能马上得到满足时，他们的情绪往往就会崩溃。无怪乎过去百年来有那么多人研究这个话题。值得注意的是，这些研究的结论高度一致。

孩子闹脾气并不是因为父母不会带孩子，而是儿童发育的自然环节。孩子哭闹的时候，父母无须惊慌、难过。闹脾气是幼儿发育的重要组成部分，这些经历能教会他调节情绪，当他感到沮丧时，知道该怎么办。生活不会一帆风顺，世界不会永远围着他的愿望转，失意、生气在所难免。

正如我们在第 7 章中谈到的，父母在帮助幼儿处理沮丧情绪的过程中，扮演着重要的角色，包括做好表率。**孩子闹脾气的时候，父母最好的办法是保持平静，等待他自己想办法解决。**有些父母相信了某些流行神话，以为任何逆境或者负面情绪都对孩子有害，不利于他的情绪发展。有的父母一看孩子不高兴，或者觉得孩子不如意，就忙不迭地安慰他，或者给他玩具、食物，或者改换活动内容，以此分散孩子的注意力。这种做法会让孩子以为，让他永远开心是父母的责任，父母应该不惜一切代价避免他不高兴。最起码，父母的做法剥夺了孩子控制自身情绪与调节心理健康的机会。

这种做法会有几方面的问题。首先，幼儿需要学会平息自己的情绪，学会应对逆境。每个人在一生当中总会面对挫折，就像学习和解决问题一样，得给大脑处理沮丧情绪的机会。孩子发脾气时，分散他的注意力，或者不让沮丧情绪积聚，这些做法都是对这一重要发展过程的破坏。

此外，如我们所见，用食物或玩具分散、转移孩子的注意力，不让他闹脾气，这么做反而会助长他的脾气，因为任何受到奖励的行为都会增加。在孩子生气的时候，我们常常手忙脚乱，急于安抚，结果把这个根本的操作性条件反射原则忘得一干二净。

THE INTUITIVE PARENT

商场中的闹剧

有一次在沃尔玛超市，我的小儿子要我们给他买玩具。对，是一只恐龙。他妈妈不给他买，他马上躺在地上，放声大哭，双脚乱踢。如果他妈妈让步，给他买了那个玩具，或者用果汁或其他食物安抚他，那他从此就知道，哭闹、躺在地上打滚儿可以有效控制妈妈的行为，得到他想要的奖励。猜猜下一次他再想要什么东西的时候，会怎么做?

那么，该如何处理这个局面呢？因为这是我们的第 6 个孩子，所以我们之前早已习惯了带着孩子逛商场。孩子情绪崩溃的时候，我通常一言不发，过去把他提溜起来，带出商场，我妻子则继续购物。我和他坐在车上，直到他情绪平复，才把他带回商场。是的，我带着号啕大哭的儿子步出商场时，会引来不少的目光注视。我可以想象旁人的看法，但我真的无所谓，因为教我年幼的儿子学会处理沮丧情绪更为要紧。

WHY THE BEST THING FOR YOUR CHILD IS YOU

这种情况下，关键是尽量别理睬孩子的情绪，等他自己慢慢平静。同样重要的是，等孩子情绪平复以后，记得给予表扬。在这件事情上，我给他的奖励是带他回到商场，这是他喜欢做的事。注意，我们并没有给他买恐龙，也没有给他吃食物或者玩别的玩具。我们没有帮他平复情绪，而是让他的情绪自生自灭。

在公共场合，孩子哭闹时，要想保持克制真的很难，因为周围的人可能会有看法。拥有一个“快乐的童年”之类的观念，以及竞相成为“完美爸妈”的同伴压力，都会阻碍这一自然的过程。

THE INTUITIVE PARENT

千万不要妥协

还有一次，也是在商场，我这个小儿子也闹得相当厉害。商场在收银台前摆着那么多诱人的玩具和糖果，你不觉得这很讨人厌吗？它们给父母带来了很大的压力，很容易引起孩子哭闹。等待付款的队排得那么长，让人压力倍增。我儿子坐在购物车里，指着要一辆玩具汽车，我妻子不给他买。这次他比平时闹得更厉害，哭得声嘶力竭。队列里的其他顾客对我可怜的妻子投以不满的目光。她感到很尴尬，但又不想丢下购物车，把孩子带出商场。当时我们有 6 个孩子，得用两辆购物车才装得下，我那时推着另一辆购物车，没办法像平常那样把他带走。而且那天我带着另外两个孩子，跟她隔了几个人。

看她那么紧张，我为她感到难过。为了转移她的窘迫，我大声说：“嘿，这位女士，你不能看好你的孩子吗？看我的孩子多乖！”我这一招达到了预期的效果，队列里的人齐刷刷把视线转移到我身上，对我的行为表示吃惊和不满。他们把轻蔑的目光投向了这个粗鲁的男人，他竟然欺负一个儿子情绪失控的可怜妈妈。当然，他们不知道我其实是她的丈夫和孩子的父亲。我觉得很滑稽，但我不介意这些陌生人转而安慰我妻子，站在她那一边指责我，认为我是个古怪的人。

这里的关键是，在孩子闹脾气的时候，我妻子面临很大的压力，眼看就要妥协了，因为情况很尴尬，周围的人显然在质疑她做母亲的能力。

如果她让步的话，情况会怎样？因为我们对他相对轻微的哭闹无动于衷，而他闹得很凶时就得逞了，那他就知道，大哭大闹是实现自己要求的好办法，只要他在公共场合加大哭闹的强度，就可以控制妈妈的行为。另一方面，如果家长明白孩子闹脾气只是发育的正常环节，是培养他情绪调节能力、处理沮丧失意情绪的基础，那就可能在孩子情绪崩溃时处乱不惊，做出积极反应。我之所以毫不在意商场中那些等候结账的顾客对我的不屑，是因为儿子的哭闹并不表示我妻子带孩子的能力不济。

因为知道孩子会闹脾气，所以最好预先制定游戏规则，提早想好应对方法。孩子闹脾气时，家长很难保持理性，因为孩子的哭声和愤怒情绪会让他们紧张，这时他们的大脑也充斥着因情绪激动而产生的神经递质。

THE INTUITIVE PARENT 直觉养育的奥秘

父母一旦有了游戏规则，知道了该怎么对付，就不会压力那么大，而只是给孩子学习处理逆境以及对自身情绪做出反应的机会。

这里的关键是，幼儿总会自行平静下来的。意志力坚强的孩子哭闹时，尤其不能给予奖励，因为他们会不断增加哭闹的强度，直到得到他们想要的东西。做好思想准备，等他们自己平息。等那一阵脾气的暴风雨过去后，他们往往会寻求父母的安慰。那几年里你可能不会觉得，但只要持之以恒，孩子就会吸取教训，哭闹的行为终会逐渐减少。

THE INTUITIVE PARENT

记得要安慰

孩子都不喜欢坐在汽车的儿童安全座椅上，但学会接受这一安全措施很重要。我把我最小的女儿，我们的第 7 个孩子放进安全座椅后，她很不安分。那时她个子长高了，刚开始换为坐面向前方的位置，我怀疑她大概是因为不喜欢改变座位的方向和位置，不管什么原因，这是她哭得最气势磅礴的一次。幸亏她在哭闹方面远远赶不上她的哥哥姐姐们，但在她来说，这次已经算是相当剧烈的了。我自然是等她自己平息下来，10 分钟后，她不再尖声号哭了，只是轻轻抽泣，这是伤心的哭法。然后她眼含泪水对我说："要抱抱！"当然，我把她从椅子里解放出来，紧紧抱着，同时告诉她我非常爱她。她马上破涕为笑，乖乖地坐回了椅子里。去商场的路上，我表扬她在车上表现得很乖。

WHY THE BEST THING FOR YOUR CHILD IS YOU

我必须得说，当第 7 个孩子可真不容易。当她降生到我们家的时候，她的哥哥姐姐们已经让父母体会到了养育途中各种想象得到的曲折，所以，应对她的各种搞怪，我们早已胸有成竹。她 2 岁的时候第一次闹脾气，我只是冲她笑笑就离开了房间。她看着我，好像在说："嘿，爸爸，你应该觉得心碎呀！你没看见我全身投入，肺都要哭出来了吗？"她的小手在地上拍，双脚乱蹬。很可爱！要是当时把整个过程拍下来就好了！当然，那时我早就适应了她姐姐的歇斯底里，她姐姐是我们家脾气最坏的一个孩子。还有我们的第 6 个孩子，就是那位在商场和沃尔玛超市大发雷霆的小伙子，他们都已经让我们做好了准备，对付幼儿凶狠的哭闹，在我们看来早已是小菜一碟。到她这儿的时候，我和我妻子早就积累了好多处理哭闹的经验和信心，丝毫不担心她有任何情况，也不会受到她脾气的影响。

理解发脾气的性质、学会应对极为重要，因为另一种脾气会在孩子的青少年时期重新出现。即便是对青少年，保持耐心和敏感的情绪也很重要。保持平静，一定要倾听，但别试图劝说他们摆脱情绪。在他们面对荷尔蒙的改变和新的社会压力时，让他们学会调节自身的情绪和心情。在孩子的青春期到来时，处理幼儿脾气的经验和知识对父母很有帮助。如果孩子在幼儿时期学会了很好地处理自身情绪，那么他的大脑就已经知道该如何进行自我调节了。因此，父母和孩子都可以比较轻松地对付青春期的情绪。他们有信心也有经验，明白烦恼再自然、再正常不过了，等等就过去了，能够以积极的方式处理。

THE INTUITIVE PARENT

可怕的青春期

就像大多数家庭一样，我们家的孩子在青少年时期也遭遇了自身的危机。记得我有个女儿气急败坏地咆哮，说我毁了她的人生。如果我记得不错的话，事情的起因与我和妻子设定的一项严格规定有关。我们允许10岁以上的孩子参加有成人陪伴的群体式约会，但在满16岁以前，不可以单独和另一个人约会。这个孩子要赴一次“真正的”一对一约会，我严格执法。当她怒气冲冲地指责我永远地毁了她美好的未来生活时，我平静地说，这太不幸了，因为她的面前还有那么漫长的人生。

这件事情过后几个月，又冒出来另外一桩事情，她又一次说我毁了她的人生。我回答说，你没必要再次提醒我这种可悲的事态。哎呀，既然我之前已经毁了她的人生一次，而且自愿承担了这一悲剧性事态的全部责任，我不明白她有什么必要再次重申我在这件事情上做得有多么愚蠢：我完全同意我毁了她的人生，毁了就毁了。但我也不客气地告诉她，如果在这些反复无常的事件之间，在我恶毒地施行父亲指导的过程中，她的人生过得好好的，那么，我当然也希望了解没有摧毁她的那些事情。

WHY THE BEST THING FOR YOUR CHILD IS YOU

像幼儿一样，青少年的情感也时常云谲波诡、变幻莫测。如果他们在幼儿时期认为不快乐是一种异常状态，父母有责任不惜一切代价防止让他们不快乐的事情发生，那他们的大脑就无法准备好应付青少年时期成倍增长的压力。更糟糕的是，他们会认为，只要父母没有成功做到防止他们心情不好或者不舒服，那就应该承担责任，负责救火。

THE INTUITIVE PARENT 直觉养育的奥秘

更好的办法是教幼儿靠自己去调节内在情绪，还要让他们知道，不开心、不舒服是生活的正常部分，这些情绪是会消逝的。

这些教导并不能防止青少年时期的情绪动荡，因为情绪翻滚是青少年阶段不可分割的部分，但可以为他们提供行为工具，让他们的大脑做好应对准备。因为我知道这些情绪不是青少年的异常行为，所以当孩子情绪发作时，我可以平静、积极地应对。我并不是说应对起来总是轻而易举，也不是说我从来不会情绪失控，或者说孩子们做的决定总能让我满意，但我可以说，看着我那些青春期孩子们的成长，我非常欣慰。我享受这个过程，甚至在他们成年以后，我更加觉得享受。

我和妻子积攒了好多孩子们成长的趣事。非常遗憾，大多数朋友没有这样的体验，我在工作中遇到的年轻父母，拥有这种体验的更少。他们几乎一直处于恐慌、紧张的状态，老是担心自己是否最大限度地开发了孩子的潜力。他们的家里堆满了最新的教具，以及时下流行的各种 DVD、应用软件、游戏和教育视频。他们可怜的孩子虽然聪明、能干，却被送到课后训练班，吭哧吭哧地苦背考试内容。越来越多学龄前孩子的家庭卷入了这股风潮。教育越来越聚焦于课程表，说好听点，这些东西熬神费力，说难听点，它们根本就毫无意义。我把这些东西称为“累死人不偿命”的知识策略。

爸妈放轻松，你快乐，孩子才快乐

养儿育女这件事，千百年来，不计其数的人都在做，所以我们很容易忘记，为人父母这件事是多么庄重，多么激动人心。什么样的人都在当爹当妈，做这份工作也不需要拥有什么高级的学位或者特殊的训练。没有驾照，没有上过高中，甚至连小学的门槛也没踏入过的人，也可以成为父母。实际上，建立一个家庭比拿到驾照或是高中毕业证甚至小学毕业证还要容易。毕竟，我们都生而为人，都有这样那样的爸妈。当爸妈有什么特别的？答案是，对于每一个孩子、每一个家长，这件事都不同凡响。

有些宗教教导说，每个人都是按照神的形象被创造出来的。还有什么比这更深刻、更有价值呢？一生当中，赚很多钱也好，造更好的捕鼠器也好，创作最伟大的小说也罢，有哪件事比这件事更重要、更令人满足？养育一个孩子就是直接参与塑造人类的未来，为人类的未来做贡献。何况，这是非常个人化的体验，是改变人生、丰富人生的深刻经历。

生孩子、投入二十多年的时间把他养育成人，这个决定很像纵身跃下大桥的蹦极运动：只能祈愿最后的结果差强人意。但是，养育孩子也是每个人一生中最有价值的一件事。芭芭拉是美国前总统老布什的夫人、小布什的母亲，她有一句充满智慧的评论：**养育子女的时候，每个日子都了无尽头，一年年却倏忽而逝。**[1] 这种感觉太对了。仅仅是照顾婴儿和幼儿，每天要做的事情都多得令人头大。这是一份全天候的事业。在忙碌工作的间隙，为了让辛劳疲惫的妻子合个眼，在几百个不眠的夜晚，我抱着幼小的孩子摇啊摇，对他们呢喃低语。而在我们家，绝大部分的养育责任是由我妻子承担的。

那些特定的时刻、那些夜晚和发展阶段说来不易，然而，坦率地说，和孩子们一起度过的时光给我留下了最珍贵的记忆。我工作的医学院盛行达尔文式“发表文章，或者滚蛋”的工作文化，学术竞争非常激烈，我得拼命保住职位，但我从不后悔花了那么多时间，做了一个充分参与、全情投入的父亲，我也可以坦诚地说，这是我人生中最有价值、最为要紧的事情。现在我成了空巢一族，我内心充盈着感激之情，庆幸自己没有一周 7 天、一天 24 小时追求“学术”，没有让这样的紧张、那样的担心破坏了那些难得而美好的时光。

如何实现纯粹的养育快乐？关键是与孩子一起活在当下。收起种种恐惧与是否是个合格家长的焦虑，把这些情绪打包封存。这些感觉只会侵蚀你与孩子珍贵易逝的相伴时光，而且实际上会妨碍你成为自然、自信的家长。**请懂得，请相信，在内心深处，你拥有一切条件，能够成为孩子需要的那种家长。**

致谢

本书的面世，得益于很多人直接、间接的努力。感谢本书英文版的编辑妮基·帕帕佐普洛斯（Niki Papadopoulos）坚定不移的耐心支持。她一遍遍不厌其烦地审读我的书稿，与我进行了无数次电话交谈。她慧眼识珠，认识到直觉式养育包含的重要因素，并帮助我生动地呈现出来。我受惠于她的经验与智慧，感到幸运之至。妮基团队的考里·佩雷斯（Kary Perez）、琳达·考恩（Linda Cowen）和泰勒·弗莱明（Taylor Fleming）热情友善，出力甚多。特别感谢莉萨·考夫曼（Lisa Kaufman），多亏她的帮助，我最初的“学究语言”才得以转化为方便父母们理解的观念和案例。

我也要特别感谢哈佛大学的史蒂芬·平克教授。本书的思想发轫于我们摄影旅途中屡次的交谈与热烈讨论。他给予我坚定的鼓励，并分享了他的写作经验，使我受益良多。还有我的代理人马克斯·布罗克曼（Max Brockman），他一步步指引我，促成这个项目开花结果。

当然，如果不提及我绝妙的孩子们和孙子孙女们，那我实属失职。他们持续地带给我灵感，是我丰盛的爱与欢乐的源泉，也是与作为直觉型父亲有关的其他一切美好事物的根源。他们是直觉式养育下的子女与孙子孙女的绝佳范例，我深深地欣赏他们身上体现的克制精神！他们每一个人都令我感到自豪。而且不得不说，我的夫人玛丽太棒了！她是典型的直觉型妈妈，并且支持我，鼓励我。36 年前，她和我携手踏上直觉型父母的奇异旅程。有妻如她，是我的幸运。

最后，感谢我在范德堡大学医学院有幸服务过的所有家庭。这些家庭的孩子大多遭遇自闭症、ADHD、唐氏综合征、学习障碍及其他发展障碍，他们日复一日协助孩子学习、成长，像英雄一般，感天动地。他们也是本书重要的灵感和动力来源。衷心希望本书给这些家庭及其他所有家庭带来力量，让他们相信自己的直觉，成为卓越的父母！

THE INTUITIVE PARENT 注释

扫码获取“湛庐阅读”APP，
搜索“直觉养育的力量”，
查看全书注释！

诉诸直觉，从容养育有适应性的子女

这是一个焦躁的时代，子女教育、亲子关系是构成焦躁的一大来源。这也是一个成功导向的时代。如果父母成功，他们自然希望子女续写辉煌，甚至更上一层楼；如果父母不成功，或者不那么成功，那他们望子成龙、望女成凤的心情更加迫切。全社会都把目光放在了教育上。从早先的“考上大学”，到后来的“考上好大学”，再到“出国留学”，许多家庭倾其资源，在“不要让孩子输在起跑线上”的魔咒下，驱赶着小小孩童早早踏上通往“成功”的征途。

为了让孩子在高考中胜出，家长们从很早就开始督促孩子准备。10 年以前，孩子在上幼儿园之前，大概还没有什么功课，可以无忧无虑地玩那么两三年，而近年来，刚满周岁的孩子就要上早教班了，针对幼儿的才艺班、语言班、体育班之类，名目繁多，更着急的家长则实施严格的胎教，甚至，胎教也已经不够早，因为有些小学招生面试甚至会把父母的学历、素质、个性特征纳入考查范围！

孩子自然是辛苦的，甚至是被迫、不情愿的，父母更是殚精竭虑，生怕用心用力不够，耽误了孩子的前程，贻误孩子终生。这种现象不局限于中国，美国的父母也同样焦虑。他们也像中国父母一样，在压力之下，加入了加快孩子学习和发展进程的洪流。

对此，社会热议，媒体关注，学界思索。

《直觉养育的力量》一书针对美国父母的养育焦虑，以科学研究为基础，认为提前教育、加速发展、过度养育对孩子有害无益，有违儿童自然发展规律，人为加快学习进程，“一夜暴富”式的教育方式会伤害孩子的自信心，为考而学、鹦鹉学舌式的学习会导致孩子学习效率低下，轻者使得儿童厌学，重者与注意缺陷多动障碍、自闭症谱系障碍及学习障碍等儿童发展障碍发病率的攀升脱不了干系。同时，这些做法还剥夺了父母养育子女的乐趣，甚至破坏亲子关系，最终并不利于培养自信、坚韧、坚毅这些长远来看更能保证孩子成功的必需品质。

作者斯蒂芬·卡马拉塔博士与妻子养育了 7 个儿女。身为父亲，每个孩子从出生到长大成人，他都全程参与。他还是几个孙子、孙女的祖父，积累了丰富的第一手养育经验。作为范德堡大学听力与言语科学教授以及医学院精神病学教授，他从事儿童发展研究及儿童发展障碍临床治疗达 25 年之久。本书厚积薄发，凝聚了作者自身养育经验与数十年儿童发展研究与临床医疗实践的精粹。

卡马拉塔博士怀着仁爱之心，提出以“直觉式养育”的方法对治当今父母养儿育女的焦虑。当前养育观念众声喧哗，各种教育产品与服务的营销狂轰滥炸，同伴压力无处不在，爸爸妈妈们感到无所适从，而他的话好似一语惊醒梦中人：无须左顾右盼，你们自身就拥有最好的育儿指南，这份指南就藏在父母和子女的基因中，是大自然的馈赠，你们要做的只是注意孩子的需求，跟随他们的指引，做出自然的反应，及时提供给他们需要的知识和帮助。

他提示父母，孩子的发育过程长达 20 年，完全可以从容、耐心地陪伴孩子自然成长；他警示父母，不要揠苗助长，不要细致入微地介入和操控孩子的学习和生活，要让孩子跟随自己的天性和成长的步伐，否则可能适得其反。

他不赞成父母包办代替，也反对自由放任。父母是规则的制定者和监督者。比方说，他的家中有明确的规则，并会坚决予以执行。他的孩子们都必须参与家务劳动，不论喜欢与否；他们强调夫妻的理念与行动要统一，坚决不以奖励的方式安慰情绪失控的孩子；他们不吝赞扬孩子，但强调赞扬必须真诚、实至名归，反对为了孩子的所谓“自尊心”而指鹿为马，言不由衷；他们严格为子女挑选学校，当孩子的学习风格与学校不合拍时，或者为孩子换学校，或者亲自出马与老师协调，保证孩子的家庭作业符合他们当下的水平，哪怕这意味着他得代替孩子完成部分超出其能力范围的练习，他们甚至一度为孩子提供在家教育。

直觉型父母着眼于孩子在婴幼儿时期的养育，同时放眼孩子的青少年、成年及整个生命历程。当前所做的一切不只是为了当下，也是为未来打基础，为一个成功的人生做准备。为此，必须超越急功近利，超越以测试固化知识为主的种种考试，而要培养孩子的好奇心与学习能力，动态思维和推理能力，以及自信、坚韧等品格，这样才能保证孩子具有应变能力，才能保证他们的长期成功。

作为学者和临床医生，除了专业建树以外，卡马拉塔对待患儿父母的态度足可称道。他不以专家自居，不把自己的观点强加于父母，而是把他们视为平等的合作伙伴，认为自己有责任把诊断结论及理由、方法向父母解释清楚，当父母有异议时，他不急于说服他们，而是寻求双方有共识的方面，以此为治疗起点。我也赞赏他认为“每个孩子都一定有治疗办法”的乐观精神，这种不放弃的精神对患儿和父母是巨大的鼓励；同时，他特别强调把每一个患儿当成独特的个体对待，做出个性化的诊断与针对性的治疗。他的爱心仁义也表现在着力发现每个患儿的潜力、优势，他提出，每指出孩子的一个不足和缺陷，至少也要找出他的一个长处、优势并予以表扬，以此激发孩子和父母的信心。

作者以明白晓畅、朴实无华的语言广泛介绍养育过程中涉及的科学研究及各种理论，结合自己的第一手养育经验和临床医疗实践，让这本书读起来毫无晦涩艰深之感，而是如面对面谈话般亲切、趣味横生。

卡马拉塔博士的观察和研究对象是美国社会的家长、儿童，那么，他的理念和做法对中国的家长和儿童有参考价值和指导作用吗？其实，不同社会和文化的育儿目标是一致的，因为人性是一致的，科学的理论和有效的方法并无文化特异性，可以为全人类借鉴、采用。

本书的翻译出版恰逢其时，对中国父母的价值和意义不亚于美国父母，考虑到国内缺乏此类高水平的研究著作，本书可望为焦虑无措的中国父母提供及时有力的帮助。

我是一位母亲，也是养育理念和亲子关系的思考者、咨询师，翻译本书的过程，其实也是对照、印证自身摸索与思考的过程。我发现，我自身的养育实践大致与作者的观念和方法相吻合，我女儿的状态也大致符合作者所描述的养育目标。女儿求学异域，本科阶段自行选择主修经济学，辅修心理学，硕士阶段则选择了管理学，并在本科阶段早早确定投资银行为就业目标，还在不同国家的大银行进行了实习。研究生入学前就拿到了全球顶尖投行的工作邀请，毕业后便立即投身职业生涯。最令我欣慰的是，她始终保持着工作和生活的平衡，在异国他乡如鱼得水，并无难以适应和融入的问题。

本书的翻译得到了我的夫君，汉学家、翻译家白亚仁（Allan H. Barr）的大力支持，在我遇到词语理解困难时，他为我解疑释惑，在我疲累时陪伴、照顾我；女儿韵秋是我强大的精神动力，她热情鼓励我，与我讨论育儿理念和方法；母亲张秀莲和父亲彭静中也给予了我大力的支持；同时感谢合作伙伴湛庐文化及编辑季阳、方妍。

彭小华

2017 年 6 月

未来，属于终身学习者

我这辈子遇到的聪明人（来自各行各业的聪明人）没有不每天阅读的——没有，一个都没有。巴菲特读书之多，我读书之多，可能会让你感到吃惊。孩子们都笑话我。他们觉得我是一本长了两条腿的书。

——查理·芒格

互联网改变了信息连接的方式；指数型技术在迅速颠覆着现有的商业世界；人工智能已经开始抢占人类的工作岗位……

未来，到底需要什么样的人才？

改变命运唯一的策略是你要变成终身学习者。未来世界将不再需要单一的技能型人才，而是需要具备完善的知识结构、极强逻辑思考力和高感知力的复合型人才。优秀的人往往通过阅读建立足够强大的抽象思维能力，获得异于众人的思考和整合能力。未来，将属于终身学习者！而阅读必定和终身学习形影不离。

很多人读书，追求的是干货，寻求的是立刻行之有效的解决方案。其实这是一种留在舒适区的阅读方法。在这个充满不确定性的年代，答案不会简单地出现在书里，因为生活根本就没有标准确切的答案，你也不能期望过去的经验能解决未来的问题。

湛庐阅读APP：与最聪明的人共同进化

有人常常把成本支出的焦点放在书价上，把读完一本书当做阅读的终结。其实不然。

时间是读者付出的最大阅读成本
怎么读是读者面临的最大阅读障碍
“读书破万卷”不仅仅在“万”，更重要的是在“破”！

现在，我们构建了全新的“湛庐阅读”APP。它将成为你“破万卷”的新居所。在这里：

- 不用考虑读什么，你可以便捷找到纸书、有声书和各种声音产品；
- 你可以学会怎么读，你将发现集泛读、通读、精读于一体的阅读解决方案；
- 你会与作者、译者、专家、推荐人和阅读教练相遇，他们是优质思想的发源地；
- 你会与优秀的读者和终身学习者为伍，他们对阅读和学习有着持久的热情和源源不绝的内驱力。

从单一到复合，从知道到精通，从理解到创造，湛庐希望建立一个“与最聪明的人共同进化”的社区，成为人类先进思想交汇的聚集地，共同迎接未来。

与此同时，我们希望能够重新定义你的学习场景，让你随时随地收获有内容、有价值的思想，通过阅读实现终身学习。这是我们的使命和价值。

湛庐阅读APP玩转指南

湛庐阅读APP结构图：

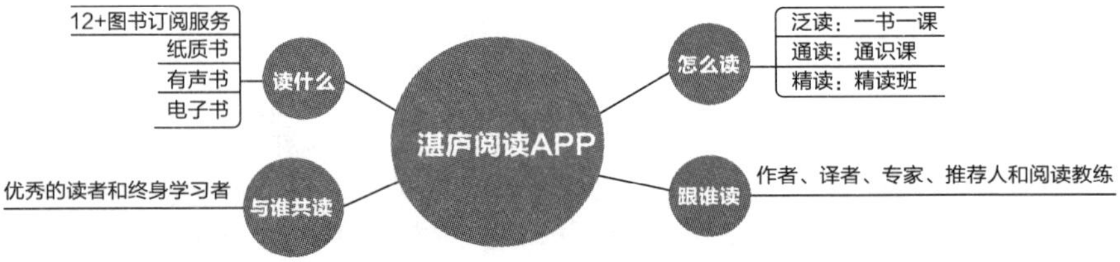

三步玩转湛庐阅读APP：

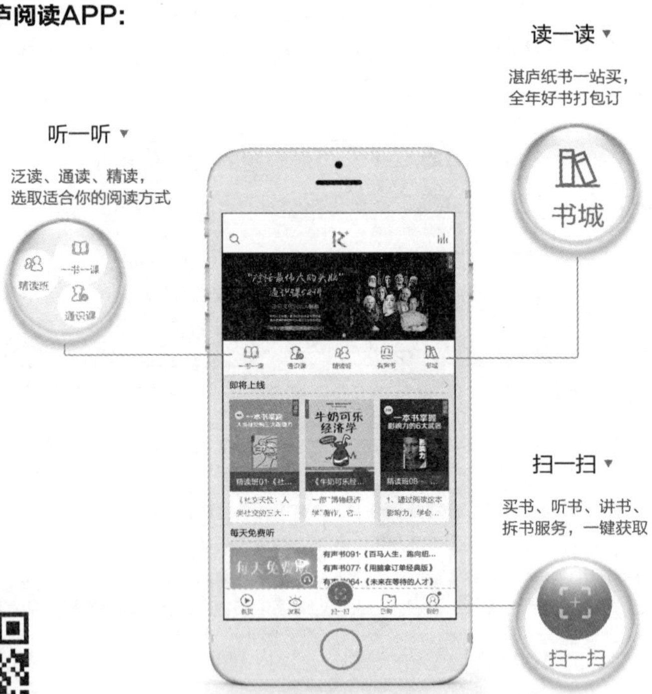

APP获取方式：

安卓用户前往各大应用市场、苹果用户前往APP Store
直接下载"湛庐阅读"APP，与最聪明的人共同进化！

使用APP扫一扫功能，
遇见书里书外更大的世界！

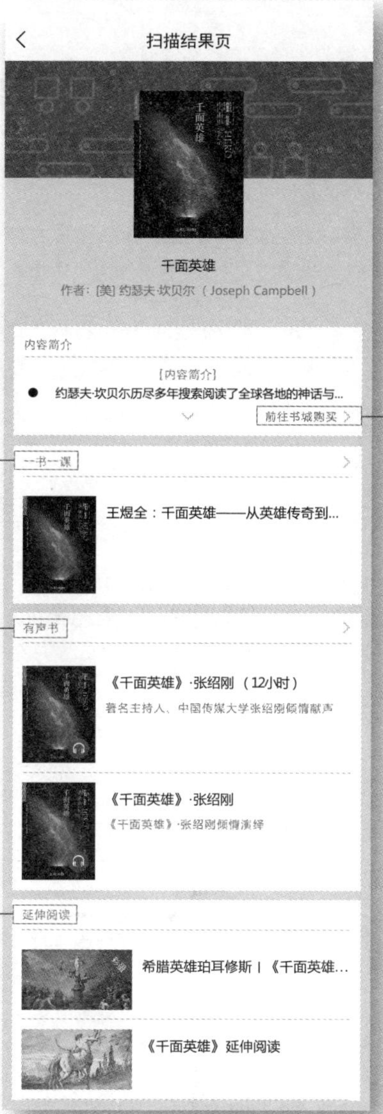

快速了解本书内容，
湛庐千册图书一键购买！

大咖优质课、
献声朗读全本一键了解，
为你读书、讲书、拆书！

你想知道的彩蛋
和本书更多知识、资讯，
尽在延伸阅读！

湛庐文化 Cheers Publishing
a mindstyle business 与思想有关

延伸阅读

《为未知而教，为未来而学》

使用"湛庐阅读"APP，
"扫一扫"获取本书更多精彩内容。
ISBN 978-7-213-06804-1

◎ 美国著名教育心理学家，哈佛大学资深教授，"零点项目"创始人戴维·珀金斯最新畅销力作！

◎ 中国教育学会副会长朱永新呼吁家长和教育者集体共读。

◎ 哈佛大学教授、"多元智能"理论之父霍华德·加德纳，美国著名教育系统设计专家查尔斯·瑞格鲁斯等诸多专业人士联袂推荐！

《魔法岁月》

使用"湛庐阅读"APP，
"扫一扫"获取本书更多精彩内容。
ISBN 978-7-213-06589-7

◎ 著名儿童精神分析专家、美国幼儿心理健康和发展精神卫生治疗领域创始人之一塞尔玛·弗雷伯格的重要著作之一。畅销美国50年，了解0~6岁儿童的精神世界。

◎ 著名亲子专家陈禾、儿童教育专家罗玲、童话作家粲然联袂推荐，美国儿童发展研究协会前会长贝里·布雷泽尔顿倾情作序，《华盛顿时报》《纽约时报书评》《*Parents*》杂志给予盛赞。

《全脑教养法》(经典版)

使用"湛庐阅读"APP，
"扫一扫"获取本书更多精彩内容。
ISBN 978-7-5502-8857-7

◎ 该书掀起了风靡美国的发展式教育理念，EQ之父丹尼尔·戈尔曼极力推荐。

◎ 国际著名教育家、心理学家丹尼尔·西格尔的科学教养系列。

◎ 在我们的父母还在为孩子报英语班、奥数班的时候，发展式教育的理念已经风靡美国，改变了万千父母的教养方式。

《由内而外的教养》(10周年纪念版)

使用"湛庐阅读"APP，
"扫一扫"获取本书更多精彩内容。
ISBN 978-7-5502-8878-2

◎ 全美畅销10年15万册的育儿经典，《*Babble*》知名在线育儿杂志最佳图书前5名。

◎ 国际著名教育家、心理学家丹尼尔·西格尔的科学教养系列。

◎ 本书深入探讨了童年经历对我们教养方式的影响，献给对自己的童年并不满意的父母。

《教出乐观的孩子》(珍藏版)

使用"湛庐阅读"APP，
"扫一扫"获取本书更多精彩内容。
ISBN 978-7-5502-9045-7

◎ 积极心理学之父马丁·塞利格曼集30年、千百个成人及儿童研究之精华著成的教育经典。书中重墨提及积极心理教育在学校实践中的成功应用，富有借鉴意义。

◎ CCTV《读书》5期力荐的幸福经典系列作品。

图书在版编目（CIP）数据

直觉养育的力量：放下焦虑，培养未来世界的孩子 /（美）卡马拉塔著；彭小华译 .—杭州：浙江人民出版社，2017.10

ISBN 978-7-213-08401-0

Ⅰ. ①直… Ⅱ. ①卡… ②彭… Ⅲ. ①家庭教育 Ⅳ. ① G78

中国版本图书馆 CIP 数据核字（2017）第 234033 号

浙江省版权局
著作权合同登记章
图字：11-2017-216 号

上架指导：科学教养

直觉养育的力量：放下焦虑，培养未来世界的孩子

[美] 斯蒂芬·卡马拉塔 著
彭小华 译

出版发行：浙江人民出版社（杭州体育场路 347 号 邮编 310006）
市场部电话：（0571）85061682 85176516
集团网址：浙江出版联合集团 http://www.zjcb.com
责任编辑：朱丽芳
责任校对：杨 帆
印 刷：石家庄继文印刷有限公司
开 本：720mm ×965mm 1/16 印 张：17.25
字 数：232 千字 插 页：3
版 次：2017 年 10 月第 1 版 印 次：2017 年 10 月第 1 次印刷
书 号：ISBN 978-7-213-08401-0
定 价：62.90 元